中国安全社区建设方法与实践

China Safe Community Building: Method and Practice

佟瑞鹏　著

中国劳动社会保障出版社

图书在版编目(CIP)数据

中国安全社区建设方法与实践/佟瑞鹏著. —北京：中国劳动社会保障出版社，2015
ISBN 978-7-5167-2081-3

Ⅰ.①中…　Ⅱ.①佟…　Ⅲ.①社区建设-安全-研究-中国　Ⅳ.①D669.3

中国版本图书馆 CIP 数据核字(2015)第 221623 号

中国劳动社会保障出版社出版发行
（北京市惠新东街 1 号　邮政编码：100029）

*

三河市华骏印务包装有限公司印刷装订　新华书店经销
787 毫米×1092 毫米　16 开本　16 印张　292 千字
2015 年 9 月第 1 版　　2015 年 9 月第 1 次印刷
定价：38.00 元

读者服务部电话：(010) 64929211/64921644/84643933
发行部电话：(010) 64961894
出版社网址：http://www.class.com.cn

前言

安全是人类生存和发展永恒的主题。随着我国社会和经济的发展，人们对生活和环境的要求不断提高，对于安全的需求也越来越高。我国政府一直非常关注民生和民安问题，十分重视安全生产工作。国家安全生产监督管理总局加大工作力度，强化监管工作，持续开展“安全生产年”、安全社区建设等活动，采取了一系列措施，抓基础安全，促全员安全，有效地遏制了重特大事故的发生，安全生产形势持续稳定好转。

社区是社会的基本组成部分，社区安全是生产安全、社会安定和谐的重要基石。安全社区建设秉持“安全、健康、和谐”的理念，坚持“安全第一、预防为主、综合治理”的方针，立足“安全服务、持续改进”的原则，以实现社区居民安全、健康为目标，推动社会管理创新，加强安全生产的双基工作，增强人们的安全意识和防范能力，减少各类事故和人员伤害，建立安全生产的长效机制，加强社区卫生和职业健康，提高企业职工和社区居民的健康水平，加强安全文化和社区环境建设，改善居民生活质量和宜居环境。安全社区建设对加强安全生产基层基础工作、实现安全生产的稳定好转及和谐社会建设发挥着重要作用和影响。安全社区是安全的社区、和谐的社区、社会管理创新的社区，符合广大社区居民的利益。

安全生产基层基础工作薄弱是安全生产领域存在的突出问题。要搞好安全生产工作，切入点还是在基层、在企业、在社区。安全社区建设是安全生产双基工作的重要途径和抓手。我国安全社区建设是在国家安全生产监督管理总局、地方政府领导和相关部门的支持下，取得了很大的进展。截至 2014 年年底，我国已建设的全国安全社区累计达到 552 个。由世界卫生组织认可的国际安全社区在全球共有 346 个，其中我国被正式命名的国际安全社区有 78 个。

安全社区类型覆盖有城市、农村和企业主导型社区，并向工业开发区模式延展。安全社区建设已由重点城市、东部沿海地区向中西部地区延伸，扩大了覆盖面，呈现良好发展态势，进入了深入持续、创新发展的新阶段。

安全社区建设是安全生产领域的一项创新性工作，是社会管理创新的重要载体。国家安全生产监督管理总局提出了《关于开展安全社区建设工作的指导意见》（安监总政法〔2009〕11 号），明确了全国安全建设的总体要求。国务院安委办下发了《关于进一步深入推进安全社区建设的通知》(安委办〔2011〕38号),对安全社区建设提出了新的要求,明确了指导思想、工作思路和目标。《安全生产"十二五"规划》把安全社区建设作为一项重点工程进行了部署。安全社区建设也是一项长期的工作,要坚持持续、广泛地推进,要以加强安全生产基层基础工作为切入点,形成长效机制。《人民日报》刊发的题为《十年,从安全生产到安全发展》的专题报道,文中特别提到:以"人人都享受安全、人人都享受健康""预防所有类别的伤害"为目标的安全社区建设在中国落地发芽……安全社区逐渐成为小康社会、和谐社会和平安社会的重要组织细胞。党的十八大确立了新的历史条件下建设中国特色社会主义的政治纲领与全面建设小康社会的行动指南。特别是这次大会强调:"必须从维护最广大人民根本利益的高度,加快健全基本公共服务体系,加强和创新社会管理","强化公共安全体系和企业安全生产基础建设,遏制重特大安全事故","要深入贯彻落实科学发展观,关注民生、改善民生和社会建设,努力建设美丽中国,实现中华民族的永续发展"。这些重大理论观点,都为安全社区建设工作提出了更高的要求。

本书是在见证我国安全社区建设发展历程的基础上,结合中国与WHO安全社区的标准与指标,系统阐述了安全社区建设的程序与方法,凝结了在社区事故与伤害监测、安全促进项目策划与评估、安全社区评定的准则与要求、不同类型社区的安全需求与创建特征等方面的实践经验。希望本书的出版能够成为我国安全社区建设从理念到实践、再回归到理论的一个尝试,并期待有更多的学者和专家加入安全社区建设的研究行列,对形成"安全发展"与"和谐社会"的氛围有所助益,最终为中国乃至世界的安全社区建设事业做出贡献。

限于作者的水平,书中的疏漏及错误之处在所难免,恳请读者批评指正。

目录

第一章 概 述

安全社区的内容涉及人们的生活、工作、环境等各个方面，涵盖了交通、工作场所、公共场所、学校、老年人、儿童、家庭、体育运动等诸多领域。安全社区作为一种全新的社会管理模式，从源头上预防事故与伤害、提高民众安全意识、消除安全隐患，对于有效遏制重大事故的发生、构建和谐社会，势必发挥越来越重要的作用。

第一节 安全社区建设的必要性

第二次世界大战后，世界以和平、发展为主题，经济的发展和科技的进步为提高人类健康水平提供了良好的外部环境。在这种情况下，伤害和慢性病逐渐成为危害人类健康的主要原因，伤害的预防和控制越来越受到社会关注。同时，交通事故、溺水、中毒、跌伤或烧伤，以及暴力、袭击、自虐或战争造成的伤害，占全球死亡率的9%，对世界各国的健康造成威胁。

一、 事故和伤害的现状

1. 国内

伤害严重威胁着人类的健康、财产和生命，是一个重要的公共卫生问题。仅就中国而言，每年因突发事件造成的损失已触目惊心。2007年8月，卫生部首次发布的《中国伤害预防报告》显示，我国每年因伤害死亡人数为70万～75万，约占伤害死亡人数的9%，是继恶性肿瘤、心脏病、脑血管病和呼吸系统疾病之后的第五位死因，每年因伤害引起的直接医疗费达650亿元，因伤害休工而产生的经济损失达60多亿元。这份由卫生部疾病预防控制局、卫生部统计信息中心和中国疾病预防控制中心联合提交的报告认为，目前我国最常见的5种伤害为交通事故、自杀、溺水、中毒、跌落，导致的死亡案例占全部伤害死亡的70%左右。2000年以前，机动车交通事故的伤亡人数以每10年翻一番的速度上升；2000年后，全国每年的交通事故死亡人数为10万左右，受伤人数为50万左右。50多年来，交通事故死亡人数上升120倍。我国机动车交通事故死亡人数约占全球交通事故死亡人数的8%，死亡人员中，6成以上是行人、乘客和骑自行车者。报告数据还显示，儿童、青少年和老年人是伤害的高危人群，而老年人伤害的首要原因是跌倒。60岁以上老年人每年因跌倒而发生伤害的达到2 500万人次。

我国伤害的发生率和严重程度都较高，而伤害预防和控制工作尚处于一个起步阶段。多年来，我国政府对伤害预防、救治及研究给予了高度重视，采取了一些应对措施，在一定程度上遏制了伤害的增长。但总体上，我国伤害的发生率和严重程度仍较高，伤害预防与控制的规划、策略和手段与预防控制工作的需要之间还有一定的差距。目前，伤害预防控制工作仍存在以下问题：

（1）对伤害预防与控制的认识尚不充分。

（2）不同伤害控制部门之间的力量和资源没有形成合力。

（3）预防伤害的各个环节的监督比较薄弱。

（4）伤害信息收集有待整合与规范。

（5）伤害救治体系需进一步完善。

（6）科研支撑不足，缺乏对伤害的系统研究。

2. 全球

全球9%的死亡是由伤害造成的，伤害对世界上任何一个国家的国民健康都是很大的威胁。据估计，每一个因伤害而死亡的案例，会对应数十个住院案例、数百个急诊案例、数千个门诊案例。即使是生存下来的伤害事故的受害者，很大一部分人也会有暂时或永久的残疾。

2011年，世界卫生组织（World Health Organization，WHO）报告显示，全球每10个死亡案例中有3个就是由于伤害所致。全球疾病研究小组将死亡与疾病分为3大组：

第一组：传染性疾病、妇女与围产期疾病和营养问题。

第二组：非传染性疾病。

第三组：伤害。

WHO发布的2008年世界卫生统计资料显示，未来几十年，伤害对人们健康的威胁会逐步增加。图1—1是对高收入国家、中等收入国家和低收入国家人口2015年和2030年的死亡原因预测，可以看到，特别是在中等收入国家和低收入国家，伤害导致的死亡占有很大比例。

面对这些触目惊心的数字，没有人可以熟视无睹。可是该怎么办呢？

二、 全国群众安全感现状

随着生产力的发展和生活水平的提高，人们对自己生活环境质量的要求也越来越高。同时，国家也对全国群众安全感重视起来。自2001年起，国家统计局就开始组织开展全国群众安全感抽样调查。2001—2007年，感觉到安全的人员和其他人员所占百分比如图 1—2 所示。

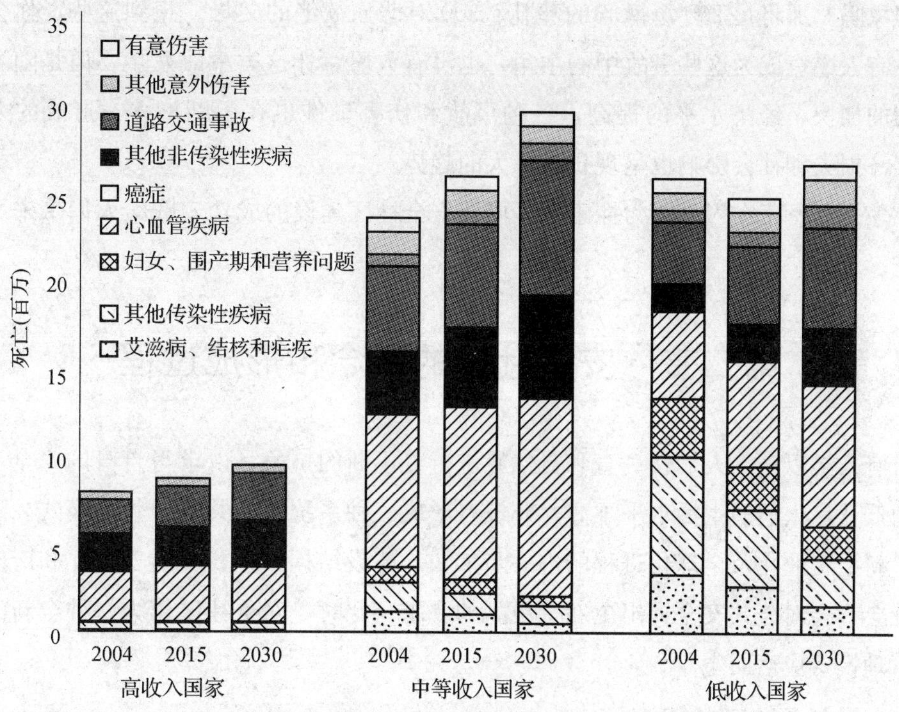

图 1—1　高、中、低收入国家 2015 年和 2030 年死亡原因预测

图 1—2　2001—2007 年全国群众安全感调查统计数据

如图 1—2 所示，自 2003 年开始，全国居民安全感普遍提升，但是认为安全的人数所占比例仍然偏低，总体水平仍需不断地提高。

一场交通事故，可以让一个婴儿变成孤儿；一场火灾，或许就让白发人送黑发人；一次用药不当，也许一个未出生的生命就失去了来到世界的机会……就像今天这样的寻常日子里，中国就可能有200个儿童溺死，死于伤害事故的儿童总数可能会超过300个。你能想象吗？那将是200场揪心的葬礼、300对悲痛欲绝的父母。想到这些，你会心痛吗？没有人愿意成为这些事故中的主角，也没有人愿意让这类事故发生。但是随着全球化进程的加快、经济水平的提高，各种事故和伤害事件也在不断增多，造成的人员伤亡、经济损失和社会影响也呈现日益扩大的趋势。

该怎么办？正在人们努力探索时，国外安全社区建设的成功实践给人们带来了希望的曙光。

第二节　安全社区的概念和形成过程

自有人类以来，人们就一直和自然界进行着不断的抗争，以求得自身的安全。由于生产力低下，人们的生活水平不高，还没有形成一种系统的公共安全管理模式。随着城市化、新型工业化及全球化进程的进一步加快，建设结构安全、本质安全、和谐健康的小康社会，会对公共安全提出更新、更高的要求。此时，安全社区作为一种全新的公共安全管理模式应运而生。

一、 安全社区的概念

1. 对安全的理解和认识

安全社区的特殊之处在于其安全的状态。安全表述的是一种复杂物质系统的动态过程或状态，过程或状态的目标是人或物不会受到损失和伤害。安全也可以表述为人们的一种理念，即人或物不会受到损失和伤害的理想状态。从科学的角度讲，绝对安全在客观上是不存在的，我们生活中所说的安全是指在人类生产过程中，将系统的运行状态对人或物产生的损害控制在人类能接受的状态。

在“安全”社区理念中，安全侧重于展示一种避免外界危险或任何可能危害个体的事件的需求，它既包括政治、社会层面的治安、医疗，也包括个体层面的健康保健、心理调适、生活习惯等。

2. 社区

社区是聚居在一定区域范围内的人们所组成的社会共同体，包括人口、地域及各种社会关系，是社会的基本构成单位。社区小到可以是一个自然村、居委会辖区，大到可以是一个区、县乃至一个城市辖区。人们在这个基本区域内工作、居住、休息、娱乐。“社区”的概念最早是由费孝通等人从英语“community”翻译过来的，因与区域相联系，所以具有地域的含义，意在强调这种社会群体生活是建立在一定地理区域之内的。换句话说，整个社会是由若干不同类型的社区所构成的。区域性与共同成员感、归属感是构成社区的 2 个基本特征。需要注意的是，我国大多数地区往往把居委会称之为社区，这实际上是一种行政区域划分的概念，与本书中所叙述的地域性特征的社区是不同的概念。

3. 安全社区

“安全社区”的概念是在 1989 年第一届世界事故与伤害预防大会上正式提出的，来自 50 个国家的 500 名代表在会上一致通过了《安全社区宣言》。《安全社区宣言》指出：“任何人都平等享有健康和安全的权利”。这一原则是 WHO 推进全人类健康及全球预防意外及创伤控制计划的基本原则。

安全社区是指建立了跨部门合作的组织机构和程序，联络社区内相关单位和个人共同参与事故与伤害预防、安全促进工作，并持续改进，以实现安全目标的社区。安全社区并非以单一社区的安全水平高低作为衡量标准，而是取决于该社区是否有一个有效的组织机构、持续地促进社区居民的安全与健康。安全促进是为达到和保持理想的安全水平而向人群提供必需的保障条件的过程。

安全社区的基本理念是强调针对所有类别的安全和伤害预防，包括所有年龄、环境和条件。安全社区的主要目的就是通过区域内各种不同的组织机构（包括政府部门、商业机构、学校、社区卫生服务中心以及社区服务团体等）的紧密联系，运用各自的资源及服务，为区内居民提供一个舒适健康的工作和生活环境，让社区内所有人士无论是在工作场所还是在日常生活中，都能保证安全和健康，最大限度地降低职业伤害、日常生活中的伤害、暴力、自杀等各种伤害和事故的发生率。

安全社区的内容，涉及人们的生活、工作乃至环境各个方面，涵盖了交通、工作场所、公共场所、学校、老年人、儿童、家庭、体育运动等诸多人群和领域，需要有组织机构，有明确的目标和职责，有切合实际的预防项目，有积极的自我评价和自我检查、自我纠正、自我完善、自我改进机制。

二、 安全社区的起源

最早的安全社区诞生于 1975 年瑞典的 Falköping 社区。此后，安全社区计划在欧洲、亚洲、美洲等地区得到了广泛的认同和快速发展。暂且将安全社区的形成过程分为 2 个阶段：开始阶段和发展阶段。

1. 开始阶段

安全社区的雏形诞生于 1975 年。瑞典的 Falköping 社区首先意识到意外伤害是公众健康的主要问题，要解决这一问题，必须依靠社区各部门及志愿团体。基于这一意识，Falköping 社区制订了有针对性的伤害预防计划——社区安全计划，计划包括宣传、教育、资讯、监管及环境改善等。该计划实施不到两年半即见成效：社区内交通意外伤害减少了28%，居家伤害减少了27%，工伤事故减少了28%，学龄前儿童意外伤害减少了45%，并且该社区（3 200人）因伤入院的人数每1 000人减少了0.5人。而相邻未实施伤害预防计划的社区，上述伤害现象并未减少，相反，伤害人数每1 000人增加了1.7人。这一显著成效坚定了Falköping社区继续推行该计划的信心。

这一阶段一直持续到1989年，安全社区的概念首次在WHO第一届事故与伤害预防大会上提出。此后，推广安全社区概念就成为WHO在推广健康和安全方面的重点工作，并委托WHO设在瑞典皇家医科大学的社区安全推广协进中心（Collaborating Center on Community Safety Promotion）负责在全球范围内推广这一概念。安全社区开始阶段的发展图如图1—3所示。

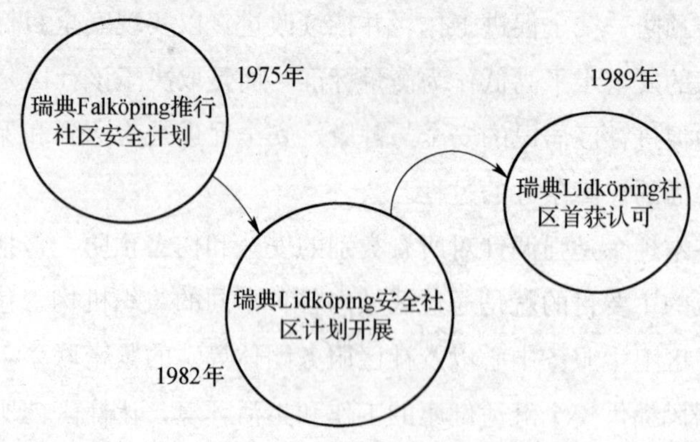

图1—3　安全社区开始阶段的发展图

我国安全社区建设工作的具体开展时间，根据具体指标的不同，说法各异。本书把2002年原国家安全生产监督管理局召开安全社区研讨会，作为我国安全社区建设的起点。

2. 发展阶段

WHO第一届事故与伤害预防大会是发展阶段的开始。WHO社区安全推广协进中心通过在全球发展“安全社区支持中心”，借助“中心”的力量在各地推广安全社区的概念。目前，已在加拿大、澳大利亚、孟加拉国、挪威、中国、中国香港等国家和地区建立了26个“安全社区支持中心”，在全球设立了9个“国际安全社区认证中心”，中国香港于2000年3月21日与WHO签署盟约成为全球第六个安全社区支持中心。中国大陆安全社区虽然起步晚，但是发展较快。2008年12月9日，中国职业安全健康协会被正式命名为全球第十二个国际安全社区支持中心，是继香港职业安全健康局后，我国第二个、大陆第一个国际安全社区支持中心。这些支持中心通过提供技术咨询、培训等，协助社区成为WHO认可的安全社区，成为我国大陆地区在安全社区建设和推广领域的领导者。

截至 2014 年，全球共有 314 个社区获得了“国际安全社区”称号，分布于瑞典、澳大利亚、泰国、加拿大、法国、丹麦、挪威、英国、美国、南非、新西兰、荷兰、韩国等地，亚洲第一个安全社区是韩国的水原市。

2003 年 3 月，在香港举行的第十二届安全社区年会上，香港屯门区和葵青区被 WHO 正式命名为“安全社区”，从而成为华人地区首次被确认的 2 个安全社区。截至 2014 年，我国大陆共建成国际安全社区 78 个，其中，2006 年，山东省济南市槐荫区青年公园社区为中国大陆首家被 WHO 认证的安全社区。

安全社区建设是一个有起点无终点的工作，其灵魂是坚持持续改进。因此，安全社区的形成过程没有完全的成熟阶段，是一个永无止境的前进过程。为了保证居民的安全和健康，最大限度地降低和预防各类意外伤害，不同国家和地区安全社区网络之间应该相互沟通，交流经验，共商安全社区工作的发展，不断地推进社区安全化的进程。

三、 我国安全社区的发展阶段

虽然香港职业安全健康局已于 2000 年引进了安全社区项目，并在同年 3 月与 WHO 社区安全促进中心签约成为全球第六个安全社区支持中心，但是我国大陆地区开展安全社区建设比较晚。2002 年 3 月，原国家安全生产监督管理局在上海主办安全社区建设研讨会，才正式引入了安全社区的概念，故将 2002 年作为我国开展安全社区建设的起点。下面以 2002 年为起点，将我国安全社区建设划分为 3 个阶段：

1. 启动试点、策划调研阶段（2002—2004 年）

自首次举办安全社区建设研讨会开始，我国安全社区的建设工作逐步开始，一个重要标志是 WHO 社区安全促进合作中心主席温思朗先生在参会后考察了山东省济南市槐荫区青年公园街道，并建议青年公园街道办事处按照国际安全社区标准开展创建工作。2002 年 6 月，WHO 的安全社区项目在青年公园街道正式启动。

青年公园街道的安全社区建设揭开了我国安全社区建设的序幕，它不仅大大地降低了本社区伤害事故的发生率，更为以后安全社区工作打下了良好的基础，为各种工作的开展提供了经验，同时也坚定了我国开展安全社区建设工作的决心。

2. 循序渐进、规范建设阶段（2004—2011 年）

2004 年 6 月，中国职业安全健康协会召开了安全社区建设研讨会，北京、上海、大连、济南等市代表参加了会议。此次会议使各省、市代表系统地了解了安全社区的建设方法、目的、意义，并激发了他们开展安全社区建设的积极性。同年 7 月，河北开滦集团钱家营和荆各庄启动安全社区建设。此后，北京市朝阳区望京街道、麦子店街道、亚运村街道和建外街道，北京市东城区、北京市西城区、山西潞安集团、上海浦东花木镇等也相继启动了安全社区建设工作。

安全社区建设日益受到国家的重视。2006年2月，国家安全生产监督管理总局发布了AQ/T 9001—2006《安全社区建设基本要求》，规范了安全社区建设标准。2006年，国务院办公厅印发的《安全生产“十一五”规划》和国家安全监管总局印发的《“十一五”安全文化建设纲要》，都提出了建设安全社区的任务和目标。2009年，中国职业安全健康协会起草了《安全社区评定管理办法（试行）》，对安全社区的评定程序和要求进行了明确规定，此外，还编制了安全社区评定指标，诠释和细化了安全社区标准，用于指导安全社区建设和评定工作。2009年1月，国家安全监管总局发布了《国家安全监管总局关于深入开展安全社区建设工作的指导意见》，同时还在安全生产和安全文化建设“十二五”规划中，将安全社区建设列为重点工程。

3. 创新发展、稳步前进阶段（2011年至今）

2011年10月，国务院安全生产委员会（简称安委会）办公室印发了《关于进一步深入推进安全社区建设的通知》，将安全社区建设工作由过去的安监局牵头调整为由安委会办公室牵头。这一改变充分显示了国家对安全社区建设工作的高度重视，调动了政府各职能部门和社会单位的积极性，有利于整合推进安全社区建设工作的持续发展。

2012年，全国安全社区建设保持了稳步发展的势头，并在全国范围内进行大面积推进，这得益于各级政府和有关部门对安全社区建设工作的支持和重视。广东、山东、四川、沈阳、上海等地已将安全社区建设纳入“十二五”规划，并在此基础上制定实施方案，明确目标和措施，积极开展安全社区建设工作。

2013年是“十二五”时期非常关键的一年，它起到承前启后的作用。按照《安全生产“十二五”规划》和《安全文化建设“十二五”规划》，在2012年的基础上，2013年全国启动安全社区建设的单位至少增加10%、建成命名单位增加10%，争取提前一年完成“十二五”规划制定的目标。

我国安全社区建设虽然起步比较晚，但是由于受到政府及各级部门的高度重视，以及人们的广泛参与，我国安全社区建设工作人员正以饱满的热情前进，不断地探索适合自身发展需要的道路和方法，努力打造高品质、高效率、可持续的完美社区。

第三节　安全社区建设的目的和意义

未来20年是我国经济发展的重要战略机遇期，城市化、新型工业化及全球化进程进一步加快，建设结构安全、本质安全、和谐健康的小康社会都对公共安全提出更新、更高的要求。

一、 安全社区建设的目的

作为一种全新的社会管理模式，安全社区建设要从源头上立足预防，不断提高安全意识、消除安全隐患，势必为构建和谐社会发挥越来越重要的作用。

1. 积极响应国家《安全文化建设“十二五”规划》

为认真贯彻落实党的十七届六中全会精神，进一步加强安全文化建设，促进全国安全生产状况持续稳定好转，结合深入贯彻落实《国务院关于进一步加强企业安全生产工作的通知》（国发〔2010〕23号）和《安全生产“十二五”规划》，提出了《安全文化建设“十二五”规划》。安全社区的建设正好响应该规划的要求。以社区为单位丰富群众安全文化生活，促进安全文化产业的发展，调动各方面的积极因素，努力开创安全文化建设新局面；以安全社区建设为平台，立足安全预防，建立安全防范机制，提高社区成员预防和应对事故与伤害的能力。实施社区安全环境建设，提高社区安全保障能力；加强社区应急能力建设，关注社区从业人员的职业安全和健康，加强安全教育和技能培训，为安全生产提供坚实基础。

2. 推动社会的整体安全

社区是现代社会结构的基本组成部分，社区安全是社会安定和谐的基础。WHO率先发起并倡导的安全社区理念并非单以一个社区的安全水平高低作为衡量标准，而是取决于该社区是否有一个有效的组织机构，持续地开展安全促进项目，实现整个社区的安全与健康。

3. 全面规划伤害的预防与控制

安全是人类最基本的需求。人们竭力地寻找各种预防与控制伤害的办法，以求得最大的安全。全面考虑社区中的风险和预防与控制计划，对提高社区安全有十分重要的意义。我国社区现阶段关注的问题主要是社会治安、环境安全、交通安全、消防安全及企业生产安全，忽略了社区内普遍存在的其他安全问题，例如自杀、摔伤等。同时，对于不同的人群，危险源是不同的；同类人，在不同社区，危险源也是不同的。安全社区建设的任务之一就是针对各种环境、条件和人群，制订相应的安全推广计划。

4. 有效利用社区资源

我国安全社区着重从政府的角度进行社区治安、消防等方面的建设，安全管理是“谁负责，谁管理”，一旦出现安全事故，按照职责进行追究，这样就产生安全管理因机构的职能不同被人为地划分开。社区的安全问题，不是单靠哪一部门、哪一人能够解决的，需要有一个综合的组织进行协调，该组织具有多项功能和一定的职权。正是基于这样的模式，安全社区要建立一个跨部门的组织，综合利用各种资源，共同承担社区内的安全事务。

安全社区建设是发展的基石，是顺民意、惠民生的民心工程，考验的是管理者执政为民的真心和决心，检验的是实施民生工程的智慧和能力。安全社区的先进理念和科学方法，有利于调动和运用社会力量做好安全管理工作，有利于营造重视安全的社会氛围、提高公民的安全意识，能真正把安全建设与经济建设、社会管理等各项工作同步规划、同步部署、同步推进，形成上下联动、齐抓共管的长效机制。要切实把安全社区建设作为一项改善民生、提高公共管理水平、提高社会保障水平的重要民生工程来抓，由区县、街道、社区三级同步推进安全社区建设。

二、 安全社区建设的意义

1. 促进社会团结与民主

社区建设逐渐成为我国推进社会建设的重要载体，也逐渐演变成维护社会安全的重要平台。安全是广大居民生活的基本需求，安全社区的工作能使社区安全状况得到提升，不仅包括对区域内导致身体伤害、物质伤害的因素的控制，还包括居民精神伤害状况的改善，是经济发展、社会和谐、工作及生活条件改善、精神健康不可或缺的有效途径。

（1）有利于各类组织的协作与发展

安全社区建设提供了更多政府职能部门相互协作的机会，它需要个人、社区、政府、企业、非政府组织等在其所在社区共同完成对安全改进的诉求。安全社区建设针对现存的管理漏洞，如对伤害预防与控制的认识尚不充分、不同伤害防控部门之间的力量和资源没有形成合力、预防伤害的各个环节的监督比较薄弱、伤害信息收集有待整合与规范、伤害救治体系需进一步完善、科学支撑不足、缺乏伤害的系统研究等方面的问题，形成了一个完善的体系。通过开展各类安全促进项目以及相关文化推广活动，可以将社区内各类组织机构和相关工作人员更加紧密地联系起来，社区内与安全相关的组织和人员协同一致，最终将安全促进发展为全体社区成员自觉的行动，是促进社会团结的良好渠道。

（2）有利于促进社会公平

我国安全社区的基本特征之一就是全员参与，强调针对所有类别的人员的伤害预防。安全社区的安全促进项目主要围绕容易暴露在危险环境中的高风险人群，尤其是儿童、老年人、残疾人、妇女、外来人口等弱势群体，有针对性地开展伤害预防和风险控制。安全促进项目的推广更是给予广大居民平等享有安全的机会，加强居民对社区的归属感，提高居民幸福感，成为一项民心工程。

（3）有利于社会繁荣和稳定

生命安全和身体健康不仅是人的基本生活需求，也是经济发展、社会稳定的基石。

避免日常生活伤害、改善工作和生活环境，是人民安居乐业的基本保障。社区安全问题如果得不到有效改善，将会制约本地的进一步发展。安全社区是一种长效机制，通过建立事故伤害监测体系，长期持续开展安全促进项目，对项目不断进行自我评估、自我纠正和自我完善，将提升地区安全水平的模式长期有效地运行下去。安全社区作为一种全新的公共安全管理形式，从源头上立足预防、提高安全意识、消除安全隐患，对于有效遏制事故与伤害的发生、构建和谐社会势必发挥越来越重要的作用。

2. 有效减少安全隐患，降低意外伤害率

研究表明，居民伤亡率，如儿童的伤害率和死亡率，与所在国家的经济发展水平及城市化发展程度相关。Adisak 等人 1999 年的研究认为，儿童的死亡率和人均国民生产总值成负相关。

不同国家在工业化发展过程中的伤害特征总有阶段性的相似性，所以借鉴和分享发达国家在伤害预防方面的工作经验是非常有必要的。工业化国家有完善的伤害预防体系，在立法、职业防护、保险、宣传、安全教育等方面都有完善的措施，使各类事故的伤亡率得到有效控制。例如，近几十年来，发达国家的交通伤害数量已呈下降趋势，但是在发展中国家却以每 5 年增加一倍的速度急速上升。

研究证明，通过安全社区建设，伤害发生率可明显降低 30%左右。安全社区建设一方面在制度、硬件设施方面大量投入，减少危险隐患；另一方面是通过宣传教育形成一种安全文化氛围，有助于居民摆脱个人文化教育背景、传统观念、思维局限、生活习惯所带来的对安全认识的局限，将每个人对安全的需求转变成自身良好的生活习惯，久而久之，社区居民的安全意识自然会得到普遍提高。因此，安全社区建设是预防控制伤害的有效手段。

2002 年以来，安全社区建设经过近 10 年的探索与实践，逐步确定了“政府主导、安监部门牵头、多元参与、联合共建”的工作机制和工作模式，并得到了广泛认可。安全社区建设由少到多、由点到面，用事实证明了安全社区建设工作的无限生命力。一方面，这是由于安全社区本身的魅力所致；另一方面，是由于各级政府和领导对这项工作的全力支持。我国是一个发展中国家，我国的国情也与其他国家和地区不一样。我国开展安全社区建设的经验表明：必须走出一条适合我国国情的安全社区建设道路，只有这样，安全社区工作才能做大、做强。

三、 安全社区建设的主要成果

人们以社区为基本场所从事各种社会活动，它是社会的缩影，是社会的细胞，也是实现社会资源整合、维护生产生活安全的重要平台。社区安全状况的稳定是地区乃至国家经济繁荣的基础。我国正处在全面建设实现小康社会、经济高速发展的过程中，观念意识、配套安全设施、制度管理上的不足之处导致各类事故和意外伤害频发。安全社区建设能够有效减少安全隐患，降低伤害发生率，已作为解决社区安全问题的有效途径在全国各地广泛推广。

我国安全社区创建工作已取得明显成果：安全文化氛围浓厚，社区居民安全素质提高，事故与伤害明显下降，为安全生产提供了有力保障。

1. 减少了各类事故和伤害，提高了居民安全意识

各社区立足于自身实际，以事故和伤害预防为目的，有效整合社区内各类资源，从安全管理、环境改善、安全设施、安全文化、社区服务等方面开展了形式多样、内容丰富的安全促进项目，建立长效安全促进机制，并取得明显效果。各类事故和人员伤害逐年减少，群众的安全意识普遍增强。

2. 夯实了安全生产“双基”工作

安监部门牵头推动本地区安全创新工作，打造安全、健康、和谐的社会环境。安全生产监管工作关口前移，重心下移，向最基层社会单位延伸。安全生产监管地位和影响力提升，各社区普遍将社区内的生产经营单位和商贸服务业纳入规范管理范围，减少了监管盲点。

3. 实现了社区安全工作的齐抓共管

加快了社区安全工作由过去的维护社会稳定的单一安全向现在的关注家居、工作场所、公共场所等全方位的安全的转变，加快了社区安全由专业安全监管为主向综合统一管理为主的转变，社区安全长效机制和应急联动机制也得到进一步完善。

4. 社区应急管理工作得到加强

社区普遍对安全隐患进行了排查整治，制定了突发事件应急响应预案，对居民进行广泛宣传、教育和演练，形成了以社区为基础，条块结合、上下联动的应急管理模式，提升了社区的应急能力，加强了社区单位的应急建设，提高了社区居民自救互救能力。

5. 推动社会管理创新

安全社区建设秉持“安全、健康、和谐”的理念，采取“政府主导、安监部门牵头、多元参与、联合共建”的模式，是实现社区安全、维护社会和谐、推动社会管理创新的重要载体。安全社区建设的实践探索表明，安全社区建设从提升社会管理水平、转变社会管理模式、增强社会管理基础、提高社会管理效能 4 个方面促进了社会管理创新。

安全社区建设对安全生产基层和基础性工作、促进安全生产、推动全员安全文化建设、提高社区安全能力等方面所起到的作用越来越明显。通过安全社区建设，社区的软环境和硬环境都发生了变化。机制上，逐步建立了策划、实施、检查、纠正的持续改进机制；工作上，一方面持续完善基础管理工作，一方面有重点、有针对性地策划与实施安全促进项目；方法上，以适用、科学为原则，加大技术含量，提高科学干预力度，减少了形式化、表面化现象；内容上，民生至上、民安为本；效果上，实现了事故与伤害下降、意识与素质提升、社区居民认同感和归属感增强。安全社区建设起到了创新社会管理的作用，是安全文化建设的具体体现。

第二章　安全社区建设现状

最先在中国大陆引进安全社区概念的是赵仲堂教授。2001 年，他在 WHO 安全社区促进中心所在的瑞典卡罗林斯卡大学公共卫生科学学院做高级访问学者期间，从该促进中心引进了安全社区理念，并指导济南青年公园社区第一个实践安全社区促进活动。

本章从安全社区建设数量、创建单位区域、社区类型、创建模式等多方面进行分析评估，并针对性地提出了几点建议。

第一节　我国安全社区分布

我国大陆地区安全社区建设开展得相对较晚，青年公园街道是大陆地区第一个安全社区。本章主要研究我国大陆地区安全社区建设的现状，以下提到我国安全社区建设，都是针对大陆地区而言，后文不再做说明。

一、数量分布

截至 2014 年 11 月，我国已建设的安全社区累计达到 552 个。其中，2007 年建成 21 个，2008 年建成 50 个，2009 年建成 64 个，2010 年建成 69 个，2011 年建成 85 个，2012 年建成 71 个，2013 年建成 98 个，2014 年建成 94 个，如图 2—1 所示。其中，城市型安全社区 436 个，乡镇型安全社区 86 个，企业主导型安全社区 30 个，具体分布情况如图 2—2 所示。

图 2—1　我国每年建成全国安全社区数目

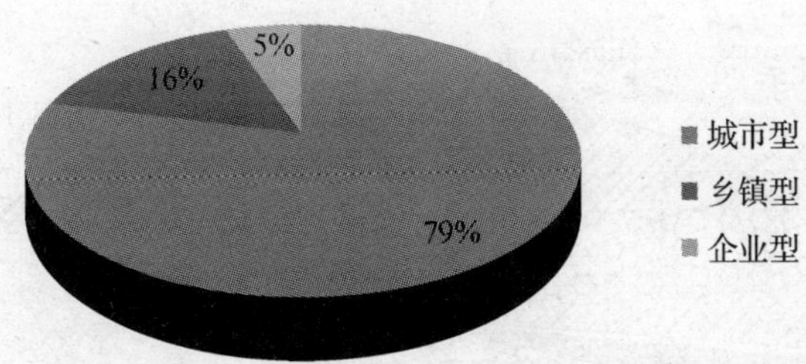

图 2—2　我国安全社区类型分布图

截至 2014 年 12 月 30 日，全球共有 346 个国际安全社区，其中亚洲 143 个。我国被正式命名的国际安全社区有 78 个，其中 2006 年被命名 1 个（即青年公园街道——我国的第一个安全社区），2007 年被命名 11 个，2008 年被命名 2 个，2009 年被命名 9 个，2010 年被命名 10 个，2011 年被命名 13 个，2012 年被命名 18 个，2013 年被命名 4 个，2014 年被命名 10 个，具体分布情况如图 2—3 所示。

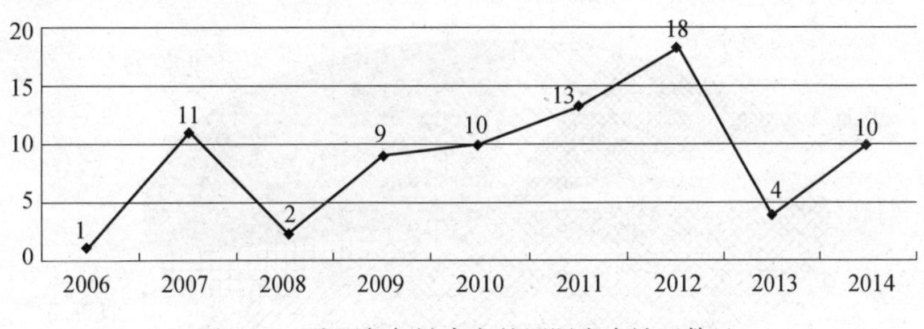

图 2—3　我国每年被命名的国际安全社区数目

由图 2—3 可以发现，我国安全社区建设已经取得了初步的成果，建设数量总体呈上升趋势，这反映出全国及地方政府对安全社区建设的重视程度。

近几年国家虽然加大了对农村乡镇安全社区的建设力度，使得农村的安全社区建设情况逐步与城市逼近，但是由于我国农村的经济、生活水平较低，不可否认，乡镇型安全社区与城市型安全社区相比，无论是建设质量、硬件设施还是人员管理，都存在很大的差距。

二、 地域分布

我国安全社区分布广泛，但仍相对集中。已经获得“全国安全社区”称号的单位主要分布在北京、上海、辽宁、山东等地，共 384 家，占总数的 69.6%，具体分布情况如图 2—4 所示。其中，有 78 个安全社区通过国际安全社区认定，主要分布于北京、上海、辽宁等地，各地区国际安全社区分布及数量如图 2—5 所示。

由此可以看出，我国安全社区建设虽然取得初步成效，但是大部分集中在一些经济发达的省市和城镇，分布地域过于集中，存在分布不均衡的现象。这在一定程度上说明

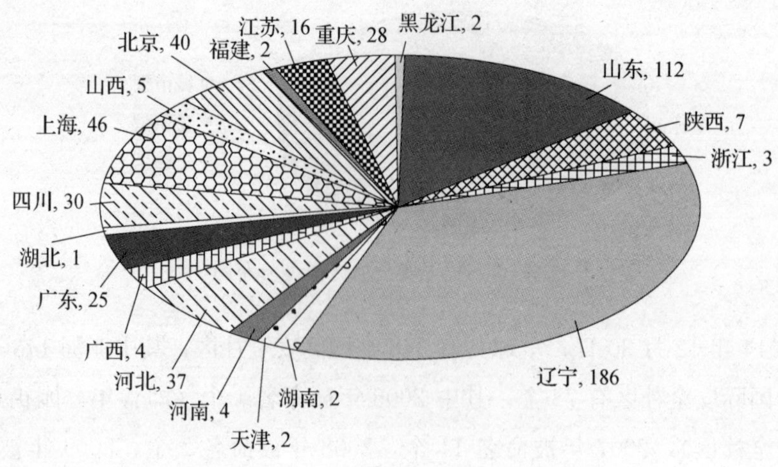

图 2—4 “全国安全社区”分布图

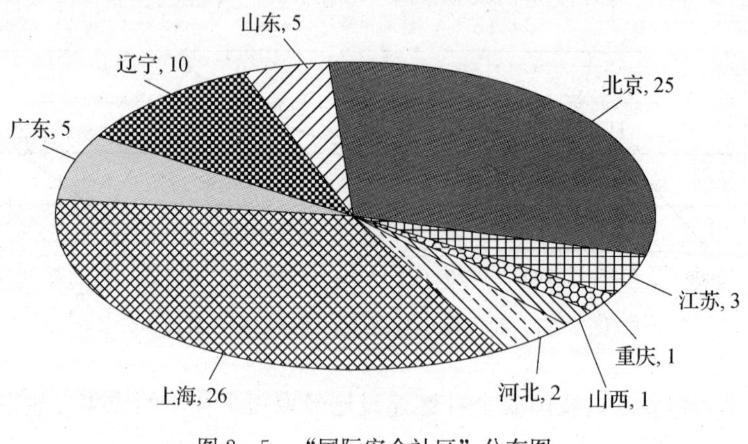

图 2—5 “国际安全社区”分布图

我国安全社区建设力度不够，建设程序及制度亟待规范，必须采用“以点带面”的方式，带动经济落后地区的安全社区建设。

三、 社区分类统计

国家安全监管总局在《关于深入开展安全社区建设工作的指导意见》（安监总政法〔2009〕11号）中明确提出，要积极推进各类社区的安全社区建设，主要包括城市型社区、企业主导型社区和农村型社区。社会型社区包括城市社区、农村社区以及同时包含城市人口和农村人口的混合社区。目前已经开展安全社区建设的主要是城市社区，农村社区和企业主导型社区虽然为数不多，但发展势头很好。2009年4月，山东菏泽市牡丹区吴店镇成为我国第一个以农业生产为主的全国安全社区。

按照《中华人民共和国地方各级人民代表大会和地方各级人民政府组织法》规定：

城市辖区下设街道办事处作为城市基层政权的派出机关，负责在本街道辖区范围内指导、协调、组织、管理社区的建设，辖区人口一般在数万人左右。居民委员会（社区）是一种基层群众性自治组织，规模约在 1 000～1 500 户左右，直接受街道办事处管理和指导。城市社区社会资源丰富，公共设施较为完善，有利于充分协调和利用各类资源，实行部门联动。目前我国开启安全社区建设的城市社区有多种规模，包括城市行政区、街道办事处，以街道为单位整体创建的居多。

农村型社区，也称乡村型社区，是指以农业生产为主要谋生手段的人们为主体构成的同质性较高的地域生活的共同体。所谓同质性较高是指社区各个成员具有相同的社会性质，包括相同的职业、文化背景、生活经验、价值观念、风俗习惯、生活方式……我国农村经济发展水平不一，社区建设起步晚，功能不全，存在的安全问题与城市社区和企业主导型社区有很大区别。同时，农村型社区成员受教育水平不高，安全社区建设的基础相对差一些。可结合社会主义新农村建设，充分考虑农村的安全特点和重点，例如结合农村用电安全、农机安全、涉水安全、农药中毒预防、火灾预防等安全问题，开展安全促进工作。

企业主导型社区一般由企业自办并管理，与企业在行政上、经济上密不可分。社区居民都是企业职工及其家属，居住区域相对集中独立，社区成员单一，复杂程度较社会型社区偏低，重点问题是生产安全问题。所以，企业主导型社区的安全社区建设是企业安全文化的一部分，其安全社区建设主要由企业管理层决策和领导，即使是经过专业化重组的企业，目前的组织机构和职能也仍然是在企业的掌控之中。在安全社区建设过程中，企业在人力和财力方面可以给予直接支持，这是企业主导型社区得天独厚的有利条件。组织上，由企业分管社区工作的部门牵头、各职能部门参与成立安全社区创建委员会和若干个工作小组，对社区安全能力建设给予具体指导，社区根据实际情况设立专业工作小组，实施计划项目。

按照该分类方法进行统计，我国城市型安全社区有 436 个，乡镇型安全社区有 86 个，企业主导型社区有 30 个。由此可见，城市型安全社区是安全社区的主要组成类型，占总数的 79％。

按照社区的主要功能及安全相关特点，对 552 家社区进行分类统计，把社区划分为居住型社区、商贸服务型社区、矿业型社区、学校主导型社区、交通枢纽型社区、农业型社区、林业型社区、渔业型社区、风景游览型社区、工业型社区（包括石油化工型、机械加工型等）、综合型社区等 11 个类型，见表 2—1。需要注意的是，一个社区可以划分为多个类型，这里按照社区的主要功能进行划分；某些类型的社区还可以进一步划分，例如风景游览型社区还可以划分为滨海旅游型社区、文物名胜型社区等。

表 2—1　　基于功能的社区分类统计

社区类型	界定条件	个数	典型代表
居住型社区	以生活居住为主要功能的社区（居住区为主的社区），其中典型的有城中村	212	北京朝阳区潘家园街道、团结湖街道
商贸服务型社区	主要提供商贸经营、休闲、娱乐等配套服务的社区	151	北京朝阳区三里屯街道
矿业型社区	以矿业生产为主要功能的社区，“矿中有社、社中有矿、社矿交织”是其主要特点	17	开滦集团钱家营社区、山西潞安集团社区
学校主导型社区/文化型社区	学校较多或影响力较大，在校学生及教职工占人口一定比例的社区、大学城区等；文化型社区以科研、教育单位为主	15	北京海淀区学院路街道、广州小谷围街道（大学城）
交通枢纽型社区	以交通枢纽职能为主的社区	11	大连市甘井子区机场街道
农业型社区	行业构成以农业为主，以农业生产为主要功能的农村乡镇	38	山东菏泽市牡丹区吴店镇
林业型社区	林业资源丰富，以林区开发、管理、森林保护等为主要功能的社区	14	大连市甘井子区红旗街道
渔业型社区	主要从事渔业捕捞为主的社区，包括小渔镇、小渔乡	11	大连市高新区龙王塘街道
风景游览型社区	以风景旅游为主要功能的社区，主要指旅游型特色小城镇和各类风景区	23	大连市金州区金石滩街道
工业型社区	以工业生产为主要功能的社区，包括各类型的工业园区或工业园区所在社区，工业从业人员占人口总数一定比例	47	山东广饶经济开发区、上海市浦东新区康桥镇、上海浦东新区金桥
综合型社区	特点不明显或难以界定的社区	13	石家庄长安区育才街道、沈阳市皇城街道

以上可以看出，绝大部分社区可以明确划分为某个类型，其中以居住型和商贸服务型较多，二者占总数的65.8%，这主要是由我国安全社区建设仍然是以城市区域为主、创建地域相对集中导致的。

由于我国安全社区创建单位相对集中，上述的社区类型不能涵盖我国所有的社区类型，但仍可作为以后开展安全社区分类指导的某种参考。

第二节　我国安全社区建设模式

我国幅员辽阔，不同省市的生活状态各有不同，同一地区也有一定区别，这导致安全社区建设模式也有差异，大体可以总结为以下 3 种模式：

一、政府主导、多元参与、联合共建模式

这是目前最为普遍的模式，由国家安全监管总局领导和推动安全工作，以国务院安全生产委员会为平台整合资源。这种模式倡导大安全观，在安全社区创建过程中效果较为突出，有利于加强安全生产基层基础工作。但是，这种模式带有极大的被动性，由安监局等职能部门牵头极大地限制了社区的自主能力，存在安全干预面不全等不足。

二、以社区为主体，政府支持的模式

这种模式以社区安全为主题，立足于提高社区服务管理水平，减少社区事故伤害。社区建设的主体包括政府部门、居委会、居民组织及社区居民。这种模式主张以社区主导治理，作为最了解危机源的组织，社区能够建设出最符合地区特点的伤害应对机制。当社区中群众感受到安全社区建设带来的好处时，便会积极地投入到安全社区建设中，主观地推动安全社区建设。政府发挥其社会职能，支持培养民间组织，协调各方力量，解决有关矛盾，成为驾驭危机的组织，承担统一指挥的责任。这种模式主要存在于较发达地区，通过安全社区建设，提高居民安全感和幸福指数。

三、企业主导模式

物业管理部门牵头、相关部门配合、全员参与的建设模式。这种模式主要在企业主导型社区采用，例如开滦集团、中国石油华北油田分公司等企业社区。该类型社区的主要特点是企业自主建设并自主管理，社区居民成分单一（多为企业职工和家属），居住区域相对集中、独立和封闭。这种模式的优势体现在以下几个方面：

1. 企业可以为社区安全建设提供人力、财力、物力等方面的支持，资源整合较容易。

2. 企业管理采用结构化、程序化、标准化的方法。例如 HSE 体系建设可以很好地应用到社区安全管理中，把企业生产安全的好方法逐步延伸到员工生活的各个方面。

3. 安全社区为员工生产和生活提供了全过程安全保障，使员工能够全身心地投入到工作之中，从而又为工作场所的安全提供了稳定的大后方和可靠的安全保障，这在一定程度上有利于生产安全。

第三节　我国安全社区建设存在的问题及对策

一、我国安全社区建设的主要问题

社区安全建设是一个系统工程，涉及很多方面，事关社区居民生命财产安全和社区

稳定。通过对典型社区的实地调研和我国社区安全现状的分析，总结出我国安全社区建设存在以下几个方面的问题：

1. 安全社区建设观念相对落后

建立跨部门的推广促进组织是持续开展安全社区建设的关键。目前，我国大多数城市在开展安全社区建设过程中，从建立跨部门的推广促进组织来看，普遍将此项职能放在地方的安全生产监督管理部门，这犯了严重的“拿来主义”和“望文生义”的错误。部分人误认为安监部门的主要工作就是抓好生产经营单位的安全生产监管工作，但是，安全社区涉及部门多、工作面广，不属于安监局的职责范围，必须根据实际情况，适时地选择一个有力的跨部门推广促进组织，并在相关专业职能部门之间建立联动机制，促进各部门的联系。

另一方面，各种形式的社区在创建工作中缺乏协调指导，导致基层社区在“平安社区”“和谐社区”“交通安全社区”“绿色社区”等各类社区创建活动中疲于应付，有的社区将安全社区创建作为建设“和谐社区”“平安社区”等其他社区创建活动的一项特色和重点工作，这显然违背了安全社区创建的初衷和目的。对安全社区的创建要求把握不准，也导致了在统一部署、资源共享、同步推进上顾此失彼，影响了创建水平。

2. 安全社区建设不能突出区域特色

安全社区建设的核心在于项目引领，以点带面。不同的社区有不同的区域特点，危险源、高危人群和高风险环境也不尽相同。在创建工作中，有些社区犯了“拿来主义”的错误，没有紧密结合本社区的实际，突出高危人群、高风险环境以及弱势群体的安全需求，不能准确定位本社区的重点人群、重点场所和重点问题，科学地策划实施安全促进项目。

安全促进项目都必须贴近百姓的需求，经过安全社区理念引领，逐渐完善。因此，创建单位要注重深入挖掘，使各类安全促进项目既形式多样，又突出区域特色、切实有效。

3. 安全促进项目开展水平和社区应急水平不高

有的社区对社区事故与伤害风险的调查分析不够系统、全面，没有充分了解和掌握社区安全基本状况，安全计划不够具体、明确，安全促进项目缺少针对性。社区应急预案大多缺少实用性和可操作性，社区居民接受应急教育和预案演练情况更是不容乐观，居民安全意识不强。

4. 居民参与程度不高

众所周知，安全社区建设是一项为了群众、也必须紧紧依靠群众才能做好的工作，是将发展成果惠及百姓的民心工程。居民积极参与是安全社区建设的基础。安全社区倡导的“安全”不同于通常意义的生产安全，其内涵更加丰富，大到社会稳定，小到邻里和谐，涉及居民生产、生活的各个领域。只有让百姓关心、关注、参与、互动，才能保障工作开展有基础、项目实施有效果，才能有效控制造成居民伤害的各类危险源，减少百姓的伤害。但是，有些地区尚未形成政府、卫生服务机构、志愿者组织、企业和个人共同参与的工作网络，不能做到为了群众、依靠群众，不能充分调动居民的参与热情，这在一定程度上限制了安全社区的发展和进步。

因此，在创建安全社区的过程中，要牢固树立以人为本和安全发展的理念，安全促进项目的设立、实施要依据居民的安全需求，充分听取和采纳志愿者组织和广大群众的呼声和建议，把安全促进项目做成服务百姓的民生项目。

5. 动态监管存在盲点

安全社区的创建应该遵循持续改进的理念，要不断策划新的安全促进和伤害预防计划与项目，周而复始地开展社区安全情况调查与危险源辨识、风险评价与风险控制措施的策划。评审既是上一轮计划的终结，又是新一轮计划的开始，循环往复，但又不是简单意义上的重复。应根据情况的变化，如法律法规及相关标准的要求、危险源的变化、技术发展情况、社区建设目标与指标的要求、居民的希望与建议等，及时制订新的伤害预防和安全促进计划与实施方案并予以实施。但是，我国安全社区的相关备案信息不全，而备案成功后的监管信息几乎没有，这是极大的管理漏洞。

安全社区创建成功后的动态管理一直是安全社区的一个难题。目前，这种难题也普遍存在于各省市安全社区的创建过程中。由于缺少动态监管，一些社区只注重考核验收，忽视验收后的日常安全管理和持续改进工作，一旦通过评审验收，社区的管理逐渐松懈，创建工作名存实亡，仅限于纸上谈兵，社区安全水平难以保证。

6. 社区创建机构模式单一

WHO 倡导的安全社区没有准确的地域概念，可以是一个城市，也可以是一座工厂，也可以是一个居民社区。WHO 要求，创建安全社区必须建立一个跨部门合作的组织机构，负责安全社区的策划和实施工作。之所以没有明确要求组织结构的组成，就是为了适应不同类型的社区，根据不同的安全要求构建不同的组织机构。安全社区没有标准模式，也不要求采用统一的组织机构模式，各社区可根据实际情况确定。

目前，我国创建的安全社区主要有社会型社区和企业型社区 2 种。很多省市开展安全社区创建工作，采用“一刀切”模式，统一按照政府管理的社会型社区进行组织管理。市政府下发文件，然后各区市级政府统一指挥，以各街道办事处为单元，按一种模式统一展开。由于城市中各地域特点和危险因素各不相同，对于以居民类小区为主的街道，这种方式往往效果较好；而对于工业园集中区或大企业，以街道为单位进行安全社区建设的方式往往没有太大的效果。可以说，统筹布局，做好安全社区的规划，是全国安全社区建设的重要前提。

7. 社区安全硬件设施缺乏

社区安全设施主要包括防盗监控系统、楼宇对讲门禁系统、各类消防器材、机械设备安全防护设施、个体保护设施等。目前，我国新建社区的安全设施配备比较齐全，而一些老城区由于缺乏长期持续的安全资金投入，安全设施维护保养不当、丢失、陈旧废弃等原因，造成社区内的安全设施严重不足，在硬件上无法保障社区居民的安全。居民公益性活动场所更是匮乏，除消防设施等几处零星可数的安全设施外，其他社区，尤其是乡镇社区，几乎没有资金对社区内安全设施进行改善。加之城市功能不配套，安全社区的建设多停留在纸面宣传上，很难落实到硬件设施的改善上。

总而言之，安全社区建设是一项有始无终的长期工程。要立足社区实际，坚持资源整合、全员参与和持续改进，扎扎实实创建，真正把安全社区建设成为民心工程，为促进地区经济发展和社会进步营造安全的发展空间。

二、 安全社区建设的对策建议

随着社会各界对于安全社区需求的不断提高，我国现有的安全社区将不能满足需求，安全社区建设势必进入新的发展阶段。通过对我国安全社区建设现状的研究与分析可以看出，虽然我国安全社区的区域分布、建设数量都已经取得初步成效，但是仍需改进，未来安全社区建设的发展趋势将是规范化、精细化、人性化。

1. 制度规范化

安全社区建设是系统项目，需要建立标准的工作流程，并对每一个环节加强监督和管理，建立定期检查制度，促使安全社区持续更新，巩固建设成效。

（1）工作流程标准化

WHO有关安全社区建设的指标中提出安全社区建设需要建立评价标准、评定管理制度、实施计划、运行程序和改进措施效果的制度，我国也从安全事故与伤害预防目标及计划、安全促进计划的实施、预防与纠正措施、评审与改进等方面对安全社区建设的流程进行了相关规定。因此，需要建立与各地区相适应的安全社区建设标准流程来规范安全社区建设。

（2）绩效管理

在安全社区建设的过程中，合理的绩效管理有助于不断完善安全社区的建设工作。首先，对安全社区建设的目标进行层层分解，在建设过程中实时评估，对绩效目标进行调整优化，形成科学的绩效目标体系。其次，安全社区建设的管理工作需要从机构职责、信息交流和全员参与、风险源辨识、风险预防计划、安全促进项目、宣传教育培训、监督与检测、预防与纠正措施等方面设置指标，对安全社区建设的绩效进行全方位的评估，客观评价建设工作的成效。最后，监督和管理的规范性作用关键体现在激励机制上。根据绩效考核结果，实行严格的奖励和惩罚措施，有利于宣传经验、总结教训，从而达到约束社区居民行为、推动社区安全建设工作全面规范化发展的目的。

（3）检查制度

安全社区的建设不应该仅停留在建设层面，对已经通过审核的安全社区进行定期检查、考核，能促使安全社区及时发现问题、纠正错误、持续更新，巩固安全社区建设的成效。通过制度化、常规化的工作检查，扭转以往安全社区建设工作“重创建轻管理”的不良局面，强化社区安全的日常管理，维持社区安全建设长期良性运行。

2. 管理精细化

社区事故与风险防范能力的提升，需要以科学完善的风险管理手段作为保障。精细化的风险管理，要求进行全方位、全流程的风险监测，并在信息共享的基础上，开展科学的统计和分析。

（1）精细化管理的4个要素

1）控制：通过健康与安全责任管理，把健康与安全计划付诸实施。

2）合作：社区内与安全有关的部门和安全受益人之间密切合作，是建设安全社区、推广伤害预防计划的组织基础。

3）交流：包括社区内部、外部的交流，实现安全信息共享，促进安全社区建设。

4）能力：指社区内安全能力的提高。

（2）精细化管理措施

1）开展全方位、全流程的风险监测：传统的社区事故和伤害信息监测方法往往不能全面、准确地收集事故和伤害信息，降低了安全促进项目计划的针对性，影响了项目实施的有效性。因此，必须采用新的方法完善风险监测机制，如利用计算机、通信、控制网等技术加强对社区安全的监测。第一，需要通过引入信息技术，利用“网格化”管理等新型管理模式，整合社区内原有的卫生、教育系统伤害监测网络，扩大信息收集覆盖面，完善学校记录、医院记录等基础性信息的收集和利用。综合运用多种信息传播手段，形成信息的全面覆盖。第二，定时发布监测信息，使公众对监测信息一目了然，以便及时、有效地控制风险。

2）建立数据的统计和分析共享平台：社区事故与伤害的预防少，需要在完整准确数据收集的基础上对事故和伤害信息加以科学分析，以提高安全促进项目的有效性、合理性和准确性。

在建设安全社区之前，需要针对社区的特点，对以往事故进行统计分析，为伤害评价体系提供参考标准。

第一，建立联合社区规划、管理和服务的综合信息共享平台，并与城市规划、管理与救援服务数字化的综合信息共享平台相互连通。

第二，建立社区事故和伤害数据库，将各部门的实时监测信息汇总，实现数据信息联通共享，提高社区事故和伤害信息的利用率，为社区安全建设的长期发展提供基础信息数据支撑。

第三，科学分析数据信息，根据全面、准确的风险监测数据和伤害记录，运用系统分析方法，对社区中各个环节存在的不安全因素和危险源进行辨识、评价、预测、消除和控制，做出定性和定量分析及综合评价，进而研究如何减少和控制各种危险因素的发生，保证社区安全在一定条件下达到最高程度，这对加强社区安全建设的针对性、提高工作效率和工作水平具有积极作用。

3）有力传播安全文化：社区安全文化是社区文化体系的一个重要部分，是一种安全精神标志，是物质和文明的共同行为。社区安全需要安全文化的引导、感召、凝聚、约束。安全文化是通过保护生产力来发展生产力，通过保护生产资料来充分使用生产资料，通过保护人和财产的安全，进而保护城市安全，把实现创造与实现人的价值统一起来。

目前，我国安全社区建设是“一把手”工程，主要是由政府部门牵头，而普通百姓的参与较少。此外，在人们的传统意识里，仍认为社区建设工作只是政府该做的事情，与自身的关系不大。因此，加强安全文化传播，树立居民的风险意识，对安全社区建设至关重要。

首先，扩展安全宣传途径。在安全社区建设中应广辟途径，充分利用网络、电视、广播、宣传栏等宣传媒介，开展经常性的、生动的、具体的安全防范宣传教育工作。

其次，综合运用多种宣传动员方式。针对特定的人群，采用特定的宣传方式，增加宣传动员的互动性、趣味性，有助于提升居民对安全社区建设的认知度和支持度。

最后，及时对居民的安全文化掌握程度进行调查。宣传教育工作能否起到应有的效果，居民对本社区安全工作的满意度决定了安全文化是否深入人心，必须定期对居民进行安全文化调查，努力做到及时发现和解决问题，提高工作效率。

我国社区的硬件设施在短期内不能达到西方发达国家的水平，这就需要从社区的软件上下功夫，加大安全宣传的力度，提高社区成员的安全意识。

3. 社区人性化

安全社区建设不仅是政府部门的事，也是全社会都必须关注的热点和重点问题。安全社区建设和持续改进的过程都离不开社区居民的参与，公民参与是安全社区建设成败的关键。当前的安全社区建设，必须坚持以人为本，加强社会协同的人性化。

（1）以社区居民为中心

安全社区的建设目标，是最大限度地预防和减少事故和伤害对社区居民带来的不良影响。因此，安全社区建设工作需要紧紧围绕社区居民开展。

首先，坚持居民需求本位，把居民预防事故伤害的实际需要放在首位，把解决居民普遍关心的热点、难点问题作为安全社区建设工作的重点。

其次，要建立和完善居民的参与机制。安全社区建设是所有社区成员的一项事业，需要大家的共同参与。无论什么职业的人，回到社区均有为社区服务的义务。社区可通过安全宣传教育，提升在职社区居民的责任感和归属感，使他们能真正地加入到安全社区建设中来。

（2）充分发挥社区组织的自治功能

在安全社区建设过程中，要充分发挥社会组织的自治功能，使其起到联系政府与居民的桥梁作用。首先，要完善社会组织发展的法律支持机制，明确社会组织的职能定位、政策支持等，为社会组织的成长营造良好的法律环境。其次，建立社会组织参与安全社区建设的协调机制，发挥社会组织民主自治、规范社会行为、动员公民参与的优势。

综上所述，安全社区建设是维护社会和谐稳定的重大工程，新形势下加强安全社区建设，需要规范管理制度，精细风险管理，加强社区人性化，不断探索新的建设方法和途径，为安全社区的全民参与、持续改进提供保障。

第三章 安全社区建设理论

理论是实践的基础，任何实践都离不开正确的理论。实践是理论发展的动力，理论产生于实践的需要，实践为理论的发展提供日益完备的理论工具，实践是理论的目的和归宿。因此，在安全社区的建设过程中，必须有丰富的理论做基础。

第一节 公众参与理论

创建安全社区不同于以往工作的一个重要标志在于工作理念的创新。实际工作中，要将国际安全社区的先进理念与社区的实际情况相结合，与群众的需求相结合，资源整合、全员参与、持续改进是创建安全社区的三大核心理念，始终贯穿于安全社区的建设过程中。其中，全员参与更加强调人的力量，侧重于动态的共建过程，它要求采取广泛的宣传动员，使社会团体、企事业单位、居民个人深入了解安全社区的基本理念和构建安全社区的深远意义，从而将安全准则内化为自身的行为准则，将安全创建活动转变为自主的行为方式，积极参与安全项目，积极开展志愿活动，真正做到共同建设、共同享有。

社区内各职能部门、单位和组织是一个统一的整体，互为补充，相辅相成。没有一个完整的队伍，一切工作都很难顺利实施。只有各部门协调一致，和谐相处，才能保证安全社区建设工作持续改进。

1927 年，通用电气公司的一位经理在其就职演说中首次提出公司应该为利益相关者服务的思想；1963 年，斯坦福研究院首次提出利益相关者的概念；1965 年，美国学者 Ansoff 最早将“利益相关者”一词引入管理学界和经济学界，认为“要制定出一个理想的企业目标，必须综合平衡考虑企业的诸多利益相关者之间相互冲突的索取权，他们可能包括管理人员、工人、股东、供应商以及分销商”；1977 年，宾夕法尼亚的沃顿学院（Wharton School）首次开设“利益相关者管理”的课程，表明利益相关者理论已开始被西方学术界和企业界所重视。

弗里曼认为，“利益相关者是能够影响一个组织目标的实现或者受到一个组织实现其目标过程影响的人”，这个概念直观地描述了利益相关者与组织（企业）之间的关系。

由定义可知，政府、企业、社区管理者、居民都是安全社区的利益相关者，他们在安全社区的建设和维持过程中发挥着不可或缺的作用。因此，在整个安全社区的建设过程中以及安全社区持续改进阶段，都必须实现全员参与。

建设安全社区不仅是政府部门的事情，还是全社会都必须关注的热点问题。安全社区建立和保持的过程离不开公众的参与，公众参与是安全社区建设成败的关键。公众参与安全社区建设，有助于弥补政府管理的缺陷。健康不受危害的生活环境是公众的最大愿望，只有公众拥有建设安全社区的最大动机，只要建立合适的公众参与渠道，在安全社区的建设中，公众就能释放出巨大的能量。依据利益相关者理论，安全社区利益相关模型如图 3—1 所示。

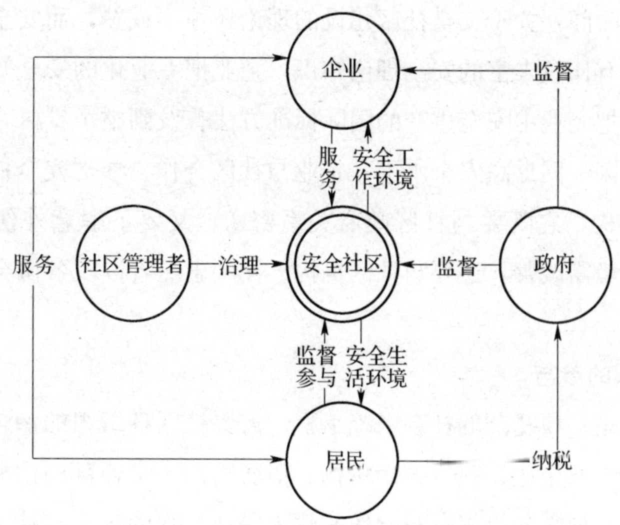

图 3—1　安全社区利益相关模型

1. 社区居民的参与

社区居民既是社区建设的受益者，又是社区建设的重要主体。尤其对于我国这样一个经济还不发达、人力资源却相当充足的国家，依靠民众的广泛参与推动安全社区建设工作，是一种明智的选择。但是，在参与安全社区建设的意识上，相当一部分居民的参与意识还比较淡薄，他们没有意识到自己属于社区建设的主体，也没有意识到自己对本社区的责任和义务。因此，要提升居民的参与程度必须做到以下 4 个方面：

（1）要强化宣传教育，培养社区意识，提升居民对社区的归属感和主人翁意识，这是促使他们广泛参与社区服务活动的思想基础。

（2）要坚持社区需求本位原则，注重用共同需求、共同利益来调动居民广泛参与的积极性。从本社区的客观实际出发，把各类社区成员，尤其是大多数居民群众预防伤害的实际需要放在首位，把解决社区居民普遍关心的热点、难点问题作为社区服务工作的重点。

(3) 要坚持先进性与广泛性相结合的原则，力求让每个参与者都能找到自己的位置。

(4) 建立和完善参与机制，依据有关法律、法规、政策，通过民主程序和法定程序制定相应的规章制度，使居民能真正地融入安全社区建设，参与到安全社区建设的持续发展中。

2. 社区内单位的参与

社区内单位参与安全社区建设，不但是社区服务的客观需求，有助于解决人力、智力、物力、财力的困难，而且也有利于这些单位自身的发展。这主要是因为安全社区的提出只有十几年的时间，关于安全社区建设的理论还很不成熟，而安全生产是企业的基本要求，企业掌握有比较丰富的安全理论知识，企业把专业化的安全知识和可利用的资源带到社区之中，把企业中安全生产的国际标准方法普及到整个社区，转化为社区居民的安全常识，与社区一同提高安全水平。企业与社区合作、参与安全社区建设，重要的是成立一个领导机构，它既要与社区政府关系密切，又要了解意外伤害事故产生的原因，了解有哪些环境需改善，还要与社区机构、社区志愿者以及各协会保持良好的关系和交流。

3. 社区各组织的参与

安全社区建设是一项复杂的社会系统工程，需要社区各组织的参与和合作，主要包括政府部门、当地工商企业、卫生医疗机构、消防部门、交通部门、派出所、志愿者组织、社区居民等。而社区各组织参与合作的政治保证是党的领导与社区党建，安全社区的建设需要党统一领导各部门之间的合作。

4. 社区党建推进安全社区建设

我国是中国共产党领导的社会主义国家，要以社区党建推进安全社区的建设。2004年11月，中共中央办公厅发出通知，转发了《中共中央组织部关于进一步加强和改进街道社区党的建设工作的意见》(以下简称《意见》)。中组部的《意见》深刻阐述了新形势下社区党建工作的重要地位，明确提出了社区党建的指导思想和目标要求，进一步指明了社区党组织的职责、任务和社区党建工作的努力方向，是新时期社区党建工作的纲领性文件，对加强社区党建具有重要的指导作用。社区党的建设的内容主要包括3个方面：

(1) 领导安全社区建设，社区党组织要以改革创新的精神，充分运用社区载体，扩大党在社区工作中的覆盖面，把广大居民群众团结在党组织周围，带领广大党员和群众积极参与安全社区建设，并在原有的组织机构的基础上，组织成立安全社区创建委员会，结合本地区实际，制订工作计划和具体实施方案，及时研究和解决安全社区建设工作中存在的困难和问题，全面推进社区安全促进工作。中国共产党是先进的政党，可以为安全社区建设提供坚强的组织保证。

（2）联合社区党组织，共同加强区域内党的自身建设。具体内容包括：组织、指导和协调社区内的机关、企事业等单位党组织参与社会性、地区性、群众性、公益性的工作，推进安全社区建设，采取直管、代管、协管、联系等方式，加强对社区党员的管理和教育，通过党员志愿者服务、楼院包干责任区、结对帮扶等形式，组织和发动党员在社区管理和服务中发挥先锋模范作用；加快有关组织和机构中党组织的组建步伐，不断扩大社区党的工作的覆盖面，壮大党的力量；加强社区成员的思想政治工作，提高社区成员的思想道德、科学文化素质；支持工会、共青团、妇联、科协、残联、关工委、计生协、老体协等群团组织依照各自章程开展活动，发挥群团组织和社区行业组织、中介组织在社区的各项事务中民主管理、民主监督作用。

根据利益相关者是否与企业直接发生市场交易关系，Ederick 将利益相关者分为直接和间接利益相关者，其中直接利益相关者是与企业直接发生市场交易关系的利益相关者。同理，也可以将安全社区利益相关者分为直接和间接利益相关者，见表 3—1。

表 3—1　　安全社区利益相关者分类

分类	特点	利益	范围
直接利益相关者	他们的利益直接受到安全社区建设规模和效率影响	安全社区建设规模越大，对居民、企业和社区管理者的覆盖面越广，从安全社区受益的人越多；安全社区建设效率越高，对伤亡事故的预防和控制工作越有利，从安全社区受益越多	居民、企业
间接利益相关者	间接受益于安全社区的建设	成功的安全社区建设工作，可以提高政府和社区管理者的知名度，同时成功的建设经验也为以后相关工作的进行奠定了有利的基础	政府、社区管理者

安全社区的建设是关乎国家、企业、居民共同利益的宏大工程，它涉及众多的领域和公众各方的利益，需要公众的理解和大力支持。公众参与安全社区建设，有助于解决安全社区建设的人力、物力、财力问题。不管是党政机关、某一民间组织还是某一驻社区单位，都很难通过自身力量满足全方位安全社区建设对人力、物力、财力的客观需求。公众参与是公众作为主体在权利、义务范围内参与政府公共政策的权利和所从事的有目的社会行为，公众参与强调的是公众的权利与政府对此权利的保护。

第二节 社区的相关理论

社区的核心元素包括地域、活动、机构、人口等，这些元素相互结合构成社区的整体，揭示了社区形成、发展的根本原因。对于社区而言，人群是主体，地域是物质基础，机构是协调社区生活各种关系的调节器，活动则既是社区成员在一定地域范围内共同经营社会生活所形成的结果，又是将社区成员凝为一体的黏合剂和纽带。这些元素相互作用，共同构成了社区的整体。

一、 社区的人文区位理论

人文区位理论的创始者是芝加哥经验社会学派的代表人物 R. E. 帕克和 E. W. 伯吉斯，该理论是通过研究城市社区而形成的。1921 年，芝加哥大学教授帕克首创“人文区位学”这一术语并努力推动后继者不断推出新的人文区位学概念、理论和相关研究方法。从帕克对社区的论述中可以看出，他对人文区位学的理解是：“社区含有空间地理的意义。每个社区都有一定的地点，组成该社区的人在该社区中亦有一定的住所。他们在地方经济中有一职业。”他认为：“此即社会学研究从区域入手极妥当的一种原因。此外还有一较实际的缘故，就是社区是有形可见的。”20 世纪 30 年代末，这种理论渐趋成熟，发展兴盛，近几十年来，它已经成为社区研究中的最重要的部分。人文区位理论在发展过程中，逐渐演变为古典人文区位理论、社会文化区位理论、新正统区位理论、社会地区分析理论等几个分支。其中，社会地区分析理论是近年来研究者认同和推崇的。

社会地区分析理论在 20 世纪 60 年代兴起，它认为在城市内相同社会身份或性质的团体常居住在相同地段，称为社会地区。人文区位学者常取这些地区为研究单位来研究社区的特殊性质。这种地区分析方法的最大目的在于能了解城市的空间组织与区位结构。社会地区分析理论由美国学者薛夫奇和威廉斯于 1949 年首先提出。他们提出了 3 个指标，即以职业声望和教育程度测量的“社会状况”，以生育率、妇女就业人数、单身住户数目测量的“家庭状况”，和以外国移民或黑人的百分比测量的“种族状况”。用这 3 个指标测量评分，将众多的人口普查片归类为一些同质的社会地区。这种理论能够对不同城市的社会地区进行鉴别和比较，得出各个社会地区的区位特征，从而概括出城市的空间格局。

二、 社区行动理论

20 世纪 50 年代之后，在社区研究中运用社会行动理论及其方法所做出的研究成果能够直接成为社区有计划发展或运动的实践依据，因此，社区行动理论得到了广泛的运用。社区行动理论的主要代表人物有考夫曼、桑德斯等，他们认为社区行动是指发生在社区、与社区生活有着直接联系的具有广泛参与性的社会活动或互助行为，其特征是大多数社区成员的广泛参与，其目标是试图解决涉及社区成员的共同生活问题。与其他学派的观点相比，社区行动理论更注重研究社会动态及社区实际问题的解决，如社区领导的能力、决策、社区参与等问题与社区变迁的关系等。社区行动理论的另一个要点在于强调社区行动的社会关联性，把各种社区行动看作是社会行动中属于社区的部分，社区中的社会活动与社区外的社会活动相互关联，社区内的各种社会活动也是相关联的。这种关联性使社区处于一个动态系统中，自身各要素之间、与外界环境之间进行物质、能量以及信息的流通与交换，从而推进社区的发展。

在社区行动理论中，社区参与是重要的社区行动方式，社区的管理者需要通过激发居民参与社区社会活动的积极性来实现社区行动的作用。这样的社区行动既考验了社区领导者的管理能力及其对社区居民的影响力，又充分反映了社区居民对社区的重视程度，是对社区整体性和凝聚力的检验。

三、 社会系统理论

社会系统理论把社会看作一个由众多相关部分组成的庞大系统。在研究社会中某一部分的问题时，需要考虑到社会各部分之间的联系，以及它们在一定的社会关系网络中的相互作用和影响。将社会系统理论运用于社区研究，把社区中的居民、组织、管理机构视为这个体系中的要素，分析它们之间的作用、关系和影响，研究它们日常生活关系网络的运作模式。

社会系统理论在社区研究中的应用，主要体现在不同学者通过这一理论对社区的认识及分析。德国社会学家卢曼通过社会系统理论对社会以往的整体与局部这一区分的同质性和差异性进行研究。美国社会学者 E. O. 莫依提出了作为社会体系的社区的主要特点：社区是一个各种要素组成的体系。每一个社区都包含许多不同的制度、组织以及在其中发展起来的次群体，这些组织和群体本身都是一些社会体系，它们也是社区这个社会体系的组成部分。在结构与功能上，社区成员根据各种需要、利益、目标和活动，通过不同的制度与群体来实现和满足。可以把社区看作一个整体的复杂系统进行讨论，也可以通过对社区内各要素自身需要的分析来研究它们的活动和目标。

四、 社区的权利结构

2006 年，《中共中央关于构建社会主义和谐社会若干重大问题的决定》提出了“党委领导、政府负责、社会协同、公众参与的社会管理格局，在服务中实施管理，在管理中体现服务”。

在国内一直倡导“治理”理念的何增科教授及其团队则用“民间组织”替代了官方所说的“社会组织”，把社会管理定义为：“政府和民间组织运用多种资源和手段，对社会生活、社会事务、社会组织进行规范、协调、服务的过程，目的是满足社会成员生存和发展的基本需求，解决社会问题，提高社会生活质量。”对于当今我国社会权利结构的认识，可以从社会权利和社会管理 2 个方面来理解正在建设和完善中的社会管理体制。社会管理就是以实现和维护社会权利为目标，发挥多元治理主体的作用，提供、调整和增进社会福利，推动个人发展和社会有序和谐的过程。社会权利是社会管理的根本目标，社会治理是社会管理实现的基本机制。

将权利结构的研究运用到社区中时，社区中的权利分配、利益冲突、对立关系都会体现出来。现代冲突论在坚持不和谐是社会的固有特征的理论基础上，认为可以通过社会秩序的调整来缓解冲突，并在冲突与缓解的互动中寻求发展，保持一种动态的平衡与和谐。要建设一个和谐融洽的社区，就必须分配好社区内的权利和义务，避免社区中各组成部分的利益或关系冲突的发生。政府部门以及社区的管理者需要积极协调各方面的相互配合，共同为安全社区的建设工作而努力。

五、 社区人口组成理论

人口组成理论诞生于 20 世纪 60 年代，其代表人物是美国社会学家甘斯和路易斯。他们通过对移居墨西哥市的墨西哥村民和波士顿西区的意大利移民的生活进行研究得出，不同社会阶级、种族背景、家庭结构、文化层次及人生阶段的人口组成才是影响城市社区的决定性因素。

一般来说，人口特征是社区的一个重要特征，这里研究的不仅是人口的数量、平均文化水平等大的方面，还要考虑社区人群年龄结构、家庭、婚姻、宗教信仰、社会经济地位等各个方面。对于人口现象的研究，美国学者戴维斯提出研究社区人口至少从 4 个方面考察：人口结构变迁和社会经济结构变迁的关系、居民生活态度与社区社会制度的关系、劳动人口与人口结构及社会组织的关系、人口结构与家庭组织的关系。台湾的社会学者徐震在其著作《社会发展：方法与研究》一书中指出：“在运用人口探究法时，对于一个社区居民是否具有共同意识与共同兴趣、有无人群观念与团体精神，亦应加以测量和分析。”我国社会学家何肇发也提出：“目前人口社会学者亟待解决的问题包括人口的重新分布问题、新居民点的设置问题、城乡社区的适度人口问题、人口变动与社会角色变化问题等。”

在安全社区的建设工作中，对社区人口的研究能够使安全社区建设的目标更加明确，可以提出更有针对性的安全促进项目，使安全社区的推进工作更加合理有效。对于社区相关理论的研究是组织领导加强对社区认识的重要方式，这些研究能够帮助管理者做出更加合理的决策，使其对安全社区的目标和意义有清晰的认识。

第三节 安全社区信息流

一、 信息的定义

所谓信息，通常是指物质能量在时间上、空间上定量和定性的状态。简而言之，信息是在对象中捕捉某种物质、能量的状态和动态。从实用的角度来讲，当捕捉对象的实际状态和运动时，其中就存在着信息，或称信息流。

广义的信息概念已问世三十余年。信息论和以研究信息反馈为主的控制论的引入，又使信息的概念在系统科学中得到发展。

信息是系统的精髓，没有信息处理的系统相当于没有灵魂的躯体。安全社区就是一个处于不断发展变化的系统，为了保障安全社区的顺利建设和运行，就必须进行伤害监测，从中获得必要的信息，为制订安全促进计划和安全促进项目做准备。

信息寓于数据、符号之中，人们得到信息之后，如果被该信息消除的不确定程度越大，那么就认为这个消息所具有的信息量越大。某一事物所具有的信息量大小与该事物可能出现的状态数目以及各种状态出现的频率大小有关。信息论证明，如果某事物具有几个独立的可能状态 χ_1，χ_2，…，χ_n，每一状态出现的概率分别是 $P(\chi_1)$，$P(\chi_2)$，…，$P(\chi_n)$，那么其具有的信息量将等于 $H(\chi)$，$H(\chi)$ 的表达式如下：

$$H(\chi)=\sum_{i=1}^{n}P(\chi_i)\lg P(\chi_i)$$

信息的作用在于消除事物的不确定性，它在数值上与不确定性相等，即某事物具有 $H(\chi)$ 的不确定性，为了消除这个事物的不确定性，就必须获得 $H(\chi)$ 的信息。信息作为客观现象的一个方面，在社区中也是无所不在的。所以，也可以说，信息是存在状态的一个基本量。信息是事物间差异的一种抽象，是事物运动状态及关于这种状态的反应，信息量是事物运动状态的不确定性的度量。因此，在进行伤害监测时，必须尽可能获得准确的信息，尽量消除信息的不确定性，及时准确地做好事故预测，调整安全促进项目。

二、 信息收集

信息的选择、整理和利用是一项专业性很强的工作。无价值的信息只能装饰门面而毫无用处。把通过直接调查得到的信息称为一次信息；把文件等书面资料，称为二次信息。二次信息取材于一次信息，一次信息经过加工处理成为二次信息，因此，二者没有明显的区别。在进行社区诊断时，必须有意识地收集相关信息。信息收集时一般要注意以下几点：

1. 积极搜集安全信息

要主动收集情报和有意识地接受信息。信息虽然也会在某种程度上“从天而降”，自动闯入，但是，珍贵的材料和有用的信息往往是需要下一番功夫才能捕获的。资料搜集人员必须把自己的“天线”张开，运用全部智慧主动收集安全信息才能变被动为主动，利用信息为安全社区建设服务。

2. 要明确目的，有意识地思考问题

重要的信息即使飞到眼前，如果不去有意识地研究和处理，也会错失良机。要深入思考：影响安全的因素何在？事故的导火索何在？应该如何去解决它？要与有关人员共同反复讨论重大安全问题。

3. 通过回忆、整理，构成信息系统

对信息的处理不应简单地堆砌叠加，而应当去粗取精、去伪存真。为防止忘却宜立即记录，择其要点加工整理，思前想后，左右联系。另外，还必须对计划和实施进行频繁的动态反馈，然后提出预见，防患于未然。这是建设好安全社区的基本观点，恰恰符合了持续改进的理念。所以，进行伤害监测，构成信息接收和处理的系统和程序，对安全社区的建设工作有很大的帮助。

4. 选择信息符号，全盘考虑并充分发挥安全信息的作用

在安全社区建设过程中，必要时可增设各种信息设备，如警示牌等。但是，只允许用人们可以理解的信息符号，不可过于标新立异，乱用符号或词汇。须知语言过于复杂，有很多语言、词汇难以表达清楚信息，往往误事。所以，人们相互间的安全信息传递应当依据统一标准，如人们常用的语言、表情、手势来传达信息，以免发生误会，引起不必要的麻烦。

只有通过调查的方式进行细致的诊断，才能准确了解群众的安全需要，才能合理定位安全工作的重点，使有限的资源得到最大的利用，最大限度地满足广大群众最关心、最直接、最现实的需求。

第四节　社区的风险理论

一、　风险社会理论

风险社会理论最早是1986年德国学者乌尔里希·贝克提出的。随着社会发展中诸如传染病、金融危机、恐怖袭击等灾难事件的发生，人们更加感受到社会中所包含的风险。吉登斯认为，“风险这个概念是随着人们意识到这一点而产生的”，即未预料到的后果可能恰恰是自己的行动和决定造成的，而不是大自然所表现出来的“神意”，明确地指出了风险社会的客观存在性。而社区也并非处于绝对安全的状态，自然的或人为的灾害随时都有可能危害到社区居民的健康或财产安全。认识社区中的风险因素对防治社区中灾害的发生、建设安全和谐的社区有重要的帮助。

在现代社会中，随着社会的飞速发展、城市规模的不断扩大、信息数据的广泛应用，风险社会也展现出了新的特征。

首先，风险可能造成的灾害影响不断增大。随着全球化进程的不断推进，社区之间、城市之间乃至国家之间的距离都不断拉近，信息化的高度发展更是让世界形成一个整体，一旦灾难发生，波及的范围不仅是某一地区、某一方面，而可能引发更大范围、更深层面的问题。因此，社会的风险可能造成后果的严重程度是不断增加的。在社会管理中，各个区域或组织应该相互联系，认真考虑如何规避社会中的风险。

其次，风险存在于社会的各个领域，并且以不同的形式存在。无论是政治领域、经济领域、文化领域或生态领域，无论对于国家、组织或个人，都存在各种各样的风险因素，影响着人们的生活与工作。认识和学习如何去发现潜在的风险，可以帮助人们更好地应对突发情况，帮助管理者做出更加合理的决策，实施更加有效的风险规避方案，为和谐社会的建设提供指导。

最后，要关注由于人的因素而引发的问题。现代社会中，造成严重后果的不只是重大自然灾害，还有人为因素导致的重大灾难。在社会管理中，必须要重视解决人与人之间的利益冲突和矛盾问题，避免激发由人而起的社会问题，最终成为威胁社会的重大风险。风险社会理论的主要特征，展现了社会中风险的存在与可能引发的后果。如何有效地处理和解决风险社会中的问题，将是社会健康发展的重大课题。

二、 社区的易损性

易损性研究最早始于 20 世纪 70 年代。英国布拉福特大学的地理学者 Westgate 和 O'Keefe 领导的灾害研究中心最早认识到了易损性的重要性，并对此进行了研究。社区易损性是指一个社区由于社区规模、人口密度、经济发展水平、基础设施状况等因素决定的社区在遭受各种事故与灾害时发生损失的可能性。在一个特定的时期，虽然相近或者相邻的社区整体的社会安全背景相差不会太大，但因为社区易损性不同，在遭遇同样或者类似的突发事件的打击时，造成社区人员伤亡和财产损失的可能性也不相同，有时甚至损失程度相去甚远。

对于社区易损性的分析，有助于认识社区整体环境中相对比较脆弱的部分，更清晰地了解社区的安全背景，从而为安全社区的推进工作提出重点。综合分析社区的安全背景，社区的易损性主要体现在社区的人口情况、环境状况、硬件设施以及管理结构。社区人口素质、流动人员的数量和基本情况，都可能给社区带来一定的风险；社区的环境污染状况，如空气污染、水污染、垃圾处理等，会直接影响到社区居民的健康程度，对社区内及周边的居民来说都是一种风险问题；社区的硬件设施是社区基础的一部分，而设施老化、分布不合理、居民因不了解而采用错误的使用方式等情况都会给社区带来潜在的风险；社区的管理结构不合理而导致的管理混乱、责任不明确、制度没有落实，也是影响社区长远发展的重要隐患。社区居民、业主委员会、社区居委会、社区党支部、物业公司、社区环卫及其他服务机构之间存在复杂的博弈关系，各部门职能的交叉可能会带来缺位、越位、错位性风险，居民业主与物业管理者之间也存在着服务费用与管理者提供的服务水平之间的矛盾。另外，当一些类似于传染性流行疾病或爆炸火灾的突发公共灾害事件发生时，社区的易损性也最容易暴露出来。只有平时对社区的安全状况、易损性的特点进行深入的了解、正确的分析，才能通过日常的安全建设抵消社区易损性带来的风险危害，提升社区的安全水平。

研究社区的易损性问题，能够给予社区的安全能力建设很多启示，也可以将社区易损性所涉及的各个方面作为安全社区建设的依据之一。考虑社区的易损性，就是将建设理论与实际工作相结合，考虑社区中的人、物、环境和管理方面存在的实际问题。通过对这些实际问题的了解，发现社区中安全建设的漏洞与不足，从而为解决现存的安全问题和为社区发展的长远规划提供参考。这种从根源上发现问题、解决问题的过程，也是发掘社区安全问题本质的过程。充分考虑社区的本质安全状态是提升安全社区建设水平最具成效的方式。

三、 社区中的行为干预

当发现了社区存在的风险问题之后，如何规避和消除便成了主要问题。鼓励社区内所有组织或居民积极参与，是安全社区建设的基础任务。而其中发挥最重要作用的是社区中的组织管理者，他们不仅需要协调社区中的各种关系，还需要考虑实施具体的安全促进项目。对于社区中物和环境的问题，只要采取对症下药的方式就可以得到妥善的处理。而人相对而言是更加不稳定的要素，社区中伤害与事故的发生很多都是由人为因素引起的，而其中很大一部分是因为人对安全行为的认识不足以及对周围安全状况了解不够充分而做出的不安全行为造成的。减少人的不安全行为的发生对减少社区中事故与伤害的发生有重要的意义。

社区中对居民不安全行为的纠正和预防，主要是通过行为干预的方式，以各种安全促进项目的形式实现的。对于行为干预的研究起源于 20 世纪 50 年代。1959 年，心理学家戈夫曼通过系统的观察和分析，在《日常生活中的自我表现》一书中提出印象管理的概念和印象管理理论。该理论指出，印象管理是“个体试图管理和控制他人对自己所形成的印象的过程”。

20世纪60年代，美国精神病学家埃里斯与贝克在行为主义的基础上提出了认知行为疗法。他们认为，认知是影响行为的决定性因素，认知行为疗法是通过纠正个体不正确的认知以达到改善行为的效果。基于认知行为治疗的原理，产生了多种对患者进行干预的治疗技术，其中角色扮演和象征性奖惩最具特色。

角色扮演指通过鼓励个体进入指导者设计完成的一种特殊情境，使指导者能对个体的错误认知及行为进行干预，从而改善今后个体在类似环境中的表现。象征性奖惩是指通过对个体的正确行为予以鼓励、对不正确的行为予以惩罚的方式，对个体行为进行干预。

行为干预主要是研究通过指导者操纵某一个体行为的行为后果或是环境刺激因素来纠正不正确的个体行为。在对行为意向的研究中，计划行为理论也可以作为一种参考。

计划行为理论是Ajzen在理性行为理论的基础上提出的。计划行为理论认为个体行为意向受行为态度、主观规范和知觉行为控制3个因素共同影响，且行为意愿和行为控制知觉进一步决定了最终的行为选择。理性行为理论认为行为的意向是行为的直接决定因素，行为的意向受行为态度和主观规范的影响。计划行为理论是在理性行为理论的基础上增加了“知觉行为控制”这一解释因子，拓宽了理论的适应性和解释力。因此，对个体行为的干预可以通过对个体的行为态度、对行为规范的理解和知觉行为控制的干涉加以实现。将这些理论性研究与社区活动相结合，可以理解各种安全促进项目的目的和意义，并将它们更有效地贯彻实施。

在安全社区的建设过程中，要积极通过安全文化宣传教育、社区安全知识讲座、安全常识竞赛、灾害应急演练等方式来提升社区居民的安全意识、安全态度，使居民清楚地认识安全行为规范的重要性，从而实现对社区居民的行为干预，最终达到减少社区居民不安全行为的发生、有效控制和预防意外伤害、保障社区所有人都享有健康与安全的权利的目标。为此，社区的管理者首先必须树立以人为本的理念，确定让社区所有居民受益的安全社区建设主旨，加强介入社区安全文化的建设工作。

通过成立安全教育推广、消防安全、居家安全、健康卫生等多个小组，依托社区内的学校场所来开展安全知识的宣传教育活动。要让居民深刻认识到社区环境中的各种不安全因素和如何有效地保护自己、他人或财物免受灾害，从而影响到居民的安全态度及行为方式。

首先，要让居民了解在各种环境下易发生的伤害，掌握日常生活中用水用电的安全注意事项和伤害发生时自救互救、逃生的技能。

其次，社区组织应加强硬件设备，尤其是安全设施的建设。重点维护社区健身场所、消防设施、安全指示标志、楼道阶梯、路灯等公共设施，避免因设备老化、遭受破坏而间接导致的人员伤害问题。同时，为社区的老弱群体提供相应的活动场所，为他们生活提供便利。

最后，除了安全知识与安全文化的宣传教育，社区的管理者应积极开展消防演练、地震灾害预警演习等活动，并且努力让社区的全体居民参与其中。这样的活动能够使居民在事故或伤害发生的第一时间做出正确的反应，将后果的严重程度降到最低。

第五节　安全社区与社会管理创新的互动发展

2011 年，中共中央两次召开会议，研究加强和创新社会管理问题，并专门下发了《关于加强和创新社会管理的意见》，明确提出要通过协调社会关系和规范行为，化解矛盾，维护人民群众利益，有效应对社会风险，营造良好的社会环境。

一、 安全社区中的社会管理创新

安全社区建设秉承“安全、健康、和谐”的理念，采取“政府领导、安监部门牵头、多元参与、联合共建”的模式，体现了党的十七大报告提出的“党委领导、政府负责、社会协同、公众参与”的社会管理创新要求。安全社区建设强调区域内的资源整合，共同管理；立足于安全服务和安全项目促进，打造社会大安全格局；加强安全生产基层基础建设，提高居民的安全意识和社区安全管理水平，减少事故和人员伤害，维护广大人民群众的利益，从提升社会管理水平、转变社会管理模式、增强社会基础、提高社会管理效能 4 个方面促进社会管理创新，成为社会管理创新的重要载体。

1. 提升社会管理服务水平

安全社区建设把“以人为本，服务为先”贯穿于社会管理工作中，更新管理理念，改变管理方式，实现由传统的防范、控制型管理，向人性化、服务型管理的转变，全面提升社会管理服务水平。安全社区建设应开展覆盖社区所有群体、针对高风险人群及弱势群体（如妇女、儿童、老年人、残疾人）的安全促进项目，同时重点强化为民服务体系化解矛盾、协调利益、维护安全稳定的功能，努力实现“小事不出社区，大事不出街道，矛盾化解在基层”，更加注重教育疏导，从社会心理、运行秩序等多个层面加强社会疏导，理顺社会心态和群众情绪，化解各种矛盾纠纷和社会风险。安全社区建设围绕社区居民安全健康的基本权益，树立“安全和健康是最大的民生”的核心价值观，为社区居民服务，改善社区面貌和实现社会稳定，增强人们的安全意识，提高防范能力，提升社会管理服务水平。

2. 转变社会管理模式

安全社区建设应深入推进社区管理体制改革，形成“以基层党组织为核心、街道为整体、社区服务站为平台、社区社会组织为支撑，驻区单位密切配合，社区居民广泛参与”的新型社区治理模式，推动我国由传统的政府行政模式向政府、市场组织以及民间组织多方协同参与的新型社会管理转变。通过积极培育社区专职工作者和志愿者队伍，社区中介组织发展迅速，志愿服务向制度化、经常化的健康方向发展。通过联合社区内的企业，改变单位和部门的后勤服务和公益设施只为本单位人员服务的状况，原本碎片化的资源和设施得到整合，社区的整体经济实力和社会效益得到增强。安全社区建设增强了社区居民的安全感、认同感和社区的凝聚力，提高了地区经济、社会发展的竞争力，促进了和谐社区、和谐社会建设，有效促进了社会管理模式的转变。

3. 增强社会管理基础

安全社区建设中不断完善社区建设的公众参与机制，为公众参与社会管理搭建了更多更好的平台，增强了社会管理的基础。安全社区建设通过多种形式的宣传教育，增强了公众的参与意识，培养了公民的参与感、责任感和主人翁意识，促进了公众对政府决策的理解和支持。通过安全社区创建委员会、安全社区发展研讨会议、安全社区工作协调会等议事协商制度，引导公众参与社区事务，广泛征集公众意见和建议，共同商讨社区安全事务。通过参与式方法进行民主协商，让公众发表各自的想法，定位各自的角色，并了解和理解其他人的立场和诉求，为寻求共同的目标达成共识，进行决策与合作，最终实现问题的有效解决。安全社区建设为社会管理创新奠定了良好的群众基础。

4. 提高社会管理效能

安全社区建设采取“政府主导、安监部门牵头、多元参与、联合共建”的模式，在城市街道和农村乡镇建立综合协调机构，整合社区资源，发挥社会治安、交通、消防、医疗卫生、工商、防灾减灾部门、学校、居委会等单位的作用，形成齐抓共管的合力和良性机制，将安全工作落实到社区每个街道、居委会和农村的乡镇、村庄，形成社会管理的工作合力，改变社区“千条线一根针”的多头分散管理，推动管理的扁平化、社会化。将安全工作向“预防为主、综合治理”转变，将安全隐患消灭在源头，将社会矛盾解决在基层，提高了社会管理效能。

安全社区建设坚持以人为本，改变管理方式，实现由传统的防范控制型管理向人性化服务型管理的转变，是不断提升社会管理水平的有效手段。凡建成命名的安全社区都是安全的社区、和谐的社区、社会管理创新的社区。安全社区建设体现了社会管理创新的要求，是推动社会管理创新的重要载体。

二、 社会管理创新的持续发展观

随着我国经济社会建设蓬勃发展和世界经济一体化，现代都市在不断地形成、扩大，社会主义新农村建设如火如荼，企业经营活动异常活跃，社区在不断地兴建，人类在享受现代文明的同时不断地受到事故伤害和各种灾害的威胁。实践证明，加强社区建设、为群众创造安居乐业的良好环境，对于推进党的十八大提出的“五个一体化”建设、保持社会和谐稳定、加强安全生产社会管理创新，都具有深远的历史意义和现实意义。对此，以安全社区建设推动安全生产社会管理创新体系的建设，主要包括：

1. 树立以人为本的理念，借伤害干预强化社会管理

古人云：“为政之道在于安民，安民之要在于察其疾苦。”伤害是人类最急迫的“疾苦”，安全社区建设坚持以人为本，安全促进项目都是针对人的伤害开展的，出发点是人，落脚点也是人。安全社区建设如同看病一样，首先要进行社区诊断，找出问题，分析原因，对症下药地提出干预措施并实施。根据 WHO、国家安全生产监管总局提出的安全社区建设标准，安全促进项目干预的是伤害、暴力、自杀以及自然灾害（地震、雷电、暴雨）引发的伤害，与各项社会管理工作息息相关，如安全生产、治安、市政、气象、民政、建设、交通、环保、卫生、文化等。对伤害进行干预，就必须加强相应的社会管理，尤其是基层组织建设工作。干预措施的指向性强，不仅要从“硬件”上加大投入，更需要从“软件”着手，即树立“以人为本”的理念，从社会管理层面解决问题，通过政策、法规、制度、服务及制度创新，寻找解决问题的突破口。措施的实施对伤害进行了有效干预，更进一步提升了社会管理的水平，促进了民生福祉的改善。

2. 通过社区整合资源实现共同治理，系统、有效地解决社会问题

公共管理理论认为，公共管理不是政府一家的事，必须建立政府和多元社会主体合作的治理模式，其核心含义是政府的职能从“划船”向“掌舵”转变，更多地整合各类社会资源，共同治理。安全社区建设强调在日常管理的基础上建立跨部门组织，整合社区内外不同来源、不同层次、不同结构、不同内容的资源，开展伤害预防工作。通过风险与伤害辨识发现存在的安全问题，按照项目建设的方式，采用 PDCA 循环模式进行，系统地、科学地消除安全问题。

3. 实现社会管理模式创新，促进社会自我组织的完善和管理能力的提升

安全社区建设立足基层，立足社区，立足群众，事事关切民生，件件为了民生。其工作模式是坚持自下而上，促进基层社会组织管理。通过安全社区建设，广大人民群众通过居委会、社区服务中心、义务治安队、社区各类社会团体、专业社工等组织积极参与到社区管理事务中来，群众的自我管理、自我教育、自我服务和自我监督格局初步形成，基层社区行政管理活力显现。

4. 建立持续改进的社会管理评估体系，实现社会动态发展的良好局面

安全社区并非单以社区的安全状况为评判指标，而是把一个社区是否建立了一套有能力持续改进社区安全绩效的完善的机制和程序作为根本。持续改进的过程包括：社区诊断、发现问题、提出改进计划、解决问题、评估效果、适度修正，形成一个完整的PDCA循环，不断消除、降低和控制各类事故与伤害风险，增进民生福祉。同时，国际、国家安全社区评定更关注持续改进，明确持续进行或应调整的计划和项目，要求为新一轮安全促进计划和社区管理项目提供信息。持续改进是安全社区最有特色和最富生命力的特征。

当前很多政绩评价体系的很多考核是以某一项工作的状况作为评判指标，都是具体的、静态的。静态评估指标或标准的制定只是对工作目标进程的一种静态的测度，无法适应工作目标的动态演进。静态评估不会是一个长效机制，因为制定的指标或标准，不能揭示时代变迁赋予指标的新内涵和特征，而且指标是结果导向型的，只要达到目的，用什么方法没人关注，工作是“一次性”的，无法持久。安全社区强调持续改进，希望长期、持续地开展安全干预工作，其目标是动态的，强调的是动态追击和目标的零距离接近，更是落脚于现实，着眼于长远，是一种工作推进的长效机制，能够更加实际地推进工作的开展。

5. 传播安全文化并引导安全行为，创造人人共享的科学发展机制

古语云，“关乎人文，以化成天下”，充分说明了“文治教化”的功能。安全社区建设强调社区内人人参与预防、构建、传播工作，实现全面、全员、全过程、全方位的社会成效。如果没有一个良好的安全文化对社区居民的安全价值、行为进行引导、规范和塑造，创建安全社区就会成为一句空话。所以，要认真构建社区安全文化，通过各种形式发动、引导、鼓励广大社区居民参与、讨论、思考社区安全文化的价值与理念，采取各类宣传教育手段，不断加强对居民进行社区安全文化的熏陶和培养，不断提高其安全素养，让社区安全文化深入到每一个居民的骨髓，成为居民时时、处处、事事遵循的行动指南，变成居民的自觉行动，开展各类有效的应急演练，从而达到预防事故、保障安全的目的，并最终达成维护社区人人健康、安全的共识，实现社区共享安全、健康与发展成果。

总之，安全社区建设不仅是一项安全生产工作，还涉及社会管理创新的方方面面，是一项复杂的系统工程。安全社区建设自下而上的模式有助于强化基层社会组织与自我管理能力；安全社区强调整合社会资源和持续改进，是新时期社会管理理念和方法的更新；安全社区弘扬文化精神，是发展和繁荣社会主义文化的一种全新路径；安全社区注重人人共享“安全、健康、文化”，是贯彻落实党的十八大精神和“全心全意为人民服务”宗旨的重要体现。因此，安全社区建设是社会管理创新的重要载体，在当前社会转型、矛盾凸显时期，应该得到各级党委、政府的高度重视，将其列为党委、政府的一项重要议事日程，作为加强社会管理创新的科学方法和有效工具予以部署。

第六节 居民满意度

一、 社区与居民

居民指居住于某个特定范围内、生活在一定的社会生产方式之下的社会群体。居民的特征往往表现为具有一定数量和质量、具有一定结构的有生命的个人，并处于不断运动之中。

城市社区居民的含义只不过在地域上有了更为明确的空间上的限制，即指居住在某一城市社区内的全部个体所组成的具有一定纽带联结关系的社会群体。

1. 城市社区居民生活空间的特点

相对于一般的人口，由于城市社区居民的生活空间具有自己的特定性，通常会表现出以下 4 个特点：

（1）地域性较强，社区的行政区划具体、确定，社区中的居民很多都生活在所在地区 1 年以上。

（2）规模有限，社区居民数量是有限的，这里所指的是具有稳定的社会交往关系的人群，具体的数量会根据社区的区域大小和位置而定。

（3）同质性，由于生活在特定的区域，社区内的居民往往面对共同的社会经济环境，共同的公共服务设施，共同的组织管理者，个体之间也存在一定的相互关系，社区居民的某些特征往往具有一定的同质性。

（4）关联性，单个社区中的居民都依托于社区内的管理机构、居民团体、社区服务，人们共享社区内的各种硬件设施和服务。

在这样一种组织关系中，社区居民之间形成了多种多样的关联网络。社区居民也依赖于这样的组织活动，形成彼此之间的关联性和共同的文化特征。社区的文化是城市社区居民在长期的社会生活中共同创造的，体现着该社区居民价值观的人工环境、习俗传统和行为方式的总和，它的内在精神表现为社区成员对所属社区在情感和心理上的认同感与归属感。社区的经济、文化、服务等发展水平决定着社区成员的心态和思维方式，表现出某种共同的心理特征。

根据城市社区居民的概念和特征，很多学者将社区与居民看作是一种消费关系，社区供给安全，居民向社区提供资源。在公共产品供给理论的视角下，“公共安全”可以被视作一种公共产品，对于这一产品，社区居民是消费者，社区是生产者。

2. 社区与居民的关系

在城市社区中，社区与居民关系密切，二者构成一个有机整体。

（1）社区与居民之间相互依存、相互制约

社区是供给者，供给的是居民生活所必需的生活设施和环境，以及提升居民生活质量和水平的相关服务。居民是接受或参与服务的需求者，居民会根据社区是否满足自己的生活需求和其他需要来评价自己的生活质量。居民需求的满足、生活的质量，都受到社区提供的设施、环境和服务的制约；反之，居民的需求水平也决定着社区的发展。二者之间相互依存，密不可分。

（2）居民与社区是相对的，一定情况下可以相互转化

在相同的时空环境中，随着时间、空间的变化，原来社区的人员可能会变成居民，居民也可能成为社区中的成员。这种相对性主要体现在社区是属于居民的，社区中的所有居民都是这个社区管理组织的一部分，居民管理和经营着自己的家园。从本质上来说，居民可以自给自足。居民的广泛参与能让社区的管理和服务有更加明确的目标，让社区居民享受到更加令人满意的生活质量。

（3）居民对社区存在选择性

在商家与顾客的消费关系中，很重要的一点就是顾客有一种选择的权利，顾客可以根据自己的满意程度，选择自己所要接受的服务及提供服务的对象。在社区与居民的关系中，居民也拥有这种类似的权利。

在国外，居民对社区就好像顾客对商家一样，社区的供给能够让居民满意，居民就会选择居住下来，否则就会离开。而在中国，受户籍制度、经济发展水平、传统文化、思想意识等的影响，居民不一定能按照自己的意愿选择社区，很多情况下是社区选择居民。但是，随着社会的发展、居民经济实力的提高和文化观念的转变，这种状况将会改变。居民不再是被动的接受者，而会成为主动的选择者，选择环境优美、设施齐全、管理完善、服务上乘的满意社区，促使社区得到发展。

二、 安全社区居民满意度

安全社区建设管理是典型的社会管理方式的创新，能有效地减少社区人员伤亡事故发生的概率。但是一个社区是否安全要从多方面、多角度来评价，不仅要评价相关政府部门、街道、居民委员会等机构在安全促进方面所做的工作，更要评价社区居民在社区安全中所发挥的重要作用。

虽然我国安全社区正处于蓬勃发展时期，但是我国安全社区建设起步晚，各地区发展极不平衡，不同的社区建设安全社区的基础不同，同一个社区在安全社区发展的不同阶段各项指标的变化程度也不尽相同，运用传统的安全社区评价指标不能公正地评估安全社区。此外，我国安全社区的建设和发展主要是由政府部门来推动的，社区居民被动参与到社区安全建设过程中，社区居民的参与程度、认知程度普遍比较低。在这样的大

背景下，居民是否参与促进社区安全的各项活动以及居民对社区安全的主观感受就成为评价社区是否安全的重要指标。

为此，引入安全社区居民满意度（Safe-Community Resident Satisfaction Index，简称 SRSI）的概念。SRSI 既能测量社会和个体的心理特征，又能测量社会为个体提供的所有能感受和拥有的日常生活必需的设施、环境、技术、服务等客观状况。因此，SRSI 是一个评价主观、客观世界的重要指标。满意度理论起源于心理学，成熟于企业管理，在安全社区中的应用还比较少。可见，对安全社区居民满意度的研究不仅能促进 SRSI 理论在社区领域的应用，还能更好地把握安全社区建设的评价结果，弥补现场评定指标的不足，有力保障安全社区的发展。

因此，在进行安全社区建设过程中，安全社区组织机构必须充分地了解社区民众的心理变化，了解居民的满意度，充分调动居民群众参与的热情。当社区的安全项目及活动难以满足居民的需求或达到居民的满意程度时，居民对安全社区问题建设的积极性必定会有所降低，参与值也会低于期望值。因此，要重点处理居民的抱怨及不满意的问题，根据居民的反应情况制定纠正措施并予以实施，正确处理居民和安全社区建设的关系。同时，对预防与纠正措施的落实情况应予以跟踪，确保居民抱怨的问题已经得到纠正，纠正措施的效果已达到计划要求。将这样的过程循环往复，才能使安全社区的建设水平不断提升。

第四章　安全社区建设标准

第一节　中国安全社区建设标准

2004年年底，在推广安全社区项目的实践中发现，中国的国情、体制、国民素质、安全基础以及政府和民众关心的重点问题与发达国家有所不同，一味地硬搬国外模式是行不通的。因此，国家安全生产监管总局提出制定中国自己的安全社区标准，并于2005年年初下达了《2005年制修订安全生产行业标准项目计划的通知》，委托中国职业安全健康协会起草安全社区标准。2006年2月27日，AQ/T 9001—2006《安全社区建设基本要求》（以下简称标准）由国家安全生产监督管理总局正式颁布，并从2006年5月1日开始在全国范围内实施。

标准包括范围、术语、规范性引用文件和安全社区基本要素等4部分。范围部分规定了标准所适用的社区应用范围和人员使用对象，表明了本标准的广泛适用性；术语部分对标准涉及的15个术语进行了定义和说明，明确界定了它们在标准中的准确内涵；规范性引用文件部分说明了本标准既遵循国际社区安全促进合作中心的安全社区准则的技术内容，又与国际劳工组织ILO/OSH 2001《职业安全健康管理体系　导则》接轨，同时考虑了GB/T 28001—2001《职业健康安全管理体系　规范》中相关条款内容的要求，实现标准的科学性、合理性与先进性；安全社区基本要素部分是标准的核心内容，包括12项基本要素，构成了对中国安全社区建设的完整要求。

安全社区基本要素部分规范了创建安全社区所应遵循的原则与要求，是各级安全社区创建单位开展工作的基本依据，也是我国安全社区获得命名的基本条件和必要条件。深刻理解这部分内容，有助于掌握、运用标准。在标准中未规定具体的社区安全绩效指标，其目的在于强调持续改进的理念，使其具有广泛适用性。本书只讲述术语和安全社区基本要素。

一、范围

本标准规定了安全社区建设的基本要求，旨在帮助社区规范事故与伤害预防和安全促进工作，持续改进安全绩效。

本标准适用于通过安全社区建设，最大限度地预防和降低伤害事故，改善社区安全状况，提高社区人员安全意识和安全保障水平的社区。

本标准可供从事安全管理、事故与伤害预防和社区工作的人员使用。

二、 规范性引用文件

1. ILO/OSH 2001《职业安全健康管理体系　导则》。

2. 世界卫生组织在2002年发布的《安全社区准则》。

3. GB/T 28001—2001《职业健康安全管理体系　规范》。

三、 术语

术语是理解标准的基础，标准中对15个术语进行了专门的定义和说明。

1. 安全（safety）

“指不会发生损失或伤害的一种状态或人员可以接受的一种状态。”

理解：危险是绝对的，安全是相对的。但并不是所有的危险都不能被容忍或被接受，如果危险的程度（风险）比较低，例如发生事故与伤害的可能性很低或造成的后果非常轻微，那么这种风险是可以被接受的，反之则是不可接受的。对社区而言，经过风险评价，确定了不可接受的风险，那么就要采取措施将不可接受的风险降至可容许的程度，使人们避免遭受到不可接受风险的伤害，此即安全。社区通过持续的安全促进和伤害干预，安全的相对程度将会持续提高。安全实质就是防止事故，消除导致伤亡、急性职业危害、环境污染及财产损失发生的条件。

2. 社区（community）

“聚居在一定地域范围内的人们所组成的社会生活共同体。”

理解：社区是在一定地域范围内，按照一定规范和制度结合而成的，具有共同经济利益和心理因素的社会群体和社会组织。它至少包括以下基本要素或特征：

（1）有一定数量的人口。

（2）有一定的地域界限。

（3）有共同的文化、制度和经济生活，居民按一定的方式和结构分布并具有一定的凝聚力和归属感。

也就是说，社区是一个包括人口、地域及各种社会关系的具体的、有限的地域社会共同体，是社会的基本构成单位，是人们生活的基本区域。社区可以是城市区域、街道、社区（居委会），厂（矿）区、工业园区，县、乡镇、村等。从这个意义上说，其不等同于目前我国按行政管辖区域所定义的社区（居委会）。

3. 安全社区（safe community）

“建立了跨部门合作的组织机构和程序，联络社区内相关单位和个人共同参与事故与伤害预防和安全促进工作，持续改进地实现安全目标的社区。”

理解：安全社区的 3 个基本特征是：

(1) 资源整合，即联合社区内有关单位建立跨部门合作的机制，整合社区内各类组织的资源，群策群力，是安全社区的保障条件。

(2) 全员参与，即安全社区的基本思想是强调针对所有类别、所有人员的伤害预防，最大限度地降低各类事故和伤害，强调社区内人人参与，形成共驻社区、共建社区、共享安全与健康的理想局面。

(3) 持续改进，即不断地降低事故伤害风险、提高安全程度，需要持续地策划、实施安全促进计划和安全促进项目，以获得持续的安全绩效。

安全社区没有统一的硬性指标要求，因为不同体制、不同基础条件和不同地域的情况有所不同，不能一概而论。是否符合标准，主要是看社区是否整合了各类资源，是否形成了全员参与机制，是否持续进行了安全促进，具有广泛性和普遍的适用性。

4. 安全促进（safety promotion）

“为了达到和保持理想的安全水平，通过策划、组织和活动向人群提供必需的保障条件的过程。”

理解：“促进”的含义是促使发展；“达到和保持理想的安全水平”即社区在安全方面欲实现的目标；“向人群提供必需的保障条件”指为实现目标所制订的计划、组织的活动、采取的措施，包括组织机构、安全管理、安全服务、环境改善、宣传教育等。

5. 伤害（injury）

“人体急性暴露于某种能量下，其量或速率超过身体的耐受水平而造成的身体损伤。”

理解：伤害是指因能量（机械能、热能、化学能等）的传递或干扰超过人体的耐受性而造成身体组织损伤，或因窒息导致缺氧，影响了正常活动。目前我国界定伤害的参考标准是：到医疗单位诊治，诊断为某一类损伤；因伤请假（休工、休学、休息）1 日以上。

6. 事故（accident）

“在人们生产或生活中，突然发生的，违反人的意愿的，迫使活动暂时或永久停止的，可能造成人员伤害、财产损失或环境污染的意外事件。”

理解：事故是造成主观上不希望的结果的意外事件。这种事件的发生，其后果除了影响人们的生产、生活顺利进行之外，还伴随着人员死亡、伤害、疾病、财产损失或其他损失。

7. 事件（incident）

“导致或可能导致事故与伤害的情况。”

理解：事件的发生可能造成事故，也可能并未造成任何损失。对于没有造成人员死亡、伤害、疾病、财产损失或其他损失的事件，可称之为“未遂事故”。一般来说，事件是起因，事故是后果，是一个事件或一系列事件持续作用的结果。

8. 危险源（hazard）

“可能造成人员死亡、伤害、疾病、财产损失或其他损失的根源或状态。”

理解：危险源是风险存在的基本条件，可从 2 个方面理解：一是存在能量和有害物质；二是能量和有害物质失去控制。危险源的分类方法有多种，如按导致事故的直接原因分类、按导致的事故类别分类、按导致的职业病类别分类等。危险源的表现形式一般是人的不安全行为、物的不安全状态、不良环境和管理缺陷。

9. 事故隐患（accident potential）

“可导致事故与伤害发生的人的不安全行为、物的不安全状态、不良环境及管理缺陷。”

理解：所谓隐患，是指隐藏的祸患。事故隐患，即存在隐藏的、可能导致事故的祸患。这是一个在长期工作实践中人们形成的共识用语，一般是指那些没有明显缺陷、毛病的事物。事故隐患也是危险源，但二者并不等同。

10. 风险（risk）

“特定危害事件发生的可能性与后果的结合。”

理解：风险可认为是危险的程度。风险要同时考虑以下 2 个方面：

（1）受害程度或损失大小：有无风险很大程度上取决于可能造成多大损失。

（2）造成某种损失或伤害的难易程度：损害发生的难易性一般是用某种损害发生的概率来表示。

考虑到以上 2 个方面的问题，可以用如下象征性的式子来表示风险。

$$\text{risk} = \text{uncertainty} \times \text{damage}$$

$$\text{风险} = \text{不可靠性} \times \text{损害}$$

上式表明，没有危险的地方就没有风险；另外，在没有不可靠性的地方也有风险。例如，当人们知道那座桥肯定要坍塌的情况下，在那座桥的地方就不存在风险。

11. 风险评价（risk assessment）

“评价风险程度并确定其是否在可接受范围内的全过程。”

理解：如果风险分析过程中发现系统中存在风险，就必须估价它在系统运行中的可承受性，即评价事故易发性（发生的可能性）、事故所导致后果的严重程度，并与相应的风险标准进行比较，以确认其是否在可承受的范围内。对于已识别的危险源，运用某种方法综合分析其发生事故的可能性大小以及事故后果的严重程度，以确定其危险程度

(风险)，进而确定这种风险是否可以接受。这个过程称之为风险评价。

12. 绩效（performance）

“基于安全目标，与社区事故与伤害风险控制相关的活动的可测量结果。”

理解：“绩效”表示对风险控制及安全社区创建所取得的成绩与效果的综合评价，不仅包括具体的风险控制管理活动，也包括风险控制管理的结果。

绩效是对安全社区建设的结果与成效的综合量度，可以用安全计划、目标指标的实现程度来描述，也可具体体现在某一个或某一类风险的控制结果上。绩效一般是可测量的，因此也是可比较的。

13. 目标（objectives）

“社区在安全绩效方面要达到的目的。”

理解：目标是社区依据安全社区建设的基本要求在预定时间和期限内所要实现的目的，包括风险管理目标和风险控制目标。

14. 不符合（non-conformance）

“任何与工作标准、惯例、程序、法规、绩效等的偏离，其结果能够直接或间接导致事故、伤害或疾病，财产损失、工作环境的破坏或这些情况的组合。”

理解：所谓“不符合”即“不合格”或有“问题”。这种不合格的存在，可能直接或间接地造成事故和伤害。

15. 持续改进（continual improvement）

“为了改进安全总体绩效，社区持续不断地加强事故与伤害预防工作的过程。”

理解：持续改进指长期地、持续地进行安全促进工作，强化安全社区建设，使整体安全绩效稳步改进与提高的过程。安全社区建设是一项有起点、无终点的工程，不是搞运动，因此持续改进是安全社区的灵魂。

以上 15 个术语及其定义从基本概念上为理解安全社区建设标准提供了理论帮助，这些概念在本标准的运用中内涵更加丰富，应与安全社区基本要素的要求结合起来理解，掌握其实际内涵。

四、 安全社区基本要素

标准中第四部分“安全社区基本要素”是该标准的核心内容，共包括 12 个要素，即 12 个一级评定指标，如图 4—1 所示。它严格规范了组织实施、建设安全社区应遵循的原则和要求。深刻理解本部分内容是掌握、运用标准的关键。

每一个一级评定指标设有若干个二级指标，共计 50 个二级指标。安全社区二级指标的作用：

第一，对《安全社区建设基本要求》进行诠释和细化，帮助理解安全社区标准。

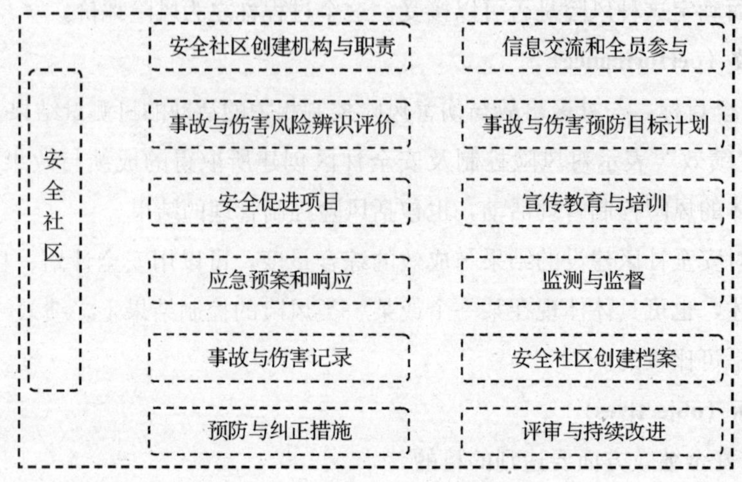

图 4—1　安全社区 12 个基本要素

第二，供社区实施安全社区建设，具有一定的可操作性。

第三，作为现场评定的主要依据。

第四，作为是否推荐命名的主要参考依据。

1. 安全社区创建机构与职责

（1）要素

"建立跨部门合作的组织机构，整合社区内各方面资源，共同开展社区安全促进工作，确保安全社区建设的有效实施和运行。"

创建安全社区关键在于领导的意识与决策，所以，安全社区项目又被称为"一把手"工程。在此前提下，社区要建立跨部门合作的组织机构，整合社区内各方面资源，共同开展社区安全促进工作。所谓跨部门合作，就是将驻社区内的政府部门、安全、卫生、社区行政管理、民政事务、劳动和社会保障、消防、公安、交通、科研、教育、医院、房管、企业、商业机构、社会团体、志愿者组织和居民代表等联合起来，共同组成安全社区推进机构，发挥各自的优势，共同实施安全促进工作，如生产安全组、消防安全组、交通安全组、社会治安组等执行机构。安全社区执行机构中的成员应对自己准确定位，他们既是安全促进的组织者、召集人，又是参与者，并不是纯粹的管理者。他们与居民不是管理和被管理的关系，而是共同参与、共同促进、共享成果的统一集合体。

安全社区创建机构的主要职责包括：

1）组织开展事故与伤害风险辨识及其评价工作。

2）组织制定体现社区特点的、切实可行的安全目标和计划。

3）组织落实各类安全促进项目的实施。

4）整合社区内各类资源，实现全员参与、全员受益，并确保能够顺利开展事故与伤害预防和安全促进工作。

5）组织评审社区安全绩效。

6）为持续推动安全社区建设提供组织保障和必要的人、财、物、技术等资源保障。

为了有效地实施安全社区创建活动，必须明确相关部门与人员的作用、职责和权限，建立健全安全管理制度，制定安全社区建设的工作目标和工作计划，为安全社区创建工作提供充足的资源。

（2）二级指标

1）有安全社区建设领导机构，成员组成符合跨部门合作的要求，涵盖了辖区内主要相关部门、社会组织及其负责人，负责组织、协调安全社区建设和绩效评审工作。

2）有符合社区实际情况的安全社区工作机构，成员包括相关职能部门和社会单位管理人员、专业技术人员、社会组织代表、志愿者及社区居民等，负责组织实施安全促进项目。

3）有建立健全的安全社区建设领导机构和工作机构的工作制度，明确其职责并认真实施。

4）制定短期和长期的安全社区工作目标和工作计划。

5）有必要的资金投入，保障安全社区建设顺利进行。

2. 信息交流和全员参与

（1）要素

“社区应建立事故和伤害预防的信息交流机制和全员参与机制。”主要包括：

1）建立社区内各职能部门、单位和组织间的有效协商机制和合作伙伴关系。

社区内各职能部门、单位和组织是一个统一的整体，他们相辅相成，互为补充。没有一个完整的队伍，一切工作都很难顺利实施。只有各部门间协调一致，和谐相处，才能保证安全社区建设工作持续进行。

2）建立社区内信息交流与信息反馈渠道，及时处理、反馈公众的意见、建议和需求信息，确保事故和伤害预防信息的有效沟通。

这里的“信息”，是指与社区安全管理和安全状况有关的信息，如法律法规变化、事故与伤害发生、危险源以及社区安全规划、安全管理制度、群众的安全需求、伤害监测结果、国内外安全社区活动等信息。信息交流应该是全方位的，包括与外部的交流，以及社区内部各部门、各层次之间的交流。交流的方式包括电视、广播媒体、社区网站、宣传、会议、考察、参观、座谈、社区调查、意见收集等。

3）建立群众组织和志愿者组织，并充分发挥其作用，提高全员参与率。

应充分发挥志愿者和广大群众的作用，群策群力，以获得最佳效果。安全社区建设的对象是不同性别、年龄、职业、层次的人群，创建安全社区的主要目的之一就是要提高他们的安全意识和安全技能。因此，只有在全员参与的基础上，才能保证安全社区创建工作的有效运行。

信息是用来消除随机不确定性的东西，准确的信息可以让人事半功倍。人是传播信息的媒介，信息就像永不停息做无规则运动的分子一样，游离在人群中。没有人，信息就像鱼离开水一样，不会存在。

（2）二级指标

1）积极组织和广泛参与安全社区各类交流活动。

2）建立相关安全信息收集、交流、沟通、传递和反馈渠道，保持社区内纵向各层级、横向各部门以及安全社区网络的沟通积极、顺畅。

3）有持续参与社区安全促进工作的志愿者和社会组织，充分发挥其作用且活动有效果。

4）组织社区成员以不同形式广泛参与各类安全促进活动。

3. 事故与伤害风险辨识及其评价

（1）要素

“建立并保持事故与伤害风险辨识及其评价制度，开展危险源辨识、事故与伤害隐患排查等工作，为制定安全目标和安全计划提供依据。”

事故与伤害风险辨识及其评价内容应包括：

1）适用的安全健康法律、法规、标准和其他要求及执行情况。

2）事故与伤害数据分析。

3）各类场所、环境、设施和活动中存在的危险源及其风险程度。

4）各类人员的安全需求。

5）社区安全状况及发展趋势分析。

6）危险源控制措施及事故与伤害预防措施的有效性。

事故与伤害风险辨识及其评价是安全社区创建工作的基础，社区应建立并保证其正常实时运行，以确定、评价、更新事故与伤害风险因素。

安全社区建设之初，首先要对社区事故与伤害风险进行系统、全面的调查分析和评价，进而对社区安全现状和伤害变化趋势进行全面的分析和科学评价，了解和掌握社区安全基本状况，搞清楚社区安全现状处于什么位置和水平，存在的主要问题及其原因；搞清楚居民的安全意识、行为能力和急需提供的安全管理及安全服务工作。事故与伤害风险辨识应尽可能全面地考虑到社区工作、环境和生活的各个方面。同时，应根据实际情况选择符合社区实际情况的伤害调查方法和风险辨识与评价方法。安全社区建设过程中，也应根据情况的变化，如法律法规变化、居民需求变化、工作内容变化、环境变化等，及时识别和更新危险源及其控制措施。

（2）二级指标

1）选择并运用适当的方法（如隐患排查、安全检查表、社区调查、伤害监测、专家经验等）对社区各类事故与伤害风险进行辨识与分析。

2）辨识的风险符合社区实际情况，资料数据真实。

3）分析容易发生或受到伤害的高危人群、高风险环境和脆弱群体，并确定重点人群、重点场所、重点问题。

4）建立各类生产经营、商贸、服务单位的安全专项台账，及时掌握其安全动态。

4. 事故与伤害预防目标及计划

（1）要素

“根据社区实际情况和事故与伤害风险辨识及其评价的结果制定安全目标，包括不同层次、不同项目的工作目标以及事故与伤害控制目标，并根据目标要求制定事故与伤害预防计划。”计划应做到：

1）覆盖不同的性别、年龄、职业和环境状况。

2）针对社区内高危人群、高风险环境或公众关注的安全问题。

3）能够长期、持续、有效地实施。

事故与伤害预防目标及计划是根据社区实际情况，在充分考虑社区规模、经济、人口等因素的情况下制定的，要体现事故与伤害风险评价和风险控制的有效性、连续性，并能够长期执行。目标包括安全管理目标、事故与伤害预防和控制目标。目标应尽可能量化，各单位和各实施机构应按照目标要求制定具体目标，并分解为相关指标。安全计划应有针对性，优先考虑社区内高危人群、高风险环境和公众关注的安全问题，以期获得最大的安全绩效。

（2）二级指标

1）根据事故与伤害风险辨识及其评价的结果、社区实际情况和社区成员的安全需求，制定事故与伤害预防、控制目标，应针对重点人群、重点场所、重点问题有明确的安全促进目标。

2）制定覆盖不同人群、环境和设施并能够长期、持续、有效进行的事故与伤害预防和风险控制计划，尤其是针对重点人群、重点场所、重点问题的安全促进计划。

5. 安全促进项目

(1) 要素

“为了实现事故与伤害预防目标及计划，社区应组织实施多种形式的安全促进项目。”

安全促进项目的重点应针对高危人群、高风险环境和公众关注的安全问题，并考虑下列12个方面的内容：交通安全、消防安全、工作场所安全、家居安全、老年人安全、儿童安全、学校安全、公共场所安全、体育运动安全、涉水安全、社会治安、防灾减灾与环境安全。

这12个方面的内容基本上涵盖了我国安全社区建设所应该考虑的内容。社区在策划和实施各种项目时，应结合这12个方面，根据本社区的实际情况，分析其中存在的主要问题，确定重点预防项目。

安全促进项目的实施方案内容应包括：

1) 实施该项目的目的、对象、形式及方法。

2) 相关部门和人员的职责。

3) 项目所需资源的配置和实施的时间进度表。

4) 项目实施的预期效果、验证方法及标准。

安全促进项目是实现安全社区的关键所在，其目的在于执行社区安全计划，实现社区安全管理目标和风险控制目标。项目的实施方案应当具有可操作性，采取的措施应该重点针对高危人群、高风险环境和公众关注的安全问题。高危人群、高风险环境伤害预防项目的确定应建立在社区伤害统计分析、风险辨识和评价的基础上。由于各个社区实际情况的差异，不同时期、不同社区和不同项目的高危人群、高风险环境和公众关注的安全问题是不同的。社区不同于企业，管理难度较高，因此，项目实施方法应考虑社区情况的多样性。一般来说，可从安全管理、安全环境、安全设施、安全意识与技能这几方面入手，尽量采用涉及面广、简单明了、群众参与度高并易于接受的形式。

(2) 二级指标

1) 依据事故与伤害预防控制目标和安全促进计划，策划并确定安全促进项目。

2) 安全促进项目的策划要针对社区存在的特定问题，有实施方案和具体措施，项目结构完整。

3) 安全促进项目应覆盖工作场所、消防、交通、社会治安、居家等主要方面。工作场所安全应关注从业人员的职业安全与职业健康。

4) 安全促进项目应覆盖目标人群或场所，覆盖面不少于50%。

5）安全社区工作机构应履行职责，发挥作用，组织或实施各项安全促进项目。

6）能够体现社会组织、志愿者和社区单位的参与情况，证明已多渠道整合了各类资源。

7）安全促进项目实施效果良好并能够提供相应对比数据或客观证据，并用于持续改进。

6. 宣传教育与培训

（1）要素

“社区应有安全教育培训设施，经常开展宣传教育与培训活动，营造安全文化氛围。宣传教育与培训活动应针对不同层次人群的安全意识与能力要求制定相应的方案，以提高社区人员安全意识和防范事故与伤害的能力。”

宣传教育与培训方案应做到：

1）与事故与伤害预防目标及计划内容一致。

2）充分利用社会和社区资源。

3）立足全员宣传和培训，突出对事故与伤害预防知识的培训和对重点人群的专门培训。

4）考虑不同层次人群的职责、能力、文化程度以及安全需求。

5）采取适宜的方式，并规定预期效果及检验方法。

建设安全社区的主要任务之一是提高全员安全意识，营造安全文化氛围。社区应制定与事故与伤害预防目标及计划一致的宣传教育和培训计划，包括年度计划、季度计划和阶段计划。在实施中，由于培训对象的年龄不同、文化层次不同、需求不同、能力不同，因此宣传教育培训的形式和内容应该因地制宜，以获得最佳的效果。

标准要求社区配备相应的资源和渠道，包括设施、师资、教材等，避免因硬件条件不足导致工作落后。宣传教育培训应在全员范围内进行，保证宣传教育与培训深入到每一个人心中，并定期进行成果测试，比如进行有奖竞猜等活动，检验宣传教育与培训方法是否有效。

（2）二级指标

1）吸纳和整合能够满足社区需要的安全宣传教育与培训的设施和资源，包括社区内部资源和外部资源。

2）有符合社区制定的事故与伤害预防目标及计划的宣传教育与培训计划，以及相关管理要求。

3）采取多种形式组织实施对社区成员适用的安全知识和技能的宣传教育与培训工作。实施效果能够满足不同需求与要求，能够达到预期效果。

4）安全社区建设领导机构和工作机构的骨干应参加安全社区标准和建设方法的培训。

5）重视安全文化建设，建立并充分运用传播安全知识的渠道和载体。

6）依据相关要求组织或监督对从业人员的安全培训和职业健康教育。

7. 应急预案和响应

（1）要素

“对可能发生的重大事故和紧急事件，制定相应的应急预案和程序，落实预防措施和具体应急响应措施，确保应急预案的培训与演练，减少或消除事故、伤害、财产损失和环境破坏。”

在发生紧急情况时要做到：

1）及时启动相应的应急预案，保障涉险人员安全。

2）快速、有序、高效地实施应急响应措施。

3）组织现场及周围相关人员疏散。

4）组织现场急救和医疗救援。

应急预案是针对可能发生的突发事件（自然灾害、事故灾难、公共卫生事件和社会安全事件）所需的应急准备和应急响应行动而制定的指导性文件。标准要求社区对突发事件进行辨识和后果预测，对应急人员进行必要的应急培训、演练和职责分配，指挥与协调应急行动，为应急活动提供人力、物资等保障，并有效地落实预案和应急响应措施。

应急预案进社区是安全促进的重要内容，也是安全社区的重要组成部分。社区应急预案重要的是基础准备，即群众的宣传与教育、应急队伍的建设、应急准备、突发事件的辨识和预防等。同时，标准要求社区突发事件预防机制的技术措施和管理措施要到位，应急响应行动及时、快速、有序、高效，有效地保障社区群众和应急救援人员的生命财产安全。

（2）二级指标

1）针对社区自然灾害、事故灾难、公共卫生事件和社会安全事件等突发事件制定不同层次、具有可操作性的应急预案或应急响应措施。

2）按标准、要求或预案规定，配备了应急设施和器材并保持完好。

3）整合并合理运用辖区资源，建立专职或兼职的应急队伍并经常组织活动，能够保证快速、有效地进行应急响应和救援处置。

4）有针对性地组织应急知识宣传、应急技能培训及必要的应急演练，社区成员具有基本的自救互救知识和应急避险能力。

8. 监测与监督

(1) 要素

“制定不同层次和不同形式的安全监测与监督方法，监测事故与伤害预防目标及计划的实现情况。建立社区内政府和相关部门的行政监督，企事业单位、群众组织和居民的公众监督以及媒体监督机制，形成共建社区和共管社区的氛围。”

安全监测与监督内容应包括：

1) 事故与伤害预防目标的实现情况。

2) 安全促进计划与项目的实施效果。

3) 重点场所、设备与设施安全管理状况。

4) 高危人群与高风险环境的管理情况。

5) 相关安全健康法律、法规、标准的符合情况。

6) 社区人员安全意识与安全文化素质的提高情况。

7) 工作、居住和活动环境中危险有害因素的监测。

8) 全员参与度及效果。

9) 事故、伤害、事件及不符合的调查。

标准要求社区建立 3 类监督机制——行政监督机制、公众监督机制、媒体监督机制，监督社区安全目标实现过程和持续改进情况。

“不同层次和不同形式的安全监测方法”指建立事故与伤害监测机制，及时反映社区事故与伤害的发生和变化趋势及控制效果。监测应该是全过程、全方位的。监测方法包括社区伤害调查、伤害日常监测、群众满意度调查、各种形式的安全检查、风险辨识及评价，安全常识知晓率调查（考查）等。可根据具体项目的需要合理选择检测方法。另外，监测与监督结果应形成文件。

(2) 二级指标

1) 有社区专职或兼职安全监督机构，且应认真履行职责。制定并有效实施社区成员对安全工作的监测与监督方法。

2) 有不同形式和内容的定期、不定期、专项及综合安全检查制度并严格执行。检查范围覆盖社区内所有场所、设施和环境，尤其是工矿商贸企业的关键岗位和要害部门。全面、综合性的安全检查每年不少于 4 次。

3) 事故与伤害数据的监测结果能够按要求如实报告相关主管部门，并及时反馈给安全社区建设领导机构和工作机构。

9. 事故与伤害记录

（1）要素

“建立事故与伤害记录制度，明确事故与伤害信息收集渠道，为实现持续改进提供依据。”

事故与伤害记录应包括以下信息：

1）事故与伤害发生的基本情况。

2）伤害方式及部位。

3）伤害发生的原因。

4）伤害类别、严重程度等。

5）受伤害患者的医疗结果。

6）受伤害患者的医疗费用等。

标准要求社区建立交通、消防、工作场所、家居、生产等方面的事故与伤害记录制度和相应的记录管理办法。由于社区成分复杂、人员流动性大，因此在记录时应遵循简单、实用的原则，记录应结合并满足事故与伤害监测方法的要求，所记录的内容应当真实、可信，能够为安全社区绩效评估提供基础性资料。同时，还应规定记录的管理，包括标识、收集、编目、归档、储存、维护、查阅、保管和处置等内容，要求记录标识清楚，具有可追溯性和可见证性，且便于查阅。

（2）二级指标

1）建立事故与伤害记录制度，能够将社区各类伤害，尤其是工作场所、消防、交通、社会治安等方面的事故与伤害进行记录。

2）按照相关部门的要求，规范记录的种类、格式、内容和填写要求，记录内容真实、完整，信息全面。事故与伤害记录应能反映发生的频次和原因。

3）有事故与伤害记录的管理制度，5 年内的事故与伤害记录保存完好，具有可追溯性且便于查阅。

4）指定专门工作组或专人负责各类伤害记录的收集、整理与分析，并将结果反馈给安全社区建设领导机构和相关工作机构。

5）伤害记录（包括人群伤害调查）与分析的结果应用于绩效分析、预防与纠正措施、策划安全促进项目等方面。

10. 安全社区创建档案

（1）要素

“建立规范、齐全的安全社区创建档案，将创建过程的信息予以保持。”档案应包括：

1）组织机构、目标、计划等相关文件。

2）相关管理部门的职责、关键岗位的职责。

3）社区重点控制的危险源，高危人群、高风险环境和弱势群体的信息。

4）安全促进项目方案。

5）安全管理制度、安全作业指导书和其他文件。

6）安全社区创建活动的过程记录，包括创建活动的过程、效果记录，安全检查和监测与监督的记录等。

标准要求社区建立安全社区创建档案，反映安全社区的创建过程、社区安全管理、安全促进过程、风险控制情况等。

安全社区创建档案应当完整、管理规范、易于查询。安全社区创建档案可以采用多种形式保存，包括文字（书面或电子文档）、图片、音像资料等。社区应制定安全社区创建档案的管理办法，明确使用、发放、保存和处置要求。

（2）二级指标

1）建立适用的、符合社区工作常规的、不同形式的、包含安全社区建设主要工作和信息的档案。

2）制定安全社区创建档案的管理办法，明确档案的使用、发放、保存和处置要求。

3）安全社区档案的保存、管理符合社区实际情况，满足各单位和部门工作需要。

11. 预防与纠正措施

（1）要素

“针对安全监测与监督、事故、伤害、事件及不符合的调查，制定预防与纠正措施并予以实施。”对预防与纠正措施的落实情况应予以跟踪，确保：

1）不符合项已经得到纠正。

2）已消除了产生不符合项的原因。

3）纠正措施的效果已达到计划要求。

4）所采取的预防措施能防止同类不符合项的产生。

社区内部条件的变化（如场所、设施及设备变化、人群结构变化等）和外部条件的变化（如法律法规要求的变化、技术更新等）对社区安全的影响应及时进行评价，并采取适当的预防与纠正措施。

预防与纠正措施旨在减少由事故、事件、不符合产生的影响，消除所确认事故、事件、不符合的根源，防止同类事件再次发生。

应针对事故、事件及不符合的调查，制定预防与纠正措施并实施。同时，对所采取预防与纠正措施的有效性进行检查。应当认识到，仅仅解决了已经发生或已经发现的问题是远远不够的，还应认真分析该问题产生的管理原因、环境原因及深层次的原因，举一反三，并采取预防措施，确保同类情况不再发生，真正实现事故与伤害的预防机制。

社区风险管理应采用动态的管理方法，即当社区外部或内部情况发生变化并影响到社区或人群的安全时，社区应及时进行识别并有针对性地采取措施。

（2）二级指标

1）对社区各类事故与伤害风险辨识、信息交流、各类安全监测与监督、社区安全绩效评审或评估工作中发现或反映的问题，应采取有效的整改措施，并对整改结果有验证。

2）认真调查分析社区发生的各类事故与伤害，有针对性地制定纠正措施并予以实施。

3）针对已发现的问题和发生的各类事故与伤害，能够采取预防措施，防止同类问题重复出现。

12. 评审与持续改进

（1）要素

“社区应制定安全促进项目、工作过程和安全绩效评审方法，并定期进行评审，为持续不断地开展安全社区建设提供依据。”

评审内容应包括：

1）安全目标和计划。

2）安全促进项目及其实施过程。

3）安全社区建设效果。

4）确定应持续进行或应调整的计划和项目。

5）为新一轮安全促进计划和项目提供信息。

为了保持社区制定的安全促进项目、工作过程及其他各项工作的适用性、充分性和有效性，标准要求社区组织相关人员定期对安全社区的整体绩效进行评审和评价，反映安全促进效果，发现问题，总结经验。

常用评审方法有：伤害调查与中期评估、安全检查、事故统计分析、环境和场所监测、工作总结或项目总结、满意度调查、安全知识知晓率变化、客观证据对比。

持续改进是依据安全社区建设的成效和检查结果，持续开展安全促进工作，对于存在的主要问题，设立持续改进的计划和目标，以提高居民对社区安全的满意度。社区应持续改进安全绩效，不断消除、降低和控制各类事故与伤害风险，提高社区内所有人员的安全保障水平。

（2）二级指标

1）有计划、目标、项目与措施、效果评审的制度与方法。

2）每年组织不少于 1 次的安全社区建设整体工作的安全评审或行政效能监察。应对重点安全促进项目进行计划、过程和效果评审。

3）评审结果能够反映安全促进工作的实际效果，并用于指导持续改进工作的开展。

4）根据随机抽查结果，应有大多数社区成员对社区总体安全状况表示满意，且对实施的重点安全促进项目表示满意。

标准充分考虑了我国社区建设的特点与要求，依据安全社区和安全文化建设的要求提出，涉及内容广泛。标准强调坚持“以人为本”的原则，尽量纳入社区环境、工作和生活场所中涉及的伤害问题、中国社区安全管理等问题，有利于以安全社区建设为抓手和平台，广泛开展社区事故与伤害预防工作。

第二节　WHO 安全社区准则与指标

1989 年，在瑞典及泰国举行的第一届世界预防意外事故及伤害大会上，来自世界 50 多个国家的代表一致通过并发布了《安全社区宣言》，强调所有人类在保持自身健康和安全方面均享有平等的权利。会议期间，代表们访问了瑞典 Lidköping 及泰国 Wang Khoi 安全社区，并提出了一份报告，通过分析 Lidköping 及 Wang Khoi 安全社区的经验，将如何建设安全社区归纳为 5 项基本原则，即社区组织、流行病学及资讯、参与、决策、技术及方法。这是第一个指导安全社区建设的标准。此后，该基本原则经过不断的完善、修改，最终形成目前的“安全社区 7 项准则和 9 项指标”，称为国际安全社区准则。

一、　国际安全社区准则

要成为国际安全社区网络成员，必须符合下列 7 个方面的准则。

1. 组织机构

（1）标准条款

“有一个负责安全促进的跨部门合作的组织机构。”

（2）理解要点

建立这个组织机构的目的在于整合社区资源，以伙伴合作模式自发地组织起来，集结力量，紧密地联系起来，各施所长，运用各自的资源及服务，为区内居民提供一个安全健康的工作及生活环境。社区内的政府机构及其职能部门、企事业单位、商贸服务业、学校、医院、社会服务团体等按职责分工，承担各自的伤害防治工作。

2. 预防计划

（1）标准条款

“有长期、持续、能覆盖不同的性别、年龄的人员和各种环境及状况的伤害预防计划。”

（2）理解要点

安全社区建设的重点在于策划和实施各类伤害预防计划。这些计划应该是在对本社区的情况进行充分调查和分析的基础上，针对需要解决的重点问题而制定的，能够长期地、持续地进行的控制措施及预防计划，并有明确的阶段目标和最终目标。这些计划还应该考虑到不同情况的特殊性及需要，如年龄、性别、环境、职业等诸多因素。

3. 预防项目

（1）标准条款

“有针对高危人群、高风险环境，以及提高脆弱群体的安全水平的预防项目。”

（2）理解要点

高危人群，是指容易被伤害或易给他人造成伤害的人群。高风险环境，是指那些发生事故概率较高或者一旦发生事故将造成严重后果的环境。在不同的环境和情况下，高危人群和高风险环境是不同的，A 地区的高危人群在 B 地区并不一定是高危人群。因此，应该根据实际情况准确地确定本地区的高危人群和高风险环境。

高危人群和高风险环境都有可能导致死亡、伤害和事故，基于实际情况和规划所策划的安全促进项目应针对高危人群、高风险环境和脆弱群体，通过实施项目提高环境安全度，提高人群的安全意识与能力，改善脆弱群体的生存质量，减少和降低事故与伤害。

4. 安全促进项目

（1）标准条款

“有以证据为基础的安全促进项目。”

（2）理解要点

基本要求：

1）项目是“以证据为基础”。

2）有获得证据的来源、渠道，例如与支持中心、大专院校、科研院所建立合作关系。

对具体的项目进行设计时，需要充分参考国内外已有的研究结果、类似项目的成效，运用最可靠和最可能得到良好效果的方法开展工作。获取证据的主要形式有文献回顾、随机对照实验、案例研究等。

5. 伤害记录制度

(1) 标准条款

“有记录伤害发生的频率及其原因的制度。”

(2) 理解要点

社区应制定伤害记录制度，对社区发生的各种伤害及时、如实地进行详细描述。应在制度中明确记录种类、记录格式、记录方法和记录的管理。通过真实地记录伤害发生的频率及其原因，可以分析发生伤害的数量、类别、原因、分布趋势等特点，有助于有针对性地制定措施和调整安全促进计划。记录是监测社区伤害的重要方法，包括医院诊疗记录、社区工作记录等形式。

6. 评价方法

(1) 标准条款

“有安全促进项目、工作过程、变化效果的评价方法。”

(2) 理解要点

社区应制定评估安全促进绩效的方法，通过工作过程的监测、环境安全的监测、安全促进结果的监测、社区事故与伤害监测效果的分析，评价目标的完成情况和安全措施的实施效果。评价方法包括定期、不定期的安全检查，安全评价，媒体监督，群众满意度调查，不同阶段和时段伤害监测的分析及对比等。评价可以总结经验、发现问题，更重要的是为策划新的计划和项目提供依据。

7. 活动参与

(1) 标准条款

“积极参与本地区及国际安全社区网络的有关活动。”

(2) 理解要点

社区应积极参与以互相交流为目的的安全社区活动，通过交流达到取长补短、促进本社区安全健康工作发展的目的。交流形式包括外部交流和内部交流。

1) 外部交流，包括国际交流活动和国内交流。国际交流包括参与国际安全社区网络活动（每年一度的世界安全社区大会）、参观考察国际安全社区等；国内交流包括参加安全社区研讨会、经验交流会、安全社区培训讲座，参观先进社区等。

2) 内部交流，指社区内部各单位、各部门之间的经验交流、情况交流和安全信息交流。

标准规定：成为成员之后的未来 3 年中，应参加至少 1 次国际安全社区会议；每隔 10 年，成员应参加 1 次国际安全社区会议；鼓励所有成员申请主办国际会议或研讨会。

按照要求，通过确认的社区如果长期不参与国际安全社区网络的相关活动，将会被撤销“安全社区”资格。

二、 国际准则与国内标准比较

国际准则与国内标准都包括持续改进、全员参与、注重风险监控、注重预防计划、注重评估反馈等内容，都以维护社区人员的安全、健康为核心目标，都渗透了创设机构、明确制度、调查策划、实施项目、评估改进的基本运行模式，都秉承了持续改进、全面参与的基本原则。实际上，国内标准参考了国际准则并充分考虑了我国国情，完整地吸纳了“五有一参与”的核心思想，并在此基础上，进行了合理的丰富和完善。

与国际准则相比，国内标准更加凸显了以下内容：

1. 突出了政府在安全社区建设中的主导地位

与西方国家以“市民社会”为基础的安全社区建设不同，我国的基层社会管理采取“党委领导、政府负责、社会协同、公众参与”的基本格局，更加突出党委和基层政府部门的主导作用。在机构创建、制度确立、规划制定、项目推动、评估检查等各个方面，政府都要作为行动的主体。政府是联合机构的主体部分，是制度、规划、项目的主要制定者和实施者。在安全社区的创建过程中，基层党委和政府部门必须落实责任，真抓实干，做好安全社区工作的指挥中枢，对于政府部门的综合要求，在国内标准的各个方面都有所体现。

2. 将日常安全促进与应急救援相结合

国际安全社区准则更加突出日常的卫生保健，强调通过系统预防和提升安全意识、改良生活方式来降低日常生活中的伤害。国内安全标准则强调了平时和战时的结合，强调了日常防御系统和应急救援体系的交融。国内安全标准系统地整合了基层危机管理资源，强调了应急预案的制定和响应，将公共危机的预防、准备、应对、反馈融合在大安全体系之中。这较好地符合了我国基层政府应对突发公共事件的需要，呼应了我国公民对于治安和稳定的强烈需求。

3. 项目设置的本土化

在安全促进项目的设置上，除了国际安全准则提及的交通安全、工作场所安全、公共场所安全、涉水安全、学校安全、老年人安全、儿童安全、家居安全、体育运动安全9大项目之外，还增设了消防安全、社会治安、防灾减灾与环境安全3个项目。这是根据安全监控统计结果和公众需求调查设置的本土化内容，更好地切合了我国的国情。依据安全社区审核办法，社区并不需要完成所有列举的项目，只需选择最符合地区实际的项目，深入、持续地执行，并取得持续性进展。准则和标准中列举的项目，为社区提供了选择的样本和示例。国内标准中更为本土化的项目设置，无疑为社区工作提供了更有价值的参考。

三、 国际安全社区指标

在总结安全社区建设和发展经验的基础上，国际社区安全促进合作中心在 6 条准则的基础上，又针对交通安全、工作场所安全、公共场所安全、涉水安全、学校安全、老年人安全、儿童安全、家居安全和体育运动安全 9 个方面分别提出了 7 项具体指标，具体如图 4—2 所示。

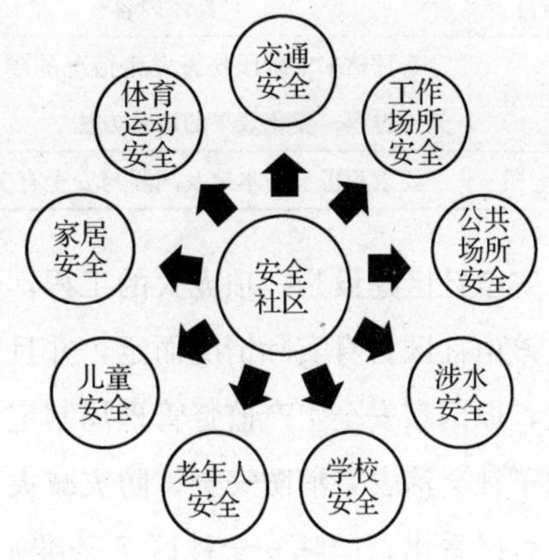

图 4—2　国际安全社区 9 方面

虽然针对以上 9 方面分别提出 7 个指标，但各个方面的 7 个指标却具有共性，具体见表 4—1。

7 项指标提出了安全社区建设应该考虑的 9 个方面，根据以上原则，针对不同指标所考虑的问题，制定相应的对策，完成各方面的工作。

表 4—1　　国际安全社区指标的组成

条目	具体内容	备注
第一条	成立一个跨界组织，以伙伴合作模式，负责安全促进事宜。跨界组织成员由管理者、技术人员、安全专家、与该指标相关的人员（如志愿者、居民代表、驾驶员、学生等）组成，负责人也由与该指标有关的管理人员和工作人员组成	跨界组织组成人员都是该指标的管理者、参与者、专家和有关人员。他们了解本社区的状态、存在的问题和群众的需求，是安全社区计划和项目实施的主要力量。成立跨界组织的目的是实现执行安全促进项目，实施事故及伤害预防项目和伤害干预措施
第二条	由跨界组织制定与该指标相关的安全规章制度，并被社区管理部门或相关组织采纳	社区首先要遵守国家和地方的法律法规和规章制度，这些法律法规和规章制度是普遍适用的。但是，每一个社区都有自己的特点，需要因地制宜地规范自己的居民。社区跨界组织应当根据社区实际情况，制定适合本社区安全管理工作的安全规章制度，并要求社区居民共同遵守
第三条	长期、持续地开展安全促进工作，并覆盖到不同性别、年龄的人员及各种环境和状况	
第四条	有针对高危人群、高风险环境及脆弱群体的安全措施	
第五条	有记录伤害发生的频率及原因的制度	

续表

条目	具体内容	备注
第六条	有评估一定阶段伤害发生情况的项目或措施、工作过程、变化效果的评价方法	
第七条	要求积极参与本地及国际与安全有关的活动	

安全社区建设是一项庞大的工程，做到这些是远远不够的。重点开展哪一方面的工作应该由社区自身实际情况而定，并且可以考虑根据实际情况增加工作内容。根据我国国情，原国家安全生产监督管理局制定了安全社区标准，在以上 9 个方面的基础上，又增加了社会治安，消防安全、防灾减灾和环境安全 3 个方面。

可以看出，国际安全社区 7 条准则基本都包含在这 9 方面的 7 项指标中。这说明，安全社区的 7 条准则贯穿于安全社区建设的所有方面。因此，在建设安全社区时，要时刻把握这 7 条准则。

第五章　安全社区建设程序

第一节　建设基本程序

安全社区建设是一项有起点无终点的系统工程，应切忌形式化和表面化。安全社区建设的各项工作应落到实处，由负责机构切实有效地开展实施。

一、 基本程序

安全社区建设基本程序是结合各安全社区建设经验而编制出的。在具体建设过程中，各部门应该根据本社区的实际情况，在不偏离主线的情况下，适当创新。安全社区建设大致可以从以下几个方面入手：

1. 明确目标：制定及时高效的工作目标、工作步骤与推进措施，召开动员大会进行工作布置，同时实施目标管理考核，对工作加以推进。

2. 宣传动员：利用社区媒介和手段，搭建宣传平台，将安全社区理念渗透到社区单位和居民中。

3. 资源保障：创建经费纳入财政预算，整合社区各类资源，保证创建工作顺利开展。

4. 制度保障：制定工作制度和评估监督制度，做到有布置、有落实、有检查、有评估、有总结。

5. 试点先行：建立不同类型的示范点，培育典型，以点带面，努力探索，分步推进。

6. 总结推广：适时总结试点经验，推广安全促进的原则与方法，以点带面，全面推进。

虽然不同社区的实际情况各有不同，同一个社区的不同方面也各不相同，但是，社区之间也有共性。因此，在建设安全社区的过程中，应该建立一套科学、规范的方法并遵照实施。

安全社区建设程序如图 5—1 所示。

安全社区建设大致通过以上步骤完成，每个步骤的具体内容详见本章其他小节。

二、 保障条件

安全社区建设是一个长期、持续发展、持续改进的过程。要保证安全社区建设工作

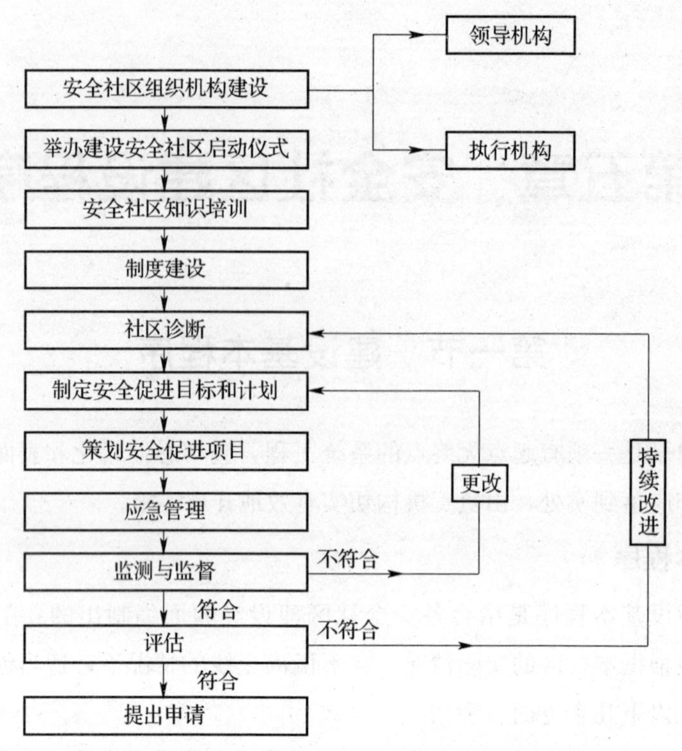

图 5—1　安全社区建设基本程序

能够长期持续且有效，在安全社区的建设过程中必须做到以下几点：

1. 政府主导，理顺职能

首先各级领导对安全社区创建工作要足够重视。当前，社区工作中存在条块分割、职能交叉、互相掣肘等突出问题，根本原因在于政府的社会管理和公共服务职能不到位。因此，政府要对安全社区创建给予足够的重视，将创建安全社区视作一项提升政府执政水平、推动社会管理创新的惠民工程，积极承担和发挥“政府主导”的作用。

其次，要建立“横到边、纵到底”的跨越区域界、行业界和条块界的跨界组织，由政府发挥主导作用，加强创建工作的组织领导和各项工作的统筹协调，保证创建工作顺利进行。安全社区建设涉及安全生产监督管理、卫生、公安、交通、民政等多个部门，只有有这些部门的支持和协调才能克服各种阻力和困难。因此，必须协调好各部门的关系。可通过跨界组织进行条块对接，促进职能部门与社区各层面的对接，解决社区存在的安全生产、市政设施、交通秩序、医疗卫生、公共服务等方面的难题，促进综合管理与专业管理的有效衔接。

2. 宣教并举，营造氛围，共建共享

通过各种方式和途径加大安全社区宣传的力度，广泛传播安全社区理念、标准和方法，努力使更多的人了解、支持并参与到安全社区创建活动中来。公众参与是实现“安全社区”理念的根本保证。社区建设的参与主体不仅包括社区内各职能部门及其专业人员，还包括社区全体居民和社区内的企事业单位、机关、团体、社会中介组织、离退休人员及来自各方面的志愿者等。社区是人们参与社会生活的基本场所，是社区居民的生活基地。开展安全社区建设，应当充分调动社区全体成员的积极性，通过各种方式建立政府与民间组织和公众的沟通渠道，促进公众对政府决策的理解和支持，增强社区的凝聚力和辐射力，培养居民的安全意识，使全体成员参与到安全社区创建工作中来。

3. 健全的管理制度

安全社区建设是一项综合性和社会性的工作，涉及面广、难度大、任务重，要合理有效地开展并持之以恒地坚持下去，必须有健全的管理制度。社区应在现有规章制度的基础上，建立健全各级岗位安全责任制、社区安全生产检查制度、例会制度、事故与伤害风险辨识及评价制度、伤害记录与监测制度，以及社会治安、交通等各项管理制度，使安全社区建设工作的各个环节均有章可循，以保证安全社区的良性运行。

4. 明确的目标

安全社区建设是一个长期的活动，社区应根据有关法律法规及自身的特点设定明确的目标，包括社区整体安全健康目标、风险控制目标和伤害控制目标。只有设定了明确的目标，才能使社区的成员团结起来，协作配合，为实现目标而努力工作。

社区的安全健康目标应合理、可行，尽量具体。要有针对性，明确要解决的问题，将目标尽量量化。确立目标时应重点考虑持续改进社区居民的安全健康意识、安全健康行为和内外环境安全状况，保证通过安全社区持续不断的运行达到最佳的安全健康绩效。

5. 培育典型，加强交流，以点带面

注重安全社区典型的树立，及时推出每个创建阶段的典型样板，为安全社区创建单位提供交流、学习和借鉴的经验。

第二节　组织机构建设

一、 建设要点

成立跨部门的组织机构，是创建安全社区的起点。在机构创建方面，要着重注意以下 3 点：

1. 在政府层面，要吸纳安全生产监督管理部门、民政部门、医疗卫生部门、综合治理部门、社区管理部门等职能机构，共同负责，协同配合。

2. 在企事业单位层面，要号召辖区所有企事业单位积极参与安全促进项目，并选取代表加入安全促进机构。特别是涉及社区高危人群、高风险环境及脆弱群体的企事业单位，如幼儿园、学校、餐饮、医院、工地、物业等，更要成为安全促进工作的主要对象。这些行业中的工作人员和技术人员也应成为安全促进机构的主要备选成员。

3. 在居民层面，应广泛吸取居民组织和志愿者代表加入安全促进机构，以确保代表的广泛性，使不同主体的安全健康权利都得到平等的保证。

安全社区的组织机构一般包括领导机构和执行机构。领导机构一般被称为安全社区创建委员会，负责协调整合社区资源、有针对性地开展安全促进培训、指导安全健康项目推进、监督安全健康促进项目计划的实施与效果检查、统计分析各类伤害信息和绩效评估以及进行国内外信息交流等。执行机构是根据本社区特点及安全促进重点而设的，负责制订计划、确定项目及组织实施。

安全社区并没有标准的结构模式，也不要求采用统一结构，各社区可根据实际情况，按照高效、实用的原则确定。

二、 领导机构

一个行业、一个党派、一个家族有天然的共同点——职业、政见、血缘，而一个社区的成员往往从事着不同的职业，具有不同的思想观点，来自不同的血统，他们的集合只是源于对同一居住地（进驻地）的选择。因此，社区成员之间的相异性远远大过其他的组织形式。

那么，如何将分散的社区成员组织成一个具有凝聚力和归属感的共同体？如何将不同层次、不同方向的力量整合在一起？如何体现各有所长、各取所需的社区特色？这就需要发挥跨界组织——领导机构的作用。尤其是在安全社区的创建过程中，领导机构扮演了不可替代的重要角色。因此，为了加强对安全社区创建工作的指导、协调、督促和检查，应成立一个领导机构，即安全社区创建委员会（或称之为督导委员会、领导小组等）。

安全社区创建委员会是一个非常设机构，其构成应基本涵盖社区内各类资源，人员数量依据实际情况而定。该机构一般由社区所在地政府负责安全社区建设的部门牵头，如安全生产监督管理部门、民政部门、医疗卫生部门、综合治理部门、社区管理部门等，由相关部门（如幼儿园、学校、餐饮、医院、工地、物业等部门）的领导及企业家、专家共同组成，形成跨部门合作机制，各成员自愿参与其中，并保证能够发挥应有的作用。

安全社区创建委员会的职责包括以下几个方面：

1. 制定安全社区建设规划与目标。

2. 制定安全社区管理规章制度。

3. 定期召开安全社区创建委员会会议，持续推动安全社区计划。

4. 为持续推动安全社区建设提供组织保障和必要的人、财、物、技术等资源保障。

5. 解决安全社区建设过程中遇到的难题，推动社区建设工作顺利进行。

6. 监测社区内各项安全计划执行情况及绩效评估。

7. 组织参加国内外安全社区的各类活动。

安全社区创建委员会内设办公室，负责安全社区建设的日常管理工作、与各工作小组的联络和协调工作。人员专职、兼职均可，但应相对稳定。

三、 执行机构

安全社区建设涵盖社区建设的方方面面，安全社区创建委员会作为一个领导机构，应在对本社区充分调查、分析的基础上，根据社区的具体情况和目标要求，设立若干个工作小组，例如安全教育推广组、社会治安稳定组、消防安全组、居家安全组、健康促进组、安全生产组、环境安全组、道路安全组、考核监察组、信息交流组等，专门负责某一方面的安全促进工作，做到工作分工、各负其责。工作小组成员由管理者、技术人员、安全专家、与该指标相关的人员（如志愿者、居民代表、驾驶员、学生等）组成，形成资源整合机制。

安全社区组织机构的一般模式如图 5—2 所示。

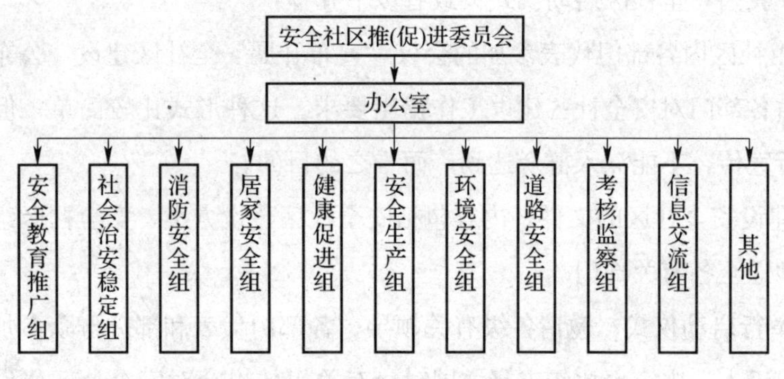

图 5—2　安全社区组织机构的一般模式

需要注意的是，设置几个专项工作小组并没有统一的规定，社区应根据自己的实际情况，如人员构成、地域环境特点、主要安全问题和工作重点等，确定工作小组的设立数目。

这些工作小组是安全社区建设的中坚力量，也是安全社区维护和持续运行的具体实施者。

各工作小组的具体职责如下：

1. 参加安全社区创建委员会会议。

2. 参与制定安全社区建设计划和目标。

3. 针对高危人群、高风险环境及脆弱群体开展安全促进项目。

4. 定期召开会议，邀请社区居民共同解决社区安全的问题。

5. 举办各种形式的活动，开展安全知识教育培训工作，提高社区居民的安全意识和安全技能。

6. 整合及妥善运用社区内资源，包括人力资源、物力资源和财力资源。

7. 其他有助于安全社区建设的工作。

第三节 建设准备工作

一、 举办安全社区创建启动仪式

安全社区组织机构建设完成后，就要正式开展安全社区建设工作。一般情况下，应首先举行安全社区启动仪式。这是一种积极有效的宣传方式，是安全社区建设过程中必不可少的一个环节。

安全社区启动仪式的形式和规模没有统一要求，各社区可以根据自己的情况和需要确定。目前，我国安全社区启动仪式大致有以下几种：

1. 召开由社区内各部门代表参加的会议，宣布开展安全社区建设，公布安全社区建设方案，并由各部门对安全社区建设工作提出要求。这种形式比较简单，但是只限于在部门内部进行宣传，不能深入群众达到广而告之的目的。

2. 起草建设安全社区的文件，内容包括安全社区建设方案、安全社区组织机构建设等，发至或抄送至各有关部门。

3. 公开举行启动仪式，邀请各级有关领导、各部门代表和部分群众参加，参加人员可达几百、上千人，内容也比较丰富。同时，有关媒体也会对安全社区建设工作进行报道，能起到很好的宣传作用。

4. 依托大型集会或专题活动（如安全生产月咨询日），公开举行启动仪式。

安全社区建设工作正式启动后，应及时向中国职业安全健康协会（全国安全社区促进中心）备案，建立工作联系。备案内容包括社区基本信息、社区结构、启动方式、相关文件和方案等。

二、 安全社区知识培训

安全社区建设和完善的过程离不开安全社区知识培训。安全社区建设是否符合标准要求，是否能取得预期效果，在于能否正确地理解安全社区的内涵，能否准确地把握标准的意义，能否正确地应用标准策划、实施安全促进项目。因此，由相关专家或咨询机构对组织机构和全体居民进行规范的教育培训是十分重要的。针对社区成员之间存在的差异，培训工作应分层次、各有侧重，分阶段、突出重点，循序渐进，与建设工作同步进行。

一般情况下，培训工作可以分以下 3 个层次进行：

1. 安全社区创建委员会及相关部门负责人

领导机构在建设安全社区工作中处于关键地位，发挥着重要作用，可以将分散的社区成员组织成一个具有凝聚力和归属感的共同体，可以将不同层次、不同方向的力量整合在一起。因此，只有领导机构首先理解了安全社区建设的目的、意义和标准，才能真正把建设安全社区的工作放在重要位置，切实维护好最广大居民的根本利益。同时，安全社区创建委员会及相关部门负责人承担着安全绩效评估的职责，需要对标准有深刻的理解。因此，安全社区创建委员会及相关部门负责人作为培训的第一层次人员，其培训时间不少于 2 小时，培训的主要内容为：

（1）概述：包括安全社区的起源与发展、国内外安全社区概况、建设安全社区的目的和意义等。

（2）标准理解：简要介绍标准中各条款的含义、要求及实现方法。

（3）建设步骤：简要介绍建设安全社区的方法和步骤、每一阶段应进行的主要工作及应满足的基本要求，以及应当注意的问题。

（4）绩效评估方法。

2. 各专项工作小组

各专项工作小组成员是建设安全社区的骨干力量，担负着建设、维护和持续改进安全社区的重任。只有全面地、深入地理解标准，才能够正确规划和运作安全社区建设工作。因此，其培训应详尽、全面、深入。培训的主要内容为：

（1）概述：包括安全社区的由来及发展、国内外安全社区概况、建设安全社区的目的和意义等。

（2）标准理解：详细介绍安全社区标准每一条款的内涵和要求，并结合实际情况，探讨如何正确应用。

（3）建设步骤：建设安全社区全过程的每一步应做的工作、如何完成该项工作、应满足的基本要求等。

（4）现状调查方法：讲解如何进行社区基本情况调查、伤害调查方法及调查表的设计与填写、如何进行危险源辨识和风险评价、如何确定控制措施与工作重点。

（5）安全促进项目：根据现状调查的结果制定短期和长期的安全目标，策划实施安全促进项目。

（6）安全促进项目的措施：实施安全促进项目措施的方法和途径，安全促进项目措施的分类。

3. 全员培训

安全关系到千家万户，与每一个人都紧密相关，因此，应当进行全员培训。因为社区部门和单位众多、人员分散，不易召集和管理，所以要因时、因地制宜，采取各种形式广泛、深入地开展宣传工作，如利用专栏、媒体、网络、分发宣传品、发布公告等方法，争取做到人人知晓、人人支持、人人参与，使安全社区建设工作具备良好的氛围和运作环境。

全员培训可由安全社区创建委员会统一策划组织或由各工作小组具体实施。培训的主要内容为：

（1）建设安全社区的目的和意义。

（2）安全社区的基本知识。

（3）每一个社区成员应负的责任、应尽的义务等。

三、 工作制度建设

确立和完善各项制度规范，是创建安全社区的保障，是各项工作和计划正常运转、执行、控制的关键。这些工作制度具体包括：

1. 安全促进工作制度，如工作例会制度、工作调研制度、工作责任制度、工作培训制度、定期通报制度等。

2. 安全促进管理制度，如监督检查制度、绩效考核制度、绩效通报制度、信息沟通制度、公众监督制度、档案管理制度、安全设施维修检测制度等。

3. 安全社区适用制度，如门禁制度、交通管理制度、业主委员会制度、物业管理制度等。

4. 应急响应制度，包括应急预案制度、联动协调制度、责任保障制度等。

在建设安全社区的各项制度中，世界安全组织特别强调了记录伤害发生频率及其原因的制度，这是确定安全促进工作重点的主要依据，也是监督安全社区绩效的有力依据。在记录工作中，既要发挥政府统计部门的作用，也要在各相关单位，如医院、学校等建立长效机制，以最大限度地整合资源，发挥综合优势，以最小的成本获得最有效的数据。

除政府部门的安全工作和管理制度外，各相关企事业单位、社会组织也要进行相应的制度建设，以明确和落实本单位、本部门的安全促进任务。同时，要对各单位的制度确立情况进行检查，并充分发挥典型作用，积极推介先进单位的先进方法、先进理念。

第四节　社 区 诊 断

只有通过调查的方式进行细致的诊断，才能准确了解群众的安全需要，才能合理定位安全工作的重点，使有限的资源得到最优化的利用，最大限度地满足广大群众最关心、最直接、最现实的需求。

社区诊断包括3个方面的工作：基本情况调查、社区伤害调查、事故与伤害风险辨识及其评价。

一、 基本情况调查

要建设符合标准要求的安全社区，必须搞清楚自己的历史，摸清楚自己的家底，在此基础上，才能够策划出符合实际情况、具有可行性和可操作性的建设计划。所以，安全社区创建之初，要对本社区安全方面的基本情况进行调查，即通过信息收集和资料分析，对社区安全管理情况和安全现状进行全面分析和系统评价，确定社区安全管理存在的问题与薄弱环节，从而确定有待改进的工作重点，为安全社区的建立提供基础支持。基本情况调查包括以下几个方面：

1. 现有安全健康组织机构设置、职责划分及其适用性。

2. 现有安全管理制度及其适用程度和有效性。

3. 存在的主要问题、纠正和预防措施的有效性。

4. 安全健康现状与相关法律、法规、标准及上级要求的符合程度。

5. 已开展的各类安全相关活动的信息及相关资料（记录、照片、报告等）。

6. 社会单位和社区居民的安全需求。

7. 居民对安全知识（Knowledge）的知晓情况、态度（Attitude）情况和行为（Practice）（知、信、行）情况。

根据社区的结构特点，可以采取已有材料分析、信息收集、问卷调查、人员访谈、组织座谈讨论等形式了解、掌握社区的安全状况，为下一步开展工作打下坚实的基础。

基本情况调查不仅要在安全社区创建之初进行，在创建过程中或创建结束后，都可以视情况随时进行。

二、 社区伤害调查

伤害研究借助于流行病学的理论与方法形成了伤害流行病学，主要通过系统地收集不同人群伤害的发生、后果、经济损失等资料，分析伤害类型、人群、时间的特点与趋势；分析伤害的流行规律、发生原因和危害因素；分析某些因素与伤害发生之间的关联，掌握伤害发生的分布特征及变化趋势，进而制定伤害干预措施，因此又将其称为社区诊断。

社区伤害调查有超越医院监测方法的优势，该方法可捕获医院不能获得的伤害资料，如在社区发生的伤害死亡者的资料、就诊于正规医疗机构之外的伤害患者资料，或没有必要到医院处理的微小伤害患者的资料……总之，社区伤害调查提供了详细的伤害发生的基本资料。在很多情况下，这些资料比医院伤害监测系统的资料更全面，是对医院伤害监测系统的补充。同时，当地社区伤害调查的结果可用来推断更大人群的伤害情况，尤其是在人群基本数据无法获得的情况下，社区调查的资料就更能发挥重要作用。

1. 社区伤害调查方法选取原则

伤害调查的主要目的是通过人群调查，掌握人群因各种原因导致人身伤害发生的基础性资料。社区人群构成比较复杂，他们在不同的部门工作，很难统一组织。因此，在选择伤害调查方法时，应根据调查目的选择调查方法，以能够收集到相对完整、真实的资料为准。调查可以大范围地进行，或按照安全促进项目类别进行，或以某专题进行，或以某行业进行。进行伤害调查时，一般不宜过于复杂或影响人员过多，也不要求数字必须百分之百准确。因为如果要求太苛刻，在社区这个复杂的环境下很难做到。可以通过合理的、科学的样本，得到伤害发生的趋势、分布特点等。

2. 社区伤害调查方法

按照调查目的，可以采用普查、抽样调查、查阅医疗机构的伤害监测报告卡或伤害诊疗记录、特定人群伤害调查、特定场所伤害调查、伤害类型的调查等方法。

有些伤害资料可以直接到相关部门进行咨询、查阅，例如职业伤害情况可到安全生产监督管理部门获取，交通伤害情况可到交通管理部门获取，火灾伤害情况可到消防部门获取，暴力伤害情况可到公安部门获取等。但是政府职能部门所提供的数字往往限于死亡和重伤。但是，由于各地统计方法不同、资源有限等，统计结果往往不能完全反映真实情况，只可以作为参考数据。

其他严重威胁社区居民的伤害，如溺水、老年跌倒、自杀等，可采取抽样调查或分析医院诊疗记录的方法进行调查。

3. 资料整理、分析

将从各个渠道收集、获得的信息和资料进行整理、汇总，然后按调查的目的将调查结果划分为不同性质的组，如按伤害类别、伤害原因等分组，然后按分组进行分析，如老年人伤害组可分析伤害总数、伤害年龄段、伤害类别、伤害发生地点、伤害发生原因、伤害严重程度等。伤害分析结果可以用统计指标、统计表、统计图等形式表达，作为策划安全促进计划和伤害干预措施的参考依据。

社区调查结束后，由评价和调查组织部门撰写基本情况调查报告，内容通常包括以下几个方面：

（1）调查的目的、范围。

（2）安全管理现状及安全状况。

（3）与安全社区标准的符合程度及存在的主要问题。

（4）重点危险源。

（5）人群伤害干预重点。

（6）建设安全社区的目标、指标及建议。

社区伤害数据整理和分析工作应明确分工，例如：社区卫生服务中心可以通过记录伤害监测报告卡对首诊伤害病例进行监测分析，采取抽样方法对社区居民和某些特殊人群进行伤害调查；交通部门负责对道路交通伤害数据进行整理分析；公安部门负责对暴力等伤害数据进行统计分析；安全生产监督管理部门负责工伤事故的统计分析等。在条件允许的情况下，可以通过网络技术建立数据库，进行伤害监测与统计。同时，伤害数据收集和分析工作小组收集的有关数据应真实、准确，且应及时提交至安全社区创建委员会，以便进行评估分析。

建设安全社区的主要目的是预防各类伤害的发生。及时、准确的伤害记录、统计与监测将有助于掌握社区内各类伤害发生的情况及其原因，并分析伤害发生的趋势、分布特点等。只有通过制度建设，加强监测，完整、认真地记录各项事故与伤害并进行有效统计，才能准确地找到社区的高风险环境、高危人群，才能准确定位、科学选择社区的安全促进项目。

三、 事故与伤害风险辨识及其评价

事故与伤害风险辨识及其评价是安全社区建设的重点，它来源于风险管理的思想。风险管理是事故与伤害预防的重要途径，它通过危险源辨识、风险评价及在此基础上优化组合各种风险管理措施，以最少的成本获得最大的安全健康保障。

安全社区创建之初，首先要对社区内的事故与伤害风险进行系统、全面的调查分析和评价，有针对性地组织实施相应的事故预防措施和伤害干预措施，为创建安全社区提供基础支持。事故与伤害风险辨识及其评价主要是对社区内存在的可能导致事故与伤害的危险因素进行识别，综合分析事故与伤害的可能性，预测后果的严重程度，从而确定危险程度——风险。

1. 事故与伤害风险辨识及其评价方法的选取原则

安全社区的概念和理论研究源于安全管理，社区的安全管理工作应该遵照预防为主的原则进行，做到未雨绸缪，把危险因素控制在相对安全的状态。系统安全工程理论的风险辨识及其评价方法是事故和伤害预防的重要方法，社区在进行事故与伤害风险辨识及其评价时，可以借鉴这些理论与方法，但不宜过于复杂，应按照简单、实用、有效、便于掌握的原则选取。

2. 事故与伤害风险辨识及其评价方法

社区是一个复杂的结合体，宜采用直观经验法中的安全检查表法和经验法。

采用安全检查表方法时，应首先聘请专家或有经验的工作人员编制检查表，辨识人员可由技术人员、社区工作人员、社区志愿者组成，经过培训后方能开展工作。安全检查表具有方便实用、简明易懂、不易遗漏的优点。北京市朝阳区望京街在对社区重点部位实施检查时就采用了这种方法，他们称其为“傻瓜表”。

采用经验法时，可以采取以往材料分析、查阅事故记录、同行业同类型典型案例分析、组织座谈讨论等形式进行。经验法借助专家或有经验工作人员的经验和判断能力，直观地评价对象可能存在的危险因素。如果所辨识的危险源有多项、需要确定其风险程度及对程度进行排序时，可以采用作业条件风险评价法（LEC法）或矩阵法进行评价。

3. 事故与伤害风险辨识及其评价的步骤

（1）划分辨识单元

根据实际情况，将辨识对象划分为若干个单元，要注意包括所有的人员、所有活动和所有的设施，做到横向到边、纵向到底、不留死角。可以选取下列划分方法：

1）按项目划分，如交通、消防、家居、涉水、社会治安等。

2）按区域划分，如企事业单位、居民区、公共场所等。

3）按人群划分，如老年人、儿童、残疾人、外地务工人员等。

4）按危险因素类别划分，如噪声、触电、淹溺、爆炸、中毒等。

还可以将单元进一步细分，如交通又可划分为道路、交通设施、行人、驾乘人员、交通工具、交通管理、交通标志等。由于安全社区创建执行机构一般按项目组建，因此建议按项目划分辨识单元。

（2）辨识危险源

辨识危险源即识别分析各种可能导致事故和伤害的不安全行为、不安全状态、不良环境和管理缺陷，分析其发生事故的条件。可以重点从人的行为、习惯、意识，物的状态，环境、管理等方面进行考虑。

（3）确定风险程度

考虑在现有控制措施情况下发生伤害的可能性、伤害可能导致的后果及其严重程度，并据此确定其风险程度。必要时，可利用风险评价方法将风险程度进行量化分析。

（4）制定风险控制措施

制定风险控制措施即编制计划以控制需要重视的风险，列出需要重点控制的危险源、高风险环境、高危险人群及脆弱群体清单，尤其是要针对不可承受的风险提出控制目标，并根据控制目标的要求制定相应的控制措施或管理方案。

要从本社区的实际情况出发，科学、系统、全面地识别本社区的设备、设施、场所的危险源，从而制定切实可行的控制方案或措施。

事故与伤害风险辨识与评价的主要目的是分析确定社区内存在的主要问题，需要优先解决的重点以及解决方案（事故与伤害风险辨识及其评价方法在此仅做简单介绍，具体见第四章）。

第五节　安全促进项目

通过社区诊断，确定需要重点控制的危险源，清楚社区人群伤害的趋势与分布特点，明确高危人群、高风险环境、脆弱群体。据此制定安全促进目标和计划，策划安全促进项目，采取风险控制措施和伤害干预措施，以降低社区整体风险，最大限度地减少和降低事故发生率，提高全员安全意识，控制伤害的发生。同时，要根据社区实际制定多层次的安全促进目标和计划。

安全促进项目是实现安全目标和安全计划的重要途径，也是建设安全社区的关键所在。安全社区的建设是以安全促进项目的形式推动的。WHO 提出了建设安全社区的 9 大项目，如图 5—3 所示。国家安全生产监管总局又补充了社会治安、消防安全、防灾减灾与环境安全 3 项。社区可以根据自身实际，选择最适合、最迫切的几项深入实施，以达到安全促进的目的。

一、　制定安全促进目标与计划

1. 制定安全促进目标与计划的步骤

（1）制定总体规划和目标

要以“平等保障每个人的安全健康权利”为目的，制定社区长期总体规划，提出社区安全建设在一定时间内要达到的降低事故与伤害、完善设施、改善环境等方面的总目标。

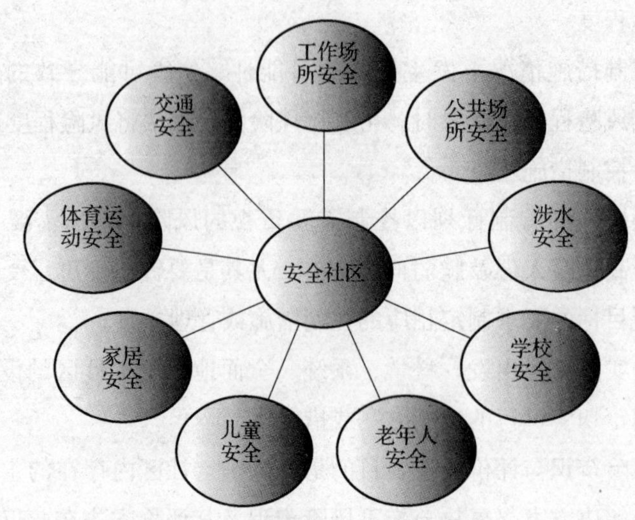

图 5—3　安全社区建设的 9 大项目

（2）制定具体规划

要制定更具有针对性和可操作性的具体规划，这些具体规划可以划分为 2 个维度：

一是时间维度上的短期规划，即将长期规划细化为若干阶段，以便于更好地分步实施，监督检查。

二是内容维度上的项目规划，即根据社区的实际需要和伤害监测结果，选择若干项目，并对项目的实施方法、步骤做出具体的规划。

（3）形成规划体系

要将制定的所有规划系统地整合为完整的规划体系，在整体规划的指导下整合资源、逐项推进。

2. 注意事项

在制定安全促进目标和计划的过程中，要注意以下 2 点：

（1）规划切忌空洞，要细化到具体的指标，以利于监督执行。例如，香港安全社区就规定了以下内容：

1）5 年内将社区内的意外伤害减少 30%。

2）3 年内成为 WHO 认可的安全社区。

3）2001 年，0～5 岁儿童家具意外伤害减少 33.7%。

（2）规划指标要切实可行，既要具有一定的挑战性，以形成激励，同时又要具有可行性，以避免目标过高导致急功近利、弄虚作假，以及高期望值带给公众的心理落差。

二、 安全促进项目特点

安全促进项目是建设安全社区的核心，完好的安全促进项目对减少事故和伤害的发生具有很积极的作用，这与安全促进项目自身的特点有着不可分割的联系。安全促进项目的特点有：

1. 特定的指向

包括高危人群、高风险环境、脆弱群体所反映的具体问题。

2. 跨界参与

需要采取跨界合作、分工协作的模式，多部门参与资源整合进行干预。

3. 长期、持续开展

项目的执行过程在时间上是连续的。虽然根据活动重点的变化对整个执行过程进行不同阶段的划分，但是为实现项目目标，各阶段之间应环环相扣，前后呼应。同时，项目应能长期坚持开展，例如：

（1）每季度对居家燃气设施进行一次检查。

（2）开办居民安全学校，每周一课。

（3）将安全课纳入学校教学计划，常年坚持。

4. 宽覆盖面

安全促进项目总要在一定范围内开展，这里的范围主要是指项目涉及的人群或场所。例如：

（1）急救技能培训，每年 3 000 人，每期 3 天，5 年覆盖社区 70%的人群。

（2）组织小学生到消防基地进行安全体验，每个年级每年 1 次。

5. 多种措施的集合体

事故与伤害发生的原因是多方面的，因此，应从多方面采取干预措施。安全促进项目的执行是一个复杂的过程，要采取多种措施与行动，要调动人、财、物、信息等多种资源。项目的执行过程就是将各种活动与要素加以整合，以期获得最优整体效应的过程。

三、 策划安全促进项目的思路

策划安全促进项目主要以社区诊断为基础，围绕社区存在的主要安全问题，依据安全促进目标和计划，拟定具体行动方案。拟定具体行动方案就是确定实施计划的具体方法、手段和措施。完成同一计划会有多种备选方案，选择具体的实施方案时要考虑方案的投入与产出的比例关系，争取以最小的资源投入获得最大的产出，提高计划的经济效益和社会效益。

在策划安全促进项目的过程中，由于每个社区的具体情况不同，因此所策划的安全促进项目各有不同。策划安全促进项目的内容主要包括要达到的目标、具体的计划、开展哪些项目、策划相应的措施 4 个方面。

同时，策划安全促进项目应考虑的因素如下：

1. 过去类似项目或目标人群显示有效的战略。

2. 什么战略覆盖的人群最大。

3. 社区自我参与和自助的能力（社区对解决问题的承诺和贡献）。

4. 耗费少，效益大，要结合区域的实际情况，如经济实力等，考虑安全促进项目措施的效益。

5. 可行性，即以实事求是的可行性分析研究和评价贯穿始终。

6. 有效性，即要注重有效性分析，把达到目的看成是否成功的最主要的目标。

7. 可维持性，就是安全促进项目的维持和扩大的能力，即项目在原点的维持和扩大到其他点的能力。

某社区 2005—2007 年发生煤气中毒事故 35 起，住院 47 人，造成 12 人死亡，15 人有后遗症。具体安全促进项目见表 5—1。

表 5—1　　安全促进项目策划和实施

组织普查发现的主要问题	要达到的目标	具体计划	策划项目	计划采取的相应措施（以项目 2 和项目 4 为例）
1. 煤气管道年久失修 2. 忘记关煤气 3. 软管老化或为劣质产品 4. 软管松动，私自改装不符合规范 5. 管卡松动或无管卡 6. 煤气灶超期服役，存在隐患 7. 无自动切断装置	1. 杜绝煤气中毒死亡事故 2. 居民普遍知晓如何安全使用煤气 3. 策划实施安全促进项目思路	1. 制定完善的煤气安全管理制度 2. 改造煤气设施，保障其安全性能 3. 加强安全使用煤气的宣传教育，提升居民的安全意识 4. 策划实施安全促进项目思路	项目 1：建立煤气协管员队伍，完善管理机制 项目 2：建立“帮万家”服务队 项目 3：煤气管线与设施改造 项目 4：开展煤气安全服务 项目 5：开展安全使用煤气宣传教育	项目 2：建立“帮万家”服务队措施 ①组织社区在职和退休的技术工人组成服务队，统一培训 ②提供一间办公室并对外公布电话，对社区所有居民家庭的煤气设施和使用情况进行登记 ③为社区居民提供免费服务、对队员进行适当补助等 项目 4：煤气安全服务措施 ①抽油烟机上贴温馨提示 ②大门口提示“您家的煤气阀门关了吗?” ③说服高危人群安装煤气泄露报警器 ④组织志愿者，请煤气公司指导志愿者每季度巡回检查隐患 ⑤推广使用安全炉具 ⑥介绍正规厂家的煤气软管等

四、 策划安全促进项目的方法

1. 依据社区诊断结果，根据实际需要策划新项目（具体参考本书第五章第五节第三部分）。

2. 原有项目的完善和延伸

安全社区建设并不是从零开始，各个社区都有一定的基础，都有不少优秀的安全促进项目。这一类项目在开展安全社区建设工作时，直接纳入并继续组织实施即可。但有些项目可能会有不足之处，因此需要在原来的基础上予以完善和延伸。

例：某商场有个应急管理项目

分析：该商场的安全管理工作非常到位，安全设施尤其是应急设施都是一流的。商场有一支非常专业的、准军事化管理的应急队伍。但是经了解，商场对商户的安全培训工作不够，他们不会正确使用消防设施，不知道如何引导顾客逃生，使得该项目有严重瑕疵。安全社区工作开展后，该商场将对商户的培训作为重点措施补充到该项目中，主要包括：

（1）对所有商户分期分批地进行脱产培训一天。

（2）针对商户所在位置制定个性化的应急疏散图。

（3）让每一个商户熟悉疏散通道并进行实地演练。

3. 依托其他安全社区建设项目，与本社区实际相结合

社区各部门，如民政、妇联、科协等，在自己的业务范围内开展了不同内容的项目，其中不乏出色的项目，可以将安全的元素融合进去，或者直接作为安全促进项目，如妇联的反家庭暴利项目。

五、 安全促进项目实施要点

项目实施的流程是建设安全社区的核心内容。开展安全促进项目的流程如下：

1. 分组明确，职责清晰

各类工作要分组明确，一个项目组具体可以分为领导组、执行组、评估组（参考），其中执行组可以根据具体开展的项目细分为宣传组、调查组、培训组、硬件改善组、监督组、反馈组（参考），同时，这3组的具体人员相应的工作内容、工作职责、工作制度等要清晰。

2. 对分组人员进行专业培训

对于组员的业务素质和能力要进行不同内容的阶段性培训，培训计划和科目也要根据项目的进度进行调整。

3. 经费和硬件设备保障

经费的保障是毋庸置疑的，硬件设备主要是项目实施人员的办公设备（如电脑、打

印机等）。项目实施过程中，需要配备给高危人群或高风险环境能够有效预防和降低伤害发生的设备（如运动伤害项目中铺设在地面上的能够有效降低运动器械伤害的防滑垫等）。

4. 按计划书完成项目工作，定期上报进度和完成情况

执行组要按照总体计划书分解工作计划（年度计划、半年计划、月计划、周计划等），定期上报工作进度和完成情况，以便对项目进度进行监督或对出现的问题进行及时整改（按照工作计划定期上报）。

第六节　社区应急管理

应急预案是针对可能发生的突发事件（自然灾害、事故灾难、公共卫生事件和社会安全事件）所需的应急准备和应急响应行动而制定的指导性文件。标准要求社区对突发事件进行辨识和后果预测，对应急人员进行必要的应急培训、演练和职责分配，指挥与协调应急行动，为应急活动提供人力、物资等保障，并有效地落实预防和应急响应措施。

一、 社区应急管理的必要性

目前，许多社区、乡村、企业应对突发公共事件的能力不强，一旦遇到突发公共事件，往往由于先期处置不及时、不到位而造成重大人员伤亡和经济损失。我国事故灾难、自然灾害、公共卫生和社会安全事件频繁发生并造成巨大损失，一个重要原因是社会成员安全意识薄弱，社区居民和公众自救、互救能力低，社区安全建设基础差，还没有形成以社区为中心的事故灾害预防和应急管理模式。

社区基层是预防、发现和处置突发公共事件的第一现场，社区居民是各类突发公共事件的直接受害者。总结以往的经验，得出突发事件发生的原因主要有：

1. 社区工作存在职能上的不完善

由于社区工作起步较晚、基础差，在社区功能设置上存在先天不足，没有给社区设定组织、指挥和应对突发事件的职能部门，因此发生突发事件后难以体现社区组织的功能和优势，无法有效地开展救治策略，社区居民应对突发事件往往势单力薄，孤立无援。

2. 社区对居民的凝聚作用发挥不够，居民之间也缺乏有效的交流和联系

由于社区工作内容单一，工作面窄，社区与居民群众联系较差，一些社区工作人员对社区内居民群众的居住情况、人员情况及人口健康状况不甚了解，居民群众对社区的信任程度较低，不利于把居民群众调动起来共同应对突发事件。同时，社区居民之间几乎没有联系，缺少沟通和信任，难以组织起来共同应对各种突发事件。

3. 居民群众对安全常识和应急知识了解不够

居民群众对家庭防火、防盗、防灾等知识以及安全、健康常识缺乏必要的了解，防范突发事件及在突发事件发生后的自救、互救逃生能力较差，往往会造成不必要的损失和伤害。

4. 没有相应的突发事件应急预案

部分社区没有应对突发事件的应急预案，一旦发生突发事件，往往匆忙上阵，被动应对，不能准确地做出判断和指挥，以致造成较大的人员和财产损失。

5. 社区应对突发事件的设施、器材严重不足

目前，一部分社区仍然没有消防设施及其他应对突发事件的设施设备，即使有，也年久失修，不能发挥应有的作用。这往往会小患引起大患，小灾变成大灾，造成不应有的人员和财产损失。

总体上看，我国社区工作起步较晚，基础差，与国外或发达地区相比差距很大，尤其是在应对突发事件上还存在一些薄弱环节和不足。加强社区的应急能力已成为当务之急。2006 年 1 月发布的《国家突发公共事件总体应急预案》提出，要加强以乡镇和社区为单位的公众应急能力建设，发挥其在应对突发公共事件中的重要作用。2006 年 6 月 15 日，《国务院关于全面加强应急管理工作的意见》（见附件九）强调，要以社区、乡村、学校、企业等基层单位为重点，全面加强应急管理工作。充分发挥基层组织在应急管理中的作用。增强第一时间预防和处置各类突发公共事件的能力。《中共中央关于构建社会主义和谐社会若干重大问题的决定》明确提出，要“建立健全分类管理，分级负责，条块结合，属地为主的应急管理体制”，“加强应急管理宣传教育，提高公众参与和自救能力，实现社会预警、社会动员、快速反应、应急处置的整体联动”。可见社区应急管理正逐步深入受到关注，走向正轨。

安全社区建设可以在公共安全、各类事故预防控制体系与事故应急救援体系建设中发挥基础作用，要把安全社区建设与事故灾难、自然灾害、社区治安、公共卫生等类突发公共事件监测预警体系和应急救援体系建设紧密结合在一起，制定事故伤害预防计划和应急预案，提高应急救援管理能力和服务水平，发挥社区应对突发事件的重要作用

二、应急管理的对象

应急管理主要是针对突发事件而制定的各种策略和计划。根据突发公共事件的发生过程、性质和机理，《国家突发公共事件总体应急预案》把突发公共事件分为以下 4 类：

1. 自然灾害

包括水旱灾害、气象灾害、地震灾害、地质灾害、海洋灾害、生物灾害、森林草原

火灾等。

2. 事故灾难

包括工矿商贸等企业的各类安全事故、交通运输事故、公共设施和设备事故、环境污染和生态破坏事件等。

3. 公共卫生事件

包括传染病疫情、群体性不明原因疾病、食品安全和职业危害、动物疫情，以及其他严重影响公众健康和生命安全的事件。

4. 社会安全事件

包括恐怖袭击事件、经济安全事件、涉外突发事件等。

应急管理应切实落实到地方政府和社区各职能部门，并尽量与职能部门日常监管责任一致。社区公共事件分为两级，即可管控的突发事件（常规型）和超出管控能力的突发事件（危机型）。突发事件的分类需在国务院提出的自然灾害、事故灾难、公共卫生事件、社会安全事件 4 大类的基础上，结合辖区的实际情况和历史资料进行细分。突发事件的发生具有突然性和偶然性，社区应该根据不同类型和级别制定相应的应急策略和计划。

三、 社区应急管理体系

社区应急管理体系应包括以下要素：

1. 社区应急预案

社区应急预案是针对可能发生的突发事件所需的事故预防、应急准备、应急响应、恢复全过程而制定的指导性文件。社区应急预案是社区应急管理体系的重要组成部分，针对不同的突发事件制定有效的应急预案不仅可以指导应急人员的日常培训和演练，保证各种应急资源处于良好的备战姿态，而且可以指导应急行动有序进行。

2. 应急组织体系

社区应急组织需要明确应急工作中各利益相关者之间的应急关系和应急职责。社区应急工作中涉及的利益相关者有地方政府、私人企业、企事业单位、专业部门、志愿者组织等。地方政府是基层应急管理的核心，其在应急工作中主要担任组织作用。社区的应急职责主要是面向群众做好宣传教育和社会动员工作，在地方政府和专业部门的指导下落实应急工作，提高社区和居民的安全意识和自救互救能力。企事业单位的应急职责是负责自身区域范围内的应急管理，做好与地方政府和社区的联络，与专业部门的对接。专业部门在基层应急组织体系中的职责是做好突发公共事件的应急响应和专业处置工作，并对基层社会单位提供专业指导服务。

应急职责的设置采取“谁主管、谁负责”的原则，强调在原有工作职责中增加相应应急职责，并将应急工作作为绩效考核的重要内容。

3. 应急信息系统

基于社区的特殊位置，社区应急的信息化管理必须适应社区自救、互救和对外衔接的要求，提供完整的系统突发信息和应对信息，其中主要有应急信息、社区脆弱群体分布与损失信息、恢复阶段的卫生防疫和心理危机干预信息等。因此，建立社区应急信息系统和应急信息平台是非常必要的。

4. 应急保障系统

社区应急保障除了人力保障、物力保障、财力保障之外，还需要法律保障。“人”方面，要求社区按照实际情况设置应急管理专职或兼职人员，加强志愿者队伍的建设和脆弱群体保护；“财”方面，依据实际情况制定应急资金提取办法；“物”方面，要求积累辖区公共安全基础数据、设置避难场所、完善图像信息等必要的信息化技术支撑系统等；“法”方面，体现在辖区内开展隐患排查、安全检查、社会动员等应急工作的相关标准和规范性文件。

5. 外部援助系统

社区应急管理工作涉及当地政府、专业部门、私人企业、志愿者组织等人员，因此，当社区由于自身地位等多方面原因而资源缺乏时，社会各方面必须给予一定的帮助。社区可以通过法律规定、签署应急协议等多种形式获得外部帮助。

四、 社区应急管理工作

社区是突发公共事件应急处置的第一线，是开展科普宣教工作的重点领域。做好社区的应急管理工作，关键是要准确把握应急管理进社区的切入点。实现基层应急管理工作的日常化和制度化，主要应做到以下几点：

1. 把安全社区建设纳入应急管理工作范畴并予以指导推动

安全社区的“伤害预防”创建理念与我国应急管理工作目标是高度一致的。应急管理是注重事故预防的风险管理与注重应急处置的危机管理的统一，安全社区建设是应急管理中风险管理的一项重要内容。因此，各地区、各有关部门应将这些“加强安全文化建设，强化全民安全意识”的安全社区建设活动纳入应急管理工作范畴，加强统筹与指导，强化应对突发公共事件的预案编制和落实工作，抓好典型，搞好试点，全面推进“应急管理进社区”工作。

2. 借鉴安全社区的成功做法，探索我国“应急管理进社区”的途径和方法

我国区域发展具有多样性，制定全国统一的量化考核标准体系具有一定局限性。安全社区创建过程中，通过强化过程动态评估和反馈调整，不断完善社区安全促进长效机制，形成了很好的激励制度和推广效果。这与以往注重硬件建设投入、伤害事故发生起数等量化指标的传统考核评比模式有所不同。各地可以借鉴创建安全社区的做法，探索我国应急管理进社区的方法和途径，鼓励各级地方政府因地制宜、务实创新地开展基层应急管理工作。

3. 建立资源整合、突破条块的“应急管理进社区”工作机制

创建安全社区的制度安排，突破了“条块分割、互不统属”的传统社区管理运行模式，有效地整合了职能部门、商业机构、学校、医院、社会团体等方面的资源，形成了高效的工作网络。这也充分体现了“预防为主、协同应对”的应急管理工作原则，有利于实现“条块结合、属地管理为主”的应急管理体制，有效地实现了应急管理工作的关口前移和重心下移。各地在开展“应急管理进社区”工作中，应进一步强化部门协调联动机制，着力构筑综合性应急工作网络，整合各方资源，全力推动应急管理工作。

4. “应急管理进社区”要做到“依靠群众、发动群众、惠及群众”

群众的热情支持和参与是安全社区创建工作取得成效的根本保证。应急管理与安全社区建设工作一样，是一项社会系统工程，只有广泛动员社会力量积极参与，协调各方形成合力，才能有效推动工作健康发展。目前，我国许多社区的管理正逐步由原来的行政管理向居民广泛参与的治理转变。“应急管理进社区”工作只有结合广大居民的实际需求，想群众之所想、急百姓之所急，建立起“政府引导、社会参与”的良性机制，才能开创基层应急管理工作的新局面。

第七节　监测与评估

要保证安全社区正常运转、持续改进，重要的是建立监控机制，及时总结经验，发现问题并予以纠正，形成自我调节、自我完善的监督检查机制，为安全社区建设的阶段评估和持续改进提供基础资料，使其具有实施、检查、纠错、验证、评审和提高的能力。

一、　监测原则

安全社区建设的顺利进行离不开监测，监测必须遵循以下原则：

1. 建立自我检查制度

各专项工作小组在实施各项计划、措施的过程中，应建立自我检查制度并认真实施，使工作中的问题能够被随时发现，随时解决。自我检查包括对实施方案的评审、对实施过程的监控、对实施效果的验证。

2. 加强信息交流并定期检查

加强各专项工作小组间的信息交流和职能协调，同时定期（如每年 1～2 次）进行联合检查。社区工作千头万绪，各专项工作小组工作内容既各有侧重又互有交叉，对于这种情况，可以成立联合检查组。检查组成员可由各专项工作小组人员组成，如企事业单位和有关机构代表、居民代表、安全专家等。参加联合检查的成员应具备相关的知识和能力，包括相关的法律、法规知识，相关的专业知识，较强的分析判断能力，客观公正的态度等。

还可以根据任务量的大小，把检查组分为若干小组，每个小组负责部分区域或单位，按照安全社区标准和相关指标进行检查，尤其是重点危险源控制情况、各项计划措施的落实情况、区域或单位的安全管理和安全运行状况、全员参与情况、群众满意度等。联合检查可以起到集中发现问题、集中解决问题的作用。

3. 解决不了的问题应及时上报

对于执行机构解决不了的问题，或需要上级机构协调解决的问题，应及时上报安全社区创建委员会。如果涉及安全社区组织机构、资源配备、目标调整等问题，则应通过评审会解决。在评审会上，各小组汇报工作进展情况，提出存在的困难和解决建议。安全社区创建委员会根据情况，评审建设计划的持续适宜性和充分性，做出必要的调整。一般来讲，评审会议可以在联合检查结束以后进行。评审的目的是高层决策，可以起到全面发现问题、全面解决问题的作用。

4. 接受监督

社区还应有行政监督、公共监督的制度，接受社会和媒体监督。必要时，还可运用科技手段，对重点区域进行安全检测，及时发现并解决问题。根据安全监测与监督，对于不符合的情况，应制定预防与纠正措施并予以实施。

二、 预防与纠正措施

对于检查过程中发现的问题，本部门能够立即解决的，应立即解决并做相关记录；本部门无法解决的，应按程序上报。对于检查发现的问题，应当以书面形式（如《隐患整改通知单》或《不合格通知单》）通知被检查方。被检查方接到通知后，应进行原因分析，制定整改方案，落实整改措施。

1. 预防与纠正措施的内容

（1）预防与纠正措施的管理目标

制定预防与纠正措施并予以实施，对预防与纠正措施的落实情况进行跟踪，目的是确保：

1）不符合项已经得到纠正。

2）已消除了产生不符合项的原因。

3）纠正措施的效果已达到计划要求。

4）所采取的预防措施能防止同类事故的发生。

（2）预防与纠正措施的管理流程

1）对各安全促进项目的落实情况进行定期检查，通过查阅检查记录分析、比对实施效果。

2）对事故与伤害数据进行汇总和分析。

3）通过开展隐患排查，查找和发现存在的问题，分析出原因，查明危险源，确定保护对象。

4）制定预防与纠正措施并实施。

5）在实施中验证措施的效果，不断完善预防与纠正措施，防止发生类似事故与伤害。

（3）预防与纠正措施的管理机制

1）各街道安监办与区安监局有安全监测情况热线，每天对社区事故与伤害情况、安全监察及整改情况进行上报，并建立了重点安全监控单位事故与伤害情况报告制度。

2）社区对交通、消防、治安等方面的事故与伤害情况采取定期和不定期报告制度。社区事故与伤害监测工作网络结点也直接向有关主管部门及其上级反映社区发生的事故与伤害情况。

3）区街道安全社区创建办公室定期收集、整理、汇总事故与伤害监测情况，并向安全社区领导机构和相关安全促进项目组反馈。

4）对于排查出的安全隐患，应及时进行整治；对不能及时进行整治的隐患，应由专人负责，直到整治完成为止。对整治后的安全隐患，应每月复查一次，巩固整治成果。安全隐患排查整治责任要落实到每一个部门、每一家企业、每一个人。

同时，采取纠正措施不能过于死板，应该通过某一个问题找出其他类似问题并及时纠正，举一反三。在制定及实施纠正措施前，应对其可能存在的风险及其程度进行充分的估计与评价，如果该措施所带来的新的风险是不可承受的，则应考虑调整、修改或制定新的纠正措施。

2. 预防与纠正措施的跟踪原则

要对被检查方整改措施的落实和有效性进行跟踪验证，这对于安全社区的正常运行和不断完善有重大意义。预防与纠正措施的跟踪应遵循以下原则：

（1）被检查方在规定时间内提出并落实纠正措施。

（2）检查组对其进行跟踪验证，直到认为纠正措施已落实并且有效。

（3）根据不合格项的性质和程度，可采取不同的纠正措施和跟踪验证方式，如现场验证、实施记录的跟踪和实施方案的跟踪。

（4）纠正措施的完成期限应根据不合格项的严重程度和纠正措施完成的难易程度来确定。能够在检查期间立即完成纠正措施的，检查组应及时进行验证跟踪。

三、评估的原因

在安全促进项目实施后，管理单位需要对安全促进项目的执行情况及绩效进行检查和评估。进行绩效评估的原因如下：

1. 安全促进项目的实施是动态的过程

风险是不断变化的，新的风险随时可能产生，而原有的风险可能渐渐消失或降低，这时原来制定的安全促进项目就会发生偏差，不适用于社区现在的需要。因此，需要定期进行安全促进项目绩效评估，这样可以及时发现新的风险，以调整社区的安全促进项目。

2. 安全促进项目的正误需要通过检查和评估来确定

通过安全促进项目绩效的检查和评估，可以及时发现现阶段安全社区中存在的问题并加以纠正，这也是绩效评估的重要环节和手段。

3. 评估指标可能会不适应绩效评估的需要

评估指标是根据以往的经验制定的，评估指标为绩效评估提供了重要的参考。但是，这些指标也可能不满足新风险、新状况、新发展的要求，需要结合安全社区的实践不断地修改绩效评估标准。

四、评估指标、方法和过程

1. 评估指标

评估指标应尽可能量化、充分反映安全促进项目的绩效，使评估结果能进行横向和纵向的比较。

安全社区创建委员会还应根据数据（包括事故起数、伤亡程度、直接经济损失、伤亡率、受伤部位、事故原因、疾病情况、各类数据的历年比较与变化，不同年龄段、不同职业、不同学历、不同性别的差异等）统计分析的结果，组织对安全促进项目及实施效果的评估，进而对安全社区整体目标进行评审。通过评估与评审，既能看到工作的成效，也能看到工作的差距。通过各类数据的对照分析，对确定下一步工作的重点、目标与指标有着重要的意义，是实现持续改进的重要途径。

2. 评估方法

通常，安全促进项目的评估方法可以分为 4 类：形成评估、过程评估、效果评估和结局评估，具体见表 5—2。

表 5—2　评估方法分类

类型	实施阶段	目的
形成评估	安全促进项目实施前或实施过程的前期	评估现行计划目标是否明确、合理，指标是否恰当
过程评估	安全促进项目实施过程的中期	在计划实施过程中，监测各项工作的进展情况，了解并保证各项活动能够按计划的程序发展
效果评估	安全促进项目实施过程的中后期	对于预项目所产生的实际效果进行评估
结局评估	安全促进项目实施过程的后期	评估伤害预防与控制项目的最终目的是否实现

3. 评估过程

无论是形成评估、过程评估、效果评估还是结局评估，评估过程都需要完成以下 8 个步骤：

（1）确定评估目标

评估人员需要明确评估目标，没有适当的、明确的评估目标，评估就无法开展。

（2）明确需要收集的数据

确定要收集什么样的数据，也就是要明确用什么来度量目标。

（3）确定评估方法

需要有一个评估研究设计，这样的评估是有效可靠的。

（4）明确评估工具

设计评估工具，并进行试验。评估工具可以是一本简单的记录册，也可以是复杂的调查和访谈。

（5）数据收集

数据收集就是到项目现场收集相关数据的过程。

（6）数据处理

数据处理是将收集的数据整理归类，无论是定性还是定量的资料数据，通常要输入电脑储存，为下一步的分析做好准备。

（7）数据分析

根据评估的目的要求，运用统计学的技术分析获取的数据，判断是否项目前后存在差异，并进行显著性检验。

（8）撰写报告

撰写报告就是把评估结果编辑成文的过程。大多数安全促进项目都有成功的一面，也有失败的一面，很少有评估结果显示安全促进项目完全成功或失败。无论是成功还是失败，只要对结果进行恰当的分析，就能够从中吸取经验教训，而这些经验教训可以为完善正在进行的安全促进项目或计划新的安全促进项目提供非常有价值的参考。

第八节 持续改进与提出申请

一、 持续改进思想

安全社区的建设并不是通过 WHO 的评审就结束，而是遵循持续改进的理念，通过不断开展新的安全促进计划和伤害预防项目，周而复始地开展社区安全情况调查、危险源辨识、风险控制等措施，达到闭环持续改进的目的。持续改进思想运用 PDCA 循环法来指导安全社区创建工作的整体运作过程，以提高安全社区建设的工作效率。

PDCA 循环的概念最早是由美国质量管理专家戴明提出来的，所以又称为“戴明环”。PDCA 四个英文字母及其在 PDCA 循环中所代表的含义如下：

P（Plan）——计划，即确定方针和目标，确定活动计划；

D（Do）——执行，即实地去做，实现计划中的内容；

C（Check）——检查，即总结执行计划的结果，注意效果，找出问题；

A（Action）——改进，即对总结检查的结果进行处理。

对成功的经验加以肯定并适当推广、标准化；对失败的教训加以总结，以免重现；对未解决的问题放到下一个 PDCA 循环。

以上 4 个过程不是运行一次就结束，而是周而复始地进行，一个循环完了，解决一些问题，未解决的问题进入下一个循环，这样阶梯式上升，如图 5—4 所示。PCDA 循环实际上是有效进行任何一项工作的合乎逻辑的工作程序。

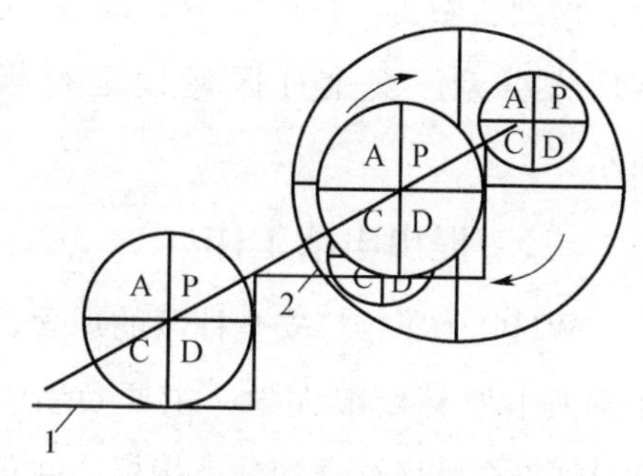

图 5—4 PDCA 循环上升示意图

1—原有水平 2—新的水平

应根据情况的变化，如法律法规及相关标准的要求、危险源的变化、技术发展情况、社区建设目标与指标的要求、居民的希望与建议等，及时制订新的计划、实施方案并予以实施，以实现持续改进。

为了持续提高社区安全水平，社区应根据自身的经济状况、客观环境条件的变化，不断识别新的风险，不断完善风险的控制措施。社区还应加强与国内外安全社区的联系，积极参与安全社区网络的有关活动，促进安全信息的内部交流和外部交流，积极引进、消化、吸收先进技术和先进管理模式。

持续改进计划包括：

1. 加大宣传与普及力度，扩大受益人群，将周边高危人群和高危环境等高危因素列入干预目标。

2. 加大对实施小组人员的培训力度，更科学、更有效地掌握项目实施的技巧和方法。

3. 加大跨界组织资源共享，充分吸纳本地区及周边的组织和有效资源来为当地居民服务，为安全社区伤害预防项目的有效推广提供更大的支持。

4. 按照计划加大资金的投入。

5. 按照计划加大硬软件的投入，尤其是要加强队伍建设，吸纳更多安全社区相关专业人员，充实项目管理队伍。

通过持续改进计划，社区所要达到的目标是：进一步降低伤害死亡率，进一步减少事故发生率，进一步提升管理水平，进一步改善环境、降低环境风险因素，进一步提高人群对伤害的预防知晓率及自救互救能力，进一步提高社区内广大群众的参与率。

总之，安全促进项目是安全社区工作的主要内容，项目实施的流程也是检验安全促进项目开展成功与否的重要标尺。因此，项目的流程是否科学合理、项目是否有效持续地运行至关重要，这就需要持续、创新、发展地推进安全促进项目，把工作做深、做细、做实，并持续不断改进，最终惠及本社区广大群众。安全社区建设运行模式如图 5—5 所示。

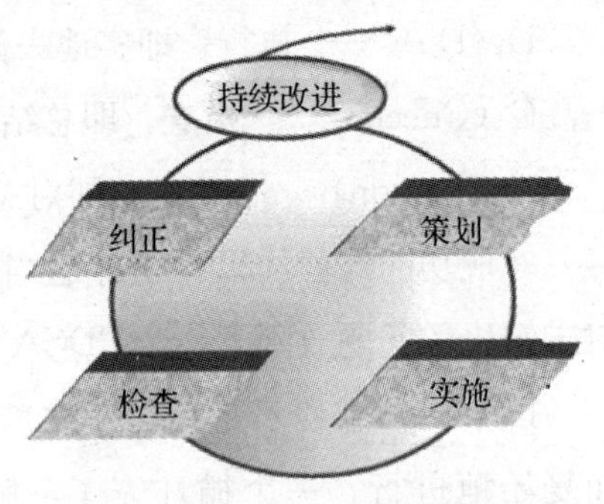

图 5—5　安全社区建设运行模式

二、　提出申请工作

WHO 为了推广安全社区的理念，专门成立了“社区安全促进合作中心”，该中心设于瑞典卡罗林斯卡大学，主要负责在全球宣传、推广安全社区计划。该中心制定了 WHO 安全社区标准和分类指标，并负责评估申请成为安全社区的申报材料及对申请方进行实地考察和验证，中心负责人温思朗教授带领中心全体人员，致力于全球安全社区的推广工作。中国职业安全健康协会（COSHA）受国家安全生产监督管理局委托，负责在国内推广 WHO 的安全社区理念。2006 年，国家安全生产监督管理总局颁布了《安全社区建设标准》和《安全社区评定办法》，在全国进一步推动安全社区建设，凡持续开展安全社区建设活动 2 年以上者，均可申请“中国安全社区”的评定，并在此评定的基础上推荐申请“国际安全社区”。近年来，中国职业安全健康协会做了大量的工作，促进了中国安全社区的发展。

第六章　安全社区建设方法

安全社区建设是一个长期、持续发展、持续改进的过程。要保证安全社区建设工作能够长期持续且有效，必须有正确的方法。

第一节　事故与伤害风险辨识及其评价

事故和伤害的概念见第四章第一节第二部分。

一、 事故和伤害的分类

事故和伤害是由一系列事件引起的，种类多种多样，因此划分的依据不同，类别也各有不同。下面从 5 个方面对事故和伤害进行划分。

1. 我国职业伤害事故统计局按国家标准 GB 6441—86《企业职工伤亡事故分类》将伤害事故划分为 20 种，具体见表 6—1。

表 6—1　　20 种伤害事故类型

类别	备　注
物体打击	失控物体的惯性力造成的人身伤害事故
车辆伤害	机械车辆引起的机械伤害事故
机械伤害	机械设备与工具引起的绞、辗、碰、割、切等伤害
起重伤害	从事起重作业时引起的机械伤害事故
触电	电流流经人体，造成生理伤害的事故
淹溺	因大量水经口、鼻进入肺内，造成呼吸道阻塞，发生急性缺氧而窒息死亡的事故
灼烫	强酸、强碱溅到身体引起的灼伤，因火焰引起的灼伤，高温物体引起的灼伤，放射线引起的皮肤损伤等事故
火灾	造成人身伤亡的火灾事故
高处坠落	由于重力势能差引起的伤害事故
坍塌	建筑物、构筑物或堆置物倒塌以及土石塌方引起的事故
冒顶片帮	矿井顶板塌落造成的事故，或由于矿井工作面、巷道侧壁支持不当或压力过高而坍塌造成的事故

续表

类别	备　注
透水	矿山、地下开采或其他坑道作业时，意外水源带来的伤亡事故
放炮	施工时，放炮作业造成的伤亡事故
瓦斯爆炸	瓦斯、煤尘与空气混合形成的混合物的浓度达到爆炸极限时，因接触火源而引起的爆炸事故
火药爆炸	火药或炸药在生产、运输、储藏的过程中发生的爆炸事故
锅炉爆炸	锅炉发生的物理性爆炸事故
容器爆炸	压力容器爆破引起的气体爆炸
其他爆炸	凡不属于以上 4 种爆炸事故的，均列为其他爆炸事故
中毒和窒息	人体接触有毒物质（如误食有毒食物、呼吸有毒气体）引起的人体急性中毒事故；在废弃的坑道、竖井等不通风的地方工作，因氧气缺乏而突然晕倒甚至死亡的窒息事故
其他伤害	凡不属于上述范畴的伤亡事故均称为其他伤害，如扭伤、跌倒、冻伤等

在伤害类别划分时，须考虑导致伤害的起因物和致害物。当多原因共存时，应以先发的、诱导性原因作为分类依据，并在分类时突出伤害的专业特征，以保证伤害类别划分的统一性和正确性。按上述标准进行伤害类别划分时，也考虑到了伤害往往由多因素导致的现象。

2. 根据不同目的来分类，伤害总体上可分为故意伤害和非故意伤害。具体分类情况介绍如下：

（1）故意伤害，指有目的、有计划地自害或加害于他人所造成的伤害。近年来，将这一类伤害统称为暴力。故意伤害主要包括：自杀或自害、他杀或加害、虐待、疏忽、斗殴、行凶、遗弃、与酒精和毒品消耗相关的伤害、暴力的性加害、战争。

（2）非故意伤害，指无目的（无意）造成的伤害，主要包括交通伤害、中毒、坠落/跌倒、医疗事故、失火和烧伤/烫伤、溺水和窒息、运动与休闲伤害、产品（消费品）伤害、职业伤害、碰伤、刺伤、咬伤等。

3. 根据人员受伤的严重程度和伤害后的恢复情况，可将伤害分为以下 4 类：

（1）暂时性失能伤害：受害者或中毒者暂时不能从事原岗位工作，经过一段时间治疗或休息，可以恢复工作能力的伤害。

（2）永久性部分失能伤害：导致受伤害者或中毒者肢体或某些器官的功能发生不可逆的丧失的伤害。

（3）永久性全失能伤害：指除死亡外，一次事故中，使受伤害者或中毒者完全残废的伤害。

(4) 死亡。

4. 按受伤场所分类，包括家庭和工作场所伤害、劳动场所伤害、公共场所伤害、旅游伤害、道路伤害5类。

5. 按人群分类，包括青少年或幼儿伤害、老人伤害、妇女伤害、残疾人士伤害、职业人群伤害5类。

二、危险源的分类

危险源是指可能造成死亡、伤害、疾病、财产损失、工作环境破坏的根源或状态。识别危险源的存在、确定其危害类别及可能造成事故的类型的过程，称为危险源辨识。危险源辨识的主要目的是分析确定社区内存在的主要问题，需要优先解决的问题以及解决方案，是实现安全健康绩效持续改进的关键所在，是安全社区运行的动力，应贯穿于安全社区建设的始终。根据危险源的特征或在事故发生和发展过程中的作用，危险源大致可以分为2类：

1. 第一类危险源

根据能量意外释放理论，能量或危险物质的意外释放是伤亡事故发生的物理本质。因此，把生产过程中存在的、可能发生意外释放的能量（能源或能量载体）或危险物质称作第一类危险源。

第一类危险源产生的根源是能量与危险物质，是最根本的危险源。当系统具有的能量越大，存在的危险物质数量越多，系统的潜在危险性就越大。

社区中的危险源是客观存在的，这是因为在居民日常生活中需要相应的能量和物质。社区中所有能产生、供给能量的物质在一定条件下都有可能释放能量而造成危险，居民日常生活接触到的危险物质在一定条件下能损伤人体的生理机能和正常代谢功能，这些都是危险源。为了防止第一类危险源导致事故，必须采取措施约束、限制能量或危险物质的释放，控制危险源。

2. 第二类危险源

正常情况下，社区中的能量或危险物质受到约束或限制；不会产生危险，即安全。但是，一旦这些约束或限制受到破坏或失效（故障），则可能引起事故和伤害。导致这些约束或限制破坏或失效的各种因素被称为第二类危险源。

第二类危险源主要包括人的不安全行为、物的不安全状态、不良环境因素和管理缺陷。

(1) 人的不安全行为

人的不安全行为通常是指人的行为偏离了标准要求，违反了安全规则，使能量或危险物质的约束或限制受到破坏或失效，从而使事故有机会发生。用湿手触碰电器开关、社区内公共设施使用不当、拆除安全防护装置、使用不安全设备、忽视警告标志、酒后驾车等，都是人的不安全行为。

(2) 物的不安全状态

物的不安全状态通常指居民日常生活中所接触到的电器、装置、家庭常用工具、物质、材料等在运行或使用过程中由于性能（含安全性能）低下而不能实现预定的功能（包括安全功能）时产生的现象。从安全功能的角度看，物的不安全状态也是物的故障。物的故障可能由设计、制造缺陷造成，也可能由维修、使用不当或磨损、老化等造成。输气管质量低劣、家用电器超负荷运转、漏电保护失效等，都是物的不安全状态。

(3) 不良环境因素

社区生产、生活环境的温度、湿度、噪声、照明、道路、通风等方面存在的问题，都可能导致事故和伤害的发生。环境因素包括以下几个方面：

1）物理因素，如噪声、振动、温度、湿度、照明、风、雨、雪、视野、通风换气、色彩等。

2）化学因素，如爆炸性物质、腐蚀性物质、可燃液体、有毒化学品、氧化物、危险气体等。这些物质以液体、粉尘、气体、蒸汽、烟雾、烟等形态存在，可通过呼吸道吸入、皮肤吸收、误食等途径进入人体。

3）生物因素，如细菌、真菌、病毒、昆虫、植物、原生虫等，感染途径有食物、空气、唾液等。

(4) 管理缺陷

管理缺陷包括以下几个方面：

1）对物的管理缺陷，有时称技术上的缺陷，包括技术、设计、结构上的缺陷，社区公共场地、公用设施安排设置不合理的缺陷，防护用品缺少或存在质量问题等。

2）对人的管理缺陷，包括教育、培训不足，对社区内工作和人员的安排等方面的缺陷。

3）对管理工作的缺陷，包括安全监控、检查、事故防范措施等的管理缺陷，对社区内安全设施管理的缺陷等。

一起事故的发生往往是这 2 类危险源共同作用的结果。第一类危险源的存在是事故发生的基础，决定事故的严重程度；第二类危险源是第一类危险源造成事故的必要条件，决定事故发生的可能性。

三、 风险辨识及其评价方法

事故与伤害风险辨识及其评价方法是分析危险因素的工具，应按简便、易懂、有效的原则选取。鉴于社区的实际情况，一般应采取下列直观的方法：

1. 安全检查表法

安全检查表（Safety Check List，SCL）是进行安全检查，发现潜在危险，督促各项安全法规、制度、标准实施的一个较为有效的工具，是安全系统工程中最基本、最广泛使用的一种定性分析方法。

（1）安全检查表法的定义

安全检查表实际上是实施安全检查和诊断的清单和备忘录。针对各子系统中需查明的不安全因素，根据有关安全规范、标准、制度及其他系统分析法的分析结果，把需要检查的项目和要点以提问的形式按系统顺序编制而成的表格称为安全检查表。灭火器安全检查表见表6—2。

表6—2　　灭火器安全检查表

序号	安全检查项目	是或否	备注
1	是否有足够数量的灭火器		
2	居民是否熟悉灭火器的使用方法		
3	每个灭火器上是否有有效的检查标志		
4	灭火器摆放位置是否正确		
5	灭火器周围是否有障碍物		

在检查中，应依据安全检查表中的项目，逐一检查，避免遗漏。

（2）安全检查表法的特点

安全检查表具有以下5个特点：

1）安全检查表比较系统、完整，能包括控制事故发生的各种因素，可避免检查过程中的走过场和盲目性，从而提高危险源辨识的质量和效果。

2）安全检查表是根据有关法规、安全标准制定的，因此检查目的明确，内容具体，易于实现安全需求。

3）对所拟定的安全项目进行逐项检查的过程，也是对危险源辨识、评价和制定控制措施的过程，既能准确地查出隐患，又能得出确切结论，从而保障相关法律的落实。

4）安全检查表是通过问答的方式进行检查的过程，使用起来简单易行，易于安全管理人员和广大群众的接受和掌握，可以起到安全教育的作用。

5）安全检查表和有关责任人紧密相关，所以易于推行安全责任制，检查后可以做到事故清、责任明、整改措施落实快。

（3）安全检查表的种类

安全检查的目的和对象不同，检查的侧重点也不同，因此也就需要编制多种类型的安全检查表。安全检查表根据检查周期，可分为定期安全检查表和不定期安全检查表；

根据检查的用途，可分为公共设施安全检查表、楼宇安全检查表、居家安全检查表等。

（4）安全检查表的编制及应用

安全检查表可由社区职能部门、各专业安全促进小组、工程技术人员、群众共同编写，并经实践检验，不断修改，使之日趋完善。

编制安全检查表，一般以现有的安全规程、规范、规定、标准、以往的经验、事故案例为依据。

同时，编制安全检查表应注意以下问题：

1）在安全检查表中，应列举需要查明的导致事故的所有不安全因素。

2）各种安全检查表的项目应各有侧重，抓住要害，分清各自的职责。

3）安全检查表的项目要随着情况的变化不断进行修改，不能一劳永逸，应根据周围环境条件的变化、相关标准的变化等进行实时修改。

安全检查表可用于安全社区建设的各个阶段，适用范围很广。但是，应用安全检查表时仍需要注意以下几点：

1）各类安全检查表都有适用的范围，应根据社区实际需要选取或制定安全检查表。

2）应用安全检查表时，应落实安全检查人员或部门，以便实行安全责任制。

3）将安全检查表列入有关管理制度，或制定安全检查表的实施办法。

4）应注意信息的反馈和处理，对查出的问题，凡是检查者能处理解决的，应立即解决，严格做到“事故处理四不放过”。

2. 专家经验法

专家经验法，即头脑风暴法（Brain Storming）。这一方法最初只用于广告的创意设计，但后来很快在技术革新、管理创新和社会问题的处理、预测和规划及风险评价领域得到了广泛的应用。该方法是专家或有经验的工作人员，根据经验和判断能力，直观地评价，评价对象可能存在的危险源。对于一个设施、活动或场所，其危险源辨识可从可能存在的危险源，该危险源可能导致的事故和伤害的方式、途径、范围及严重程度，现有措施的有效性等方面综合判断。经验法是事故与伤害风险辨识中常用的方法，其优点是简便、易行。以下是几种典型的头脑风暴法。

（1）德尔斐法

传统的头脑风暴法有一些缺点，如易受权威的影响、不利于充分发表意见、易受表达能力和心理因素的影响、容易随大流等。为发扬优点、克服缺点，美国兰德公司做出了改进，德尔斐法把专家会议改为专家函询。通过函询收集专家意见，加以综合、整理后匿名反馈给各位专家，再次征询意见。这样反复经过 3～5 轮，逐步使专家意见趋向一致，作为最后的预测意见。

（2）名义群体法

名义群体法在决策制定过程中限制讨论，像参加传统会议那样，群体成员必须出席，但他们必须独立思考问题。名义群体法遵循以下步骤：

1）成员集合成一个群体，在进行任何讨论之前，每个成员独立写下对问题的看法。

2）每个成员将自己的想法提交给群体，然后一个接一个地向大家说明自己的想法，在所有的想法都记录下来之前不进行讨论。

3）开始讨论，并做出评价。

4）各成员对所有观点进行投票，最后将票数最多的观点定为决策。

名义群体法的优点是：允许群体成员正式地聚在一起，又不像互动群体那样限制个体的思维，适合于需要较复杂的独立思维的情境。

（3）电子头脑风暴法（Electronic Brain Storming，EBS）

随着计算机技术的飞速发展，近年来出现了以计算机系统的一些特殊工具来支持头脑风暴技术的“电子头脑风暴法”。电子头脑风暴法是头脑风暴法中新采用的一项技术，它通过网络连接的计算机，把群体成员产生的观点从一个成员的计算机上输入并显示在群体其他成员的显示屏上。观点的输入是匿名的，并且可以同时进行，成员通过观看电脑显示屏知晓他人的观点。电子头脑风暴法的群体比口头头脑风暴法产生的观点更多。

实际工作中，一般在现场实地调查的基础上，在收集全部资料后，召开专家课题组会议，使用电子头脑风暴法进行讨论、分析、评价。

3. 风险矩阵法

风险矩阵方法先确定危险源发生事故的可能性和事故的严重性，再列出矩阵，然后根据预定标准评定风险等级，最后实施计划管理以降低风险。

（1）事故的严重性等级的确定

事故的严重性是对事故严重程度的度量，一般根据被评价单元的实际情况来确定。事故的严重性一般分为 4 级，具体见表 6—3。

表 6—3　　事故的严重性等级

严重性等级	等级说明	事故后果说明
Ⅰ	灾难性的	人员死亡或系统报废
Ⅱ	严重的	人员重伤或局部系统严重损坏
Ⅲ	轻微的	人员受伤
Ⅳ	极轻微的	人员伤害程度较轻

（2）事故发生的可能性等级的确定

事故发生的可能性可以用语言定性地说明，表 6—4 为事故发生的可能性等级的划分和说明。

表 6—4　事故发生的可能性等级

可能性等级	等级说明	单个项目具体发生情况
A	肯定发生	平均每年至少发生一次
B	很可能发生	一年至三年出现一次
C	可能发生	有可能发生
D	不太可能发生	极不易发生，意外时可能发生
E	不可能发生	一致认为不会发生

（3）风险矩阵对照表的确定

综合表 6—3 和表 6—4，确定风险矩阵对照表，见表 6—5。

表 6—5　风险评价指数矩阵

	Ⅰ（灾难性）	Ⅱ（严重的）	Ⅲ（轻微的）	Ⅳ（极轻微的）
A（肯定发生）	1	2	7	13
B（很可能发生）	2	5	9	16
C（可能发生）	4	6	11	18
D（不太可能发生）	8	10	14	19
E（不可能发生）	12	15	17	20

表 6—5 中，矩阵中的元素为加权指数，也称为风险评价指数。风险评价指数是综合危险事件的可能性和严重性确定的。通常将最高风险指数定为 1，对应的是肯定发生并有灾难性后果的事件；最低风险指数定为 20，对应的是几乎不可能发生且是轻微后果的事件。可见数字越小，说明事故发生的可能性和后果的严重程度的综合量度越高，即风险越大，对正常的生产、生活越不利。数字等级的划分要便于区别各种风险的档次，划分得过细或过粗都不便于风险评价，因此需要根据具体对象划定。

（4）加权指数等级的确定

按人们对风险的接受程度，可以将矩阵加权指数的大小划分为 4 个等级：

1）Ⅰ级：指数为 1～5，即不可接受的危险，是不能承受的。

2）Ⅱ级：指数为 6～9，即不希望有的危险，需由用户决策是否可以承受。

3）Ⅲ级：指数为 10～17，即有控制地接受的危险，经用户评审后方可接受。

4）Ⅳ级：指数为 18～20，即不需评审即可接受的危险。

风险评价指数通常是主观制定的，这是该评价方法的一大缺点。但是，无论是事故的严重性，还是事故发生的可能性，严格的定量都是很困难的。因此，在进行事故与伤害风险辨识及其评价时，应根据实际情况酌情使用此方法。

4. 作业条件危险性评价法（LEC）

作业条件危险性评价法是一种评价人们在具有潜在危险性环境下的危险性半定量的评价方法。

影响危险性的因素主要有：

1）事故或危险事件发生的可能性。

2）暴露于危险环境的频率。

3）事故一旦发生，可能产生的后果的严重程度。

用公式表示为：

$$D=L\cdot E\cdot C$$

式中 L——事故或危险事件发生的可能性；

E——暴露于危险环境的频率；

C——事故一旦发生，可能产生的后果的严重程度；

D——危险性分值。

根据实际经验，给出3个自变量在不同情况下的分数值，根据D值的大小确定人们在具有潜在危险性的环境下的危险程度。D越大，则越危险；反之，则越安全。

（1）事故或危险事件发生的可能性分数值等级的确定

当用概率来表示事故发生的可能性大小时，绝对不可能的事件发生的概率为0，例如：1+1=3；而必然事件发生的概率为1，例如：1+1=2。然而，事故绝对不发生是不可能的，所以人为地将“发生事故可能性极小”的分数值定为0.1，而必然要发生的事件的分数值定为10，介于这2种情况之间的情况指定了若干个中间值，具体见表6—6。

表6—6　　事故或危险事件发生的可能性（L）

分数值	事故发生的可能性	分数值	事故发生的可能性
10	完全可能	0.5	很不可能，可以设想
6	相当可能	0.2	极不可能
3	可能，但不经常	0.1	实际不可能
1	可能性小，完全意外		

（2）暴露于危险环境的频率分数值等级的确定

人员出现在危险环境中的时间越多，则风险越大。规定连续暴露在危险环境的情况定为10，而非常罕见地出现在危险环境中定为0.5。同样，将介于两者之间的各种情况规定若干个中间值，见表6—7。

（3）事故后果分数值等级的确定

事故造成的人身、财产伤害范围变化很大，对伤亡事故来说，可从极小的轻伤直到多人死亡的严重结果，所以规定事故产生后果的严重程度的分数值为介于1～100的数值。规定需要救护的轻微伤害可能性分数为1，造成众多人死亡的可能性分数为100，其他情况的数值均在1与100之间，见表6—8。

表6—7　暴露于危险环境的频率（E）

分数值	暴露与危险环境的频繁程度
10	连续暴露
6	每天工作时间暴露
3	每周一次暴露
2	每月一次暴露
1	每年几次暴露
0.5	非常罕见地暴露

表6—8　发生事故产生后果（C）

分数值	发生事故产生后果
100	许多人死亡
40	数人死亡
15	一人死亡
7	严重，重伤
3	重大，致残
1	引人注目，需要救护

（4）危险性分数值等级的确定

根据公式，结合具体情况，就可以计算出人们在具有潜在危险性环境下的危险程度，表6—9列出了不同D值所对应的危险程度。

表6—9　危险程度划分（D）

D值	危险程度	备注
>320	极其危险	不能继续工作
160～320	高度危险	要立即整改
70～160	显著危险	需要整改
20～70	一般危险	需要注意
<20	稍有危险	可以接受

四、风险辨识及其评价步骤

危险源是引起事故和伤害的根本原因，所以，安全社区创建之初，要从本社区的实际情况出发，科学、系统、全面地辨识出本社区的设备、设施、场所的危险源，确定社区内的高危险人群、高风险环境以及脆弱群体，从而制定切实可行的控制方案和措施。

危险源辨识、风险评价和风险控制策划来源于风险管理的思想。风险管理是通过危险源辨识、风险评价及在此基础上优化组合的各种风险管理措施，以最少的成本获得最大的安全健康保障，是伤害预防的重要途径。其中，危险源辨识的主要目的是分析确定社区内存在的主要问题，需要优先解决的重点问题以及解决方案，是实现安全健康绩效持续改进的关键所在，是安全社区运行的动力。应当注意的是，危险源辨识与评价不仅在安全社区创建之初进行，在安全促进项目进行过程之中，或当法律法规发生变化、社区设施发生变化、人群结构发生变化等情况下，都要及时对危险源的变化情况及时跟踪，实施动态管理。

危险源辨识、风险评价和风险控制策划步骤如图6—1所示。

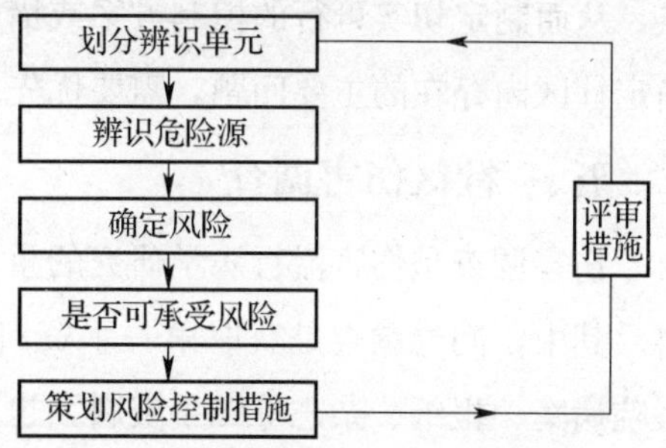

图6—1 危险源辨识、风险评价和风险控制策划步骤图

1. 划分辨识单元

根据实际情况，将辨识对象划分为若干单元，辨识单元要包括所有人员、所有活动和所有的设施，做到横向到边，纵向到底，不留死角。划分辨识单元时可以选取下列方法：

(1) 按项目划分，如交通、消防、家居、涉水、社会治安等。

(2) 按区域划分，如企事业单位、居民区、公共场所等。

(3) 按人群划分，如老年人、儿童、残疾人、外来务工人员等。

(4) 按危险源类别划分，如噪声、触电、淹溺、爆炸、中毒等。

还可以将单元进一步细分，如交通又可划分为道路、交通设施、行人、驾乘人员、交通工具、交通管理、交通标志标识等。由于安全社区创建执行机构一般按项目组建，建议按项目划分辨识单元。划分辨识单元时要特别注意重点人群、重点部位和重点区域。

2. 辨识危险源

识别分析各种可能导致事故和伤害的不安全行为、不安全状态、不良环境和管理缺陷，分析其发生事故的条件。可以重点从人的行为、习惯、意识，物的状态，环境和管理等方面进行考虑。

3. 确定风险

考虑在现有控制措施情况下发生伤害的可能性、伤害可能导致的后果及其严重程度，据此确定其风险程度。必要时，可利用风险评价方法对风险程度进行量化分析。

4. 确定风险是否在可承受的范围内

安全是相对的，人们对风险也有一个承受度。如果超出这个度，就需要采取相应的措施，使风险降至可承受的范围内。

5. 策划风险控制措施

找出需要重点控制的危险源、高风险环境、高危险人群以及脆弱群体清单，编制计划以控制需要重视的风险，尤其是不可承受的风险。要提出控制目标，并根据控制目标的要求，制定相应的控制措施或管理方案。

6. 评审措施

评价风险控制措施是否存在新的危险源以及其风险是否在可承受的范围内。要从本社区的实际情况出发，科学、系统、全面地识别出本社区的设备、设施、场所的危险源点，从而制定切实可行的控制方案或措施。事故与伤害风险辨识评价的主要目的是分析确定社区内存在的主要问题，需要优先解决的重点以及解决方案。

五、 社区伤害调查

伤害调查是伤害流行病学研究的重要方法之一，通过调查研究可以获得第一手的资料。其中，问卷调查是获取第一手资料的常用方法。同时，通过收集和分析统计报表、医院病案、报纸、杂志等二手资料，也可以获得大量的信息。

进行社区伤害调查前，要制订伤害调查计划，明确调查目的、调查对象、调查区域、调查时间、调查地点、调查内容，选择调查方法，确定调查的样本量及抽样方法，选择和培训调查员。

1. 调查对象

应根据调查目的确定调查对象。如调查居民伤害，则调查对象是全体居民，包括儿童、青少年和老人；如果是专项内容的伤害调查，则调查对象是该项目所涉及的人群。

不同地区、不同人群的伤害发生率、发生类型、发生原因、发生的危险环境存在很大的差异。例如，儿童的伤害发生状况，城乡明显不同，学龄前儿童和小学生也存在明显差异。若对社区所有居民进行伤害调查，则花费太大，建议采用抽样调查的方法来确定调查对象。

调查区域可以是县（区）、乡镇（街道）、村（居委会）等，也可以是幼儿园、学校、工厂等特定人群集中的地方。

2. 调查方法

为了实现既定的调查目标，必须选择适当的调查方法。合适的调查方法将有助于调查工作的开展；反之，不合适的调查方法可能会阻碍调查工作的进行。因此，在社区伤害调查过程中，必须正确选择调查方法。以下是几种常用的调查方法。

（1）特定人群调查法

对社区内生产场所、建筑工地等容易发生伤害事故的地方，可以使用特定人群调查法；也可对社区内易发生伤害的特定弱势人群，如儿童、妇女、贫困者等，使用特定人群调查法。对特定人群的调查可以为预防与控制特定人群伤害的发生提供基础资料与科学依据。

（2）社区卫生机构的伤害诊疗记录或伤害监测报告卡

通过分析社区内卫生机构伤害诊疗记录或建立伤害监测点，对到社区医院就诊的伤害患者进行登记；通过收集各个卫生机构的伤害监测报告卡，获得该社区伤害发生情况的基本资料。这种方法既需要获得患者较详细的个人资料，又必须记录伤害发生情况的动态资料，以便掌握被调查社区的伤害发生规律。因此，需要由责任心强、工作态度积极、专业水平较高的医护人员专门承担此项工作。

（3）发放调查表

发放调查表是将调查表由社区管理人员发放给各家各户的调查方法。若能保证调查的应答率，该种方法所获得的资料将比较完整可靠。

（4）社区入户调查（户访）

社区入户调查是由调查员逐户访问的调查方法。这种方法可获得准确的伤害信息，是最为理想的调查方法，也是目前 WHO 推荐的方法。但该方法需要投入大量的人力、物力、财力且耗时较长，因此，实施起来也有一定的困难。

3. 社区调查抽样方法

不同地区、不同人群的伤害发生率、发生类型、发生原因、危险环境都存在很大的差异。例如，儿童的伤害发生状况，城乡明显不同，学龄前儿童和小学生也存在明显差异。若对社区所有居民进行伤害调查，则花费太大，建议采用抽样调查的方法来确定调查对象。

（1）普查

普查是对调查范围内的全部观察对象进行调查。一般用于了解死亡或较严重的伤害事故的发生情况。大范围的人群伤害普查工作需要大量的人力、物力，一般不采用。若了解小范围的总体人群伤害发生率，有时可采用普查。如果把一个社区（可以是一个或是若干个地理位置相似或相近的学校、幼儿园、街道、工厂等）当成总体的话，进行普查也是切实可行的。

普查的优点：可以取得最小单位的资料，针对性强，搜集到的资料比较完整且容易为公众所接受，容易检查和减少偏差，不涉及抽样误差及总体率区间估计问题。

（2）随机抽样调查

随机抽样调查是从研究对象（如全体老年人或全体居民）中抽取样本，根据样本所调查出的结果，估计总体人群的伤害发生情况及有关因素。抽样的方法有 5 种：单纯随机抽样、系统抽样、整群抽样、分层抽样、多阶段抽样。

1）单纯随机抽样。单纯随机抽样是最基本的抽样方法，也是其他抽样方法的基础。此法是先将研究对象编号，再用随机数字表或统计软件的随机函数产生的随机数字进行抽样。此法只能用于调查对象数目不多的情况，否则很容易出现偏差。

2）系统抽样。此法是按照一定的顺序，机械地每隔一定数量的单位抽取一个单位。如从 1 000 户中抽取 10%为样本，可先在门牌号 1～10 之间用单纯随机抽样抽取一户（如抽到 4），然后每隔 9 号抽取一户，即抽取 4，14，24，34，…，994 号，共 100 户。

3）整群抽样。该抽样方法不是直接从总体中随机抽取若干个个体组成样本，而是随机抽取由个体组成的群体，如学校的班级、县镇的村、城市的居委会等。这些群体是从相同类型的群体中随机抽取的，被抽到的群体中的所有成员都是研究对象。

整群抽样的优点：便于组织，节约人力和物力，多用于大规模调查；缺点：抽样误差较大。

4）分层抽样。此法将研究对象按主要特征（如地区、年龄等）分为若干层，再在每层内抽取一定数量的研究对象。例如：从某大学的医学院、理工学院和文学院中各抽取 10%的大学生作为研究对象；从某市的市区、郊区和农村分别按不同的比例抽取一定数量的小学生作为研究对象。

分层抽样的优点：抽样误差小于前 2 种方法，分层后增加了层内的同质性，各层抽样误差减少，便于对不同的层采用不同的抽样方法进行独立分析。

5）多阶段抽样。该方法将 2 种或多种抽样方法结合起来使用。人群伤害调查的样本含量一般较大，观察单位的分布范围有时较广（如某市高龄老人伤害发生情况调查）。为便于组织、节省经费、控制调查质量，常用到多阶段抽样。如调查某市老人伤害发生情况，可先将该市的老城区、新城区和郊区分层，对各区按一定比例随机抽取若干街道，在抽取的若干街道中，随机整群抽取若干个居委会的全部 65 岁以上老年人进行调查。该抽样方法是将分层抽样、单纯随机抽样和整群抽样结合起来的多阶段抽样。

WHO 综合了各种因素，推荐使用多阶段抽样的方法，在社区内进行以户为单位的抽样，对调查员采用集中面授方式，按照统一方法进行培训，应用“社区居民伤害情况调查表”开展社区伤害调查。这种调查方法可获得有代表性的资料、有应用价值的结果，但要花费一定的人力和物力。

4. 社区调查样本量的确定

在考虑样本量时，首先应明确总体的伤害发生率大约是多少，不仅要了解各种伤害合计的发生率，对主要的伤害发生率也应有所了解。同时，还要了解调查对象（如骑自行车上学的学生）在总体中所占的比例。一般来说，伤害的发生率越低，或者具有调查特征的个体所占的比例越小，所需的样本量应相应增加。WHO 推荐的社区调查方案采用多阶段抽样方法，在社区内进行以户为单位的抽样。样本量计算公式为：

$$n=[4\times(1-r)\times f\times 1.1]/(e^2\times p\times n_h)$$

式中　n——需要抽取的样本量；

4——一个达到95%可信度的常数；

r——本次调查结果的预期伤害发生率；

1.1——考虑到调查时可能存在无应答的情况，当计算实际调查的样本量时，需要增加10%；

f——由于整群抽样而导致的偏差程度，其范围为1～3，据研究经验，推荐该变量为2；

e—允许的误差范围，推荐误差范围为0.01～0.1，常用误差为0.05；

p——重点研究人群（如儿童、60岁以上的老年人等）占总人口的比例；

n_h——平均每个家庭的人数，对我国城市而言，该变量为3。

例：根据全国第五次人口普查公报，15～59岁的人口为939 616 410人，若以具有劳动力的人口为调查的重点人群，则该部分人群占总人口的70.14%。假设本次调查结果的预期伤害发生率为20%，则抽取的样本量为：

$$
\begin{aligned}
n &= [4\times(1-r)\times f\times 1.1]/(e^2\times p\times n_h) \\
&= [4\times(1-20\%)\times 2\times 1.1]/[(0.05)^2\times 70.14\%\times 3] \\
&= 1\,338
\end{aligned}
$$

经计算，本次调查拟抽取1 338人。

各种抽样方法的抽样误差一般是：整群抽样＞单纯随机抽样＞系统抽样＞分层抽样。为减少抽样误差，可在样本数确定后，增加抽样的“群”数，而相应地减少群内的观察单位数。

5. 调查表的编制

伤害调查前，应根据调查需要编制社区伤害情况调查表。

（1）调查表的内容

调查表一般设计为调查问卷形式，主要包括以下内容：

1）基本信息，如年龄、性别、职业、文化程度等。

2）伤害的性质，如跌伤、刀割伤、烫伤、动物咬伤、触电、淹死、自杀、他杀等。

3）伤害发生原因，如跌倒、中毒、溺水、坠落、性侵犯等。

4）伤害发生地点，如厨房、运动场所、学校、公路等。

5）伤害发生时的活动，如体育活动、休闲活动、驾乘交通工具等。

6）伤害部位，如头部、上肢、下肢、呼吸系统、神经系统等。

7）伤害造成的结果，如住院、休工、治疗后回家、致残、死亡等。

（2）调查表的基本结构

调查表由题目、调查与填表说明、问卷主题内容和核查项目4个部分组成。

1）题目要求简单明了，能直接反映研究的主题，使被调查者迅速了解调查目的，增强回答问题的兴趣。

2）调查说明的用途是向调查对象解释此项调查的目的和意义，消除调查对象的顾虑和紧张，争取他们的合作，使调查对象认为有义务配合该项调查工作；填表说明的用词应亲切真挚，告诉填答者如何填写问卷，例如是用打钩的方法挑选答案，还是在答案旁的格子里做记号。

3）问卷的主题内容是通过一个个具体问题体现出来的。问卷的内容可分为 3 个方面：

①基本情况：年龄、性别、职业、文化程度等。

②伤害或事故的发生情况：受伤种类、受伤时间、受伤地点、部位及伤情、受伤原因，以及根据调查目的和内容来设计项目。

③伤害的疾病负担：伤后处理、休息天数、直接经济损失、间接经济损失等。

4）核查项目，这一部分是不向调查对象询问的质量控制项目，主要有调查员姓名、调查日期、未调查原因、调查过程中发现的一些可供参考的重要情况和问题等。

调查表的形式很多，内容各种各样，没有统一的格式，也不需要将上述 4 项内容全部包含进去，只要能介绍清楚调查的对象和目的即可。

6. 调查表填写方式

（1）知情人填写

对 10 岁以下儿童，可通过幼儿园或学校老师让孩子将调查问卷带回家，由家长代为填写；文化程度偏低或意识不清者，可由监护人代为填写。

（2）被调查人填写

对于有能力填写调查表者，可以自己填写调查表。调查人员要就调查表向被调查者进行简要说明，请被调查者当场填写。被调查者漏填的地方，调查人员应当场查漏补缺。

（3）调查人员填写

调查人员向被调查者进行口头询问，将答案填入调查表。对于学生等有集中分布场所的人员，可以采取集中的方式进行调查。而有些人群，如高龄老人、行动不便者等，调查人员一般需要进行入户调查，或者通过电话、网络调查获得问卷调查资料。

7. 调查表示例

（1）安全知、信、行模式调查表

知、信、行（Knowledge，Attitude，Belief，Practiced，KABP or KAP）模式是英国政府健康教育委员会主任柯斯特用来说明知识、信念、行为在健康信息与增进健康之间关系的健康教育模式，包括信息、知晓、信念、行为和增进健康 5 部分。信息是指通过各种渠道传播的知识；知晓是学习和接受信息的过程；信念是受传者对传播的知识形成坚定的牢固的信念；行为是将已经知晓并相信的知识或技术付诸行动，包括改正不正确的行为和养成的行动。通俗地说，知就是对安全知识的知晓情况，信即态度如何，行即行为如何。

调查表形式及内容见表 6—10。

表 6—10　　　　知、信、行调查表

不当行为	发生频率			是否意识到自身行为的过失	
	经常	偶尔	从不	是	否
酒后驾车					
吸烟、酗酒					
滥用药物					
超速行驶					
横穿马路					
聚众斗殴					

(2) 居民满意度调查表

安全社区的创建，最终目的在于使社区居民受益。因此，对于居民的满意度调查可以及时反馈工作的成果和不足，以便及时对工作进行调整和改进，同时令社区居民更加积极地投身到社区建设工作中来。

居民满意度调查的内容主要包括居民对卫生健康、社区治安、社区环境、社区服务等的满意度，具体形式见表 6—11。

表 6—11　　　　居民满意度调查表

因素	详细检查内容	评语等级				
		1	2	3	4	5
卫生健康	a. 社区卫生服务体系健全，有完善的社区卫生服务网络					
	b. 经常性开展多层次、多领域、多元化的健康教育和健康促进工作					
	c. 重视弱势人群（妇女、儿童、老年人、慢性病人、残疾人、精神病人等）的医疗救助工作，加强对传染病（如艾滋病等）的预防					
	d. 居民健康知识知晓率和健康行为形成率得到有效提升					

续表

因素	详细检查内容	评语等级				
		1	2	3	4	5
社区治安	a. 建立社区治安综合治理网络，有专兼职治安人员，社会治安综合治理规章制度规范有效					
	b. 社区防范设施完善。值班室、治安亭、报警点、巡逻队、车棚和停车场的监控系统相结合的有效防范网络					
	c. 能够积极开展法律咨询、普法宣传、法律援助等形式多样的法制教育和宣传活动					
	d. 重点部位（娱乐场所等）和特殊人员（刑满释放、解除劳教人员、失足青少年、流动人口）的管理较好，有效控制卖淫嫖娼、聚众赌博、吸毒等现象					
	e. 无造成恶劣影响的重大治安案件和治安灾害事故，居民有较强的安全感					
社区环境	a. 社区内外环境整洁、卫生，质量良好					
	b. 社区环卫设施齐全、完好，公厕、垃圾箱房、倒粪站管理到位，生活垃圾基本袋装化					
	c. 能够广泛开展爱国卫生、市容环境和城市绿化等环境卫生宣传活动，发动居民自觉参加环境保护、卫生清扫活动					
	d. 积极开展绿化建设和绿地管理养护工作，社区内一切可绿化用地基本实现绿化					
	e. 居民有良好的环境保护意识和卫生习惯					
社区服务	a. 社区服务网络健全，服务网点布局合理，管理科学规范，工作人员挂牌服务，培训上岗，服务到位					
	b. 社区各种服务设施完善，例如生活服务、文体活动、教育，老、幼、残人群照顾，交往场所等设施齐全有效					
	c. 项目齐全、内容丰富，积极开办教育、文化、法律、心理、就业、家政等多方面服务项目，让群众安居乐业					
	d. 加强对各类弱势人群（老年人、残疾人、优抚对象、少年儿童、失业者等）的服务					
	e. 服务功能完善，居民生活方便					

六、 资料收集和分析

这里所说的资料是指他人已经收集到的、现存的资料，也称文献，包括公安部门主管人口资料、卫生部信息中心编制的全国卫生统计年报资料，县级及以上医院每月、季、年逐级上报的医院住院病人疾病分类统计资料，交通事故报表统计资料，生产安全事故统计资料，火灾事故统计资料，社会治安事件统计资料，安全工作记录，急诊室伤害监测资料，社区伤害监测资料，道路交通事故登记表，生产安全事故、火灾事故登记表，社会治安事件登记表，报纸、杂志、电视、广播、网络等媒体报道的资料等。

将从各个渠道收集、获得的信息和资料进行整理、汇总，然后按调查的目的将调查结果划分为性质相同的组，如按伤害类别、伤害原因等分组，然后逐组进行分析。伤害分析结果可以用统计指标、统计表、统计图等形式表达，作为策划安全促进计划和伤害干预措施的参考依据。

在安全社区创建工作过程中，应根据情况经常进行伤害调查，例如在启动安全社区建设之初进行伤害调查（基线调查），创建工作进行1年或2年时再进行相同的伤害调查（中期评估）。通过伤害情况的前后对比，分析伤害变化趋势、伤害分布变化和干预措施的实施效果。调查可以是全面的，亦可以是局部的。

下面是2002—2004年北京市朝阳区居民伤害死亡调查分析。

1. 资料来源

死亡资料来源于朝阳区各医院上报的《居民死亡医学证明书》，人口资料来源于北京市朝阳区公安分局。

2. 北京市朝阳区2002—2004年居民意外死亡率

北京市朝阳区2002—2004年总死亡率为441.94/10万，意外伤害年平均死亡率为13.97/10万，居所有疾病死因第六位，具体见表6—12。

表6—12　　北京市朝阳区2002—2004年居民死亡率、构成比及顺位

死亡原因	死亡数	死亡率（1/10万）	构成比	顺位
恶性肿瘤	5 369	112.47	25.45	1
心脏病	5 203	108.99	24.66	2
脑血管病	4 523	94.74	21.44	3
呼吸系统疾病	1 959	41.04	9.29	4
内分泌系统疾病	833	17.44	3.95	5
意外伤害	667	13.97	3.16	6
其他	2 543	53.26	12.05	
合计	21 097	441.94	100	

3. 结论

北京市朝阳区 2002—2004 年居民意外伤害死亡率 13.97/10 万，意外伤害死亡占全部死亡的 3.16%，是危害居民健康的第六位死因。意外伤害死亡率尽管低于全国（65.24/10 万）和全国城市（38.54/10 万）人群的水平，但仍是影响该区居民健康的重要原因，尤其是对青壮年（15～59 岁）人群损害严重，共占意外死亡构成的 63.26%。

全区意外伤害死因以运输事故为首，位于第二位和第三位的分别是自杀和意外跌落。这前三位死因共占意外死因的 73.3%，可见这 3 种意外伤害对朝阳区居民生命危害最大。15～59 岁人群的意外伤害致死原因以交通事故为主，这可能与北京作为现代化都市车辆数量较多、流动人口激增、部分居民交通安全意识淡薄有关。因此，控制交通事故的发生对降低伤害死亡率意义重大，加强居民和驾驶员的交通安全教育，不断提高交通管理水平，改善交通安全设施和道路状况，应作为政府有关部门的一个重要课题。位于第二位的自杀，是一个比较复杂的社会问题，主要与社会压力增大和家庭纠纷有关，所以应加强心理素质和心理承受能力的教育。意外跌落是老年组（60 岁以上）的主要死因，应注意对他们的监护。青年组（15～30 岁）死因中，溺水占一定比例，所以应特别加强对青年的教育和看护，严防落水。意外死亡前三位死因中，男性死亡率明显高于女性，这可能与现代社会中，男性暴露于危险环境的机会大于女性有关，说明男性是干预的重点对象，应加强对男性的保护力度。

第二节　伤害监测

伤害监测是伤害预防与控制的基础。要制定科学的伤害干预措施，前提是开展伤害监测，准确地掌握伤害的发生特点和规律。

我国伤害预防控制工作起步较晚，伤害基础性信息的收集就尤为重要。自 20 世纪 80 年代我国开始伤害监测研究以来，伤害监测工作进展很快，成绩显著，并且逐步规范化、标准化。伤害监测作为伤害预防与控制的重要手段，也逐步从研究转变为应用。2005 年卫生部发出通知，要求在全国范围内开展伤害监测工作，并在全国选定 45 个医院作为监测哨点单位。通过持续、系统地收集、分析、解释和发布相关的信息，能够实现对伤害流行情况详细和全面的描述，从而为制定伤害干预措施、评价干预效果、制定伤害预防与控制策略提供可靠的依据。

一、 关于伤害监测

1. 伤害监测的概念

伤害监测（injury surveillance）是指持续不断地、系统地收集、分析、解释伤害发生及其相关数据，把这些数据与相应的伤害预防项目的设计与确定、干预策略的制定与实施、项目效果的评估等相结合，并与有关人员及时分享相关信息的过程。

2. 伤害监测的目的

伤害监测的目的在于监视某种特定类型伤害的发展变化趋势，掌握有何人、何时、何地、如何发生伤害等详细资料，旨在用于寻找与环境、人群和成本—效益相关的伤害预防与控制方法，确定与特定地点、特定人群相关的伤害发生类型，对伤害控制进行系统评估，从根本上减少伤害的发生。

3. 伤害监测的分类

伤害监测可分为主动伤害监测和被动伤害监测。

（1）主动伤害监测

主动伤害监测是根据特殊需要由上级单位专门调查或要求下级单位严格按照规定收集资料，根据专项干预项目的目标，按照项目的要求来收集资料的专题调查。其一般是为了评价伤害干预工作的成效，探究某一种人群的安全相关问题，如危险环境的改善、人群的危险行为与伤害发生的关系等。主动伤害监测常常是在伤害普查或基线调查的基础上开展的专题性研究，如医疗机构首次伤害患者记录、特定人群和特定场所的伤害监测等。

优点：主动伤害监测能够阐明主要伤害类型的危险性、严重性和危险因素，提出有效的预防措施与建议。例如，监测儿童虐待，就要在各种来源，如公安局、社会服务机构和教育机构的记录中，识别儿童虐待的病例，然后寻找被虐待的儿童及其家长或其监护人和（或）相应的机构，引导访问并进一步追踪。主动伤害监测目的是事先确定的，监测内容是经过精心设计的，能够获得较客观、准确、符合研究目的的资料。主动监测的质量明显优于被动监测。

缺点：主动伤害监测一般需要大量的人力资源和经济资源。

（2）被动伤害监测

被动伤害监测是指医务人员按照国家规定的疾病报告条例填写疾病报告卡片，并逐级上报，实际上，就是由专业人员在一些常规工作中收集相关信息。被动伤害监测可为研究某一特定地区各种疾病的分布、变化趋势等提供基本资料。

优点：被动伤害监测的花费较少。例如，作为一线的医务人员，如医生、护士、随行医务人员等，他们常因法律、行政管理和其他目的而填写各种表格。事实上，这类日常工作就是收集伤害监测所需的各种数据的过程。被动伤害监测是一种经济、便捷地获得有关伤害资料的重要途径，要合理利用被动监测资源。

缺点：在监测过程中，易出现监测内容分散、过多的情况，既花费很多，又没有获得较客观、准确、符合研究目的的资料，还浪费人力、物力和时间。

伤害监测可以是主动的，也可以是被动的，这取决于研究的需要和资料来源。需注意的是，术语“监测”（surveillance）与“调查”（survey）是有区别的。监测是指一个持续不断的、正在进行的过程，而调查通常与一次事件有关。尽管二者关系密切，但它们是指收集资料的截然不同的 2 种方式。

伤害调查可通过直接访问、电话调查或邮寄调查表进行，可开展普查或抽样调查，可收集各种类型的伤害资料，是很好的提供人群基础性资料的方法。定期重复地调查，则可以了解伤害发生趋势和变化情况。然而，开展一项调查通常需要花费大量的人力、财力，因此调查通常不适用于监测伤害发生的趋势。

监测是一项持续进行的活动，是一个机构或部门的日常工作。不论监测是主动的还是被动性，所需的活动经费相差无几。通常情况下，监测是研究伤害发生趋势和评估干预措施效果的最好方法。

二、 伤害监测方法

1. 建立伤害监测系统

伤害监测系统即在国家统一领导下，分别在全国各省、市、区或县的医院、职业病防治部门、交通部门、公安部门、社区、保险业、学校、厂矿、医疗事故管理部门等多个部门建立伤害监测点，并在各监测点建立综合收集各种资料的各类伤害基本数据的网络组织，以便进行长期连续的伤害资料收集、计算机录入、分析、反馈，并对干预效果进行评价的系统。伤害监测系统的建立和实施比较复杂，世界上只有少数几个国家建立了伤害监测系统。我国尚未建立健全、完善的监测系统。

2. 社区医疗机构的伤害监测

在社区的医疗机构中开展伤害监测工作，可了解社区的伤害发生情况。此种监测工作适用于具备创伤处理基本条件的社区医疗机构。当对此类社区进行调查时，以到社区范围内的医院、社区卫生服务站和诊所中就诊的首诊伤害患者为监测对象，按照要求填写统一的“医院伤害监测表格”，通过持续不间断地对医院伤害监测资料的收集与分析，可以获得不同时间在社区范围内伤害发生的基本情况。尽管有部分伤害患者可能在社区以外的医院急诊室就诊，但社区中医疗机构的伤害监测资料能够从一个侧面反映社区伤害发生的情况，从伤害患者的诊疗资料中分析社区伤害的临床特征、严重程度、医疗费用、疾病负担等。同时，医疗机构的伤害监测需要有关制度、人力与经费的支持。

3. 社区医疗机构的经常性诊疗工作记录

社区内医疗机构（如医院、社区卫生服务站、诊所等）的日常诊疗工作记录能够反映伤害患者的就诊情况，如就诊时间、受伤原因、损伤程度、治疗经过等；也可以根据研究目标的需要，根据日常诊疗工作记录进一步追踪访问这些伤害患者，获取更多的资料。由于不同医疗机构的记录形式不同，需要对不同形式的日常诊疗工作记录进行整理和分类归纳，并用统一方法记录。日常诊疗工作记录全面覆盖就诊患者的情况，可以获得伤害患者的人数及其在全部就诊患者中所占的比例，了解伤害的分类及其发生概率。这种方法的优点是节约人力与物力，能从宏观上了解社区伤害的主要情况。

4. 特定人群监测

以居委会为单位，采取随机整群抽样的方法，调查社区老年人、中小学生、女性群体或残疾人群的伤害发生情况（过去一年中的受伤情况、伤后情况等）。一般选择的特定人群应该是高危人群（容易受伤群体），这些群体是安全社区创建工作中的重点人群，需要探索有效的预防、控制、医疗和康复办法。

5. 特定场所的伤害监测

对社区内容易发生伤害的场所，如企业中的有毒有害车间，建筑工地，运动场所和娱乐场所，江河、沟渠、水塘和游泳池，溜冰场等场所进行某类伤害发生情况的监测，了解特定场所中人群伤害发生的特点，采取有针对性的预防与控制措施，并评价其效果。

6. 单一伤害类型的监测

这种监测是针对严重威胁社区居民安全与健康的伤害种类（如交通伤害、溺水、老年跌倒、职业工伤、中毒、自杀、暴力等）开展的主动监测。不同地区的主要伤害类型不同，可先通过事故与伤害的风险辨识及其评价、伤害发生情况的横断面调查、医院伤害监测等确定本地区的主要伤害类型，再开展针对主要类型伤害的监测工作，阐明该种伤害发生的危险因素及其发生特点，为预防与控制社区的主要伤害提供基础资料与科学依据，也是社区伤害资料的主要来源。

7. 政府职能部门或行业资料收集分析

这是一种被动监测方法，通过资料的收集、汇总、分类和分析，达到目的。这些资料包括：公安交通管理部门的交通事故档案、道路交通事故登记表，犯罪记录等；保险公司的医疗保险记录；政府部门（安全监管、卫生、工业、公安、矿务、农业等）的工人的补偿要求、年度报告，社会服务系统对儿童虐待事件、残疾人的报告；法院工作记录；学生健康档案、学生因伤病缺勤记录等。

8. 医院急诊室伤害监测

伤害监测系统在发达国家（如美国、澳大利亚、新西兰等）及部分发展中国家（如以色列、菲律宾、乌干达等）已先后建立并正在不断改善。迄今为止，我国尚未建立伤害发生的监测系统。伤害事件发生后，受害者常常首选到医院急诊室就诊，因而急诊室记录是伤害监测资料的主要来源。有关专家也建议将急诊室医疗记录作为当地伤害监测的主要资料来源。

急诊室伤害监测系统是能够提供在一定社区范围内伤害发生情况的一种有效途径，其监测资料既利于制定针对性的伤害预防措施，也有利于伤害预防活动的效果评估。我国汕头大学医学院伤害预防研究中心于 1999 年在国内率先针对急诊室就诊的伤害病人开展医院急诊室伤害监测工作。

医院急诊室伤害监测的对象是首次在监测医院就诊且符合伤害诊断标准的各类伤害病例，因同一次伤害在监测医院复诊的病例不作为监测对象。

医院管理机构应成立医院伤害监测工作组，负责以下工作：

（1）组织开展医院伤害监测点的监测工作，根据监测要求，指导一线工作人员填报伤害报告卡。

（2）根据医院伤害监测点的实际情况，制定各类监测相关人员培训要求，定期组织培训工作，确保第一线工作人员都能得到及时的监测方法培训或更新知识的培训。

（3）负责日常技术指导，定期赴现场督导，检查医院伤害监测点的监测工作开展情况，及时协调解决监测工作中出现的问题。

（4）组织定期质控检查，及时收集监测报告卡，审核数据质量。

（5）定期分析医院伤害监测点的监测数据，及时提供有关部门参考使用，并反馈各监测点的监测情况。

医院伤害监测工作是一项长期的、系统的、业务性强的技术性工作，也是一项需要社会有关部门及相关人员参与的工作。该项工作涉及面比较广、涉及领域宽、涉及学科多，为保证医院伤害监测工作的顺利进行，取得真实可靠的数据，需要对不同层次人员及不同有关内容进行培训，特别是对监测医院的伤害监测工作相关人员（如急诊室医生、救护员等）进行培训。

9. 全国伤害监测报告卡

2005 年 8 月 31 日，卫生部办公厅（卫办疾控发〔2005〕189 号）文件要求开展全国伤害监测工作。中国疾病预防控制中心慢性非传染性疾病预防控制中心同意制定了《全国伤害监测报告卡》，见表 6—13。

表 6—13　　全国伤害监测报告卡

监测医院编号□□□□□□□□□　卡片编号：□□□□□□

Ⅰ患者一般信息

姓名：性别：1.□男　2.□女　年龄：　岁
身份证号码：□□□□□□□□□□□□□□□□□□□□□□□□
户籍：1.□本市/县　2.□本省外地　3.□外省　4.□外籍
文化程度（八岁以上填写此档）
1.□文盲、半文盲　2.□小学　3.□初中　4.□高中或中专
5.□大专　6.□大专及以上
职业：
1.□学龄前儿童　2.□在校学生　3.□家务　4.□待业
5.□离退休人员　6.□专业技术人员　7.□办事人员和有关人员　8.□商业、服务业人员
9.□农牧渔水利业生产人员　10.□生产运输设备操作人员及有关人员
11.□军人　12.□其他/不详

Ⅱ伤害事件基本情况

伤害发生时间：　年　月　日（24 小时制）
患者就诊时间：　年　月　日（24 小时制）
伤害发生原因：
1.□机动车车祸　2.□非机动车车祸　3.□跌倒/坠落　4.□钝器伤
5.□火器伤　6.□刀/钝器伤　7.□烧烫伤　8.□窒息/悬吊
9.□溺水　10.□中毒　11.□动物伤　12.□性侵犯
13.□其他　14.□不清楚
伤害发生地点：
1.□家中　2.□公共居住场所　3.□学校与公共场所　4.□体育和运动场所
5.□公路/街道　6.□贸易和服务场所　7.□工业和建筑场所　8.□农场/农田
9.□其他　10.□不清楚
伤害发生时活动：
1.□体育活动　2.□休闲活动　3.□有偿工作　4.□家务/学习
5.□等乘交通工具　6.□其他
是否故意：
1.□非故意（意外事故）　2.□自残/自杀　3.□故意（暴力/攻击）　4.□不清楚

Ⅲ伤害临床信息

伤害性质：（选择最严重的一种）
1.□骨折　2.□扭伤/拉伤　3.□钝器伤、咬伤、开放伤
4.□挫伤、擦伤　5.□烧烫伤　6.□脑震荡、脑挫裂伤
7.□器官系统损伤　8.□其他　9.□不清楚
伤害部位：（选择最严重的伤害部位）
1.□头部　2.□上肢　3.□下肢
4.□躯干　5.□多部位　6.□全身广泛受伤
7.□呼吸系统　8.□消化系统　9.□神经系统
10.□其他　11.□不清楚
伤害严重度：1.□轻度　2.□中度　3.□重度
伤害临床诊断：
伤害结局：1.□治疗后回家　2.□观察/住院/转院　3.□死亡　4.□其他

填报人：填卡日期：　年　月　日
注：此卡不作为医学证明。

在表 6—13 的填写过程中，应注意以下事项：

(1) 伤害发生时间：指伤害发生的具体时间，必须按公历填写年、月、日和时，时的填写按 24 小时方式。

(2) 患者就诊时间：指伤害患者到达医疗机构开始做医疗处理的具体时间，按公历填写年、月、日和时，时的填写按 24 小时方式。

(3) 伤害发生原因：填写造成伤害的起始原因，即在伤害发生链中最前面的原因。

1) 机动车车祸：发生在道路上、至少涉及一辆行进中的机动车的碰撞或事件所导致的致死性或非致死性损伤。

2) 非机动车车祸：发生在道路上、至少涉及一辆行进中的非机动车的碰撞或事件所导致的致死性或非致死性损伤（电动自行车为非机动车）。

3) 跌倒/坠落：包括跌伤、坠落伤、摔伤；包括同一平面的滑倒、绊倒和摔倒（如因路面有冰而滑倒），以及从一个平面至另一个平面的跌落（如从高处跌落）。

4) 钝器伤：包括硬物击伤，用身体等部位（如拳头、肘、脚等）的击伤和踢伤，方式有击、扎、夹、碰撞、摩擦、挤压、踩踏等。

5) 火器伤：由枪支造成的伤害。

6) 刀/钝器伤：包括割伤、撕伤、削、切、砍、劈、锯等造成的伤害。

7) 烧烫伤：由火及热的液体、水蒸气、气体、家用电器、电流、闪电和其他热物质等造成的伤害，包括化学物质、放射性物质等引起的烧伤。

8) 窒息/悬吊：包括悬吊、异物梗阻、陷入低氧环境等。

9) 溺水：包括浴盆、游泳池、自然水域等淹溺或沉没。

10) 中毒：由药品、酒精、有机溶剂、卤素烃及其蒸气、杀虫剂等有毒气体造成的伤害。

11) 动物伤：狗、猫、蛇、老鼠、蜈蚣、蜥蜴等动物对人们造成的伤害，主要是指咬伤及其可能带来的疫情等。

12) 性侵犯：指与性相关且违反他人意愿，对他人作与性有关的行为，包括强奸、性骚扰等。

13) 其他：未能归入上述分类，需要注明。

14) 不清楚：指不能准确描述或无法判定伤害原因的情况。

(4) 伤害发生地点：指患者发生伤害时所在的地点。

1) 家中：指伤害发生时，患者所处的场所为住宅及相关的建筑，如住宅、公寓、私家车库、私家花园或院落及建筑物周围空地等相关场所，不包括与居住有关的公用场所，如护士站、旅馆等。

2）公共居住场所：指伤害发生时，患者在宿舍、疗养院、养老院、孤儿院、监狱、教养院等公共居住设施内。

3）学校与公共场所：包括幼儿园、小学、初中、高中、大学等教育机构内（包括教育机构内的运动场所）、会议厅、教堂、电影院、俱乐部、舞厅、医院、图书馆、公共娱乐场所、法院等公共场所。

4）体育和运动场所：包括各种球场、体育馆、公共游泳池等运动场所，不包括私人住家或花园中的游泳池或球场。

5）公路/街道：伤害发生时，伤害患者所处的地点为高速公路、国道、市内大小街道、乡村公路、人行道、自行车道等地方。

6）贸易和服务场所：指机场、车站、银行、旅馆饭店、商场、店铺、商业性车库、办公建筑物等。

7）工业和建筑场所：指工厂、矿场、车间、建筑工地等。

8）农场/农田：在农场、农田、田野、耕地等区域，不包括农场中的住宅场所。

9）其他：未能归入上述分类，需要注明，如海滨、露营地、湖泊、山、池塘、河流、动物园等。

10）不清楚：指患者不能准确描述受伤的地点或者不愿意说明受伤的地点。

（5）伤害发生时活动：指伤害发生时患者正在进行的活动。

1）体育活动：正在进行体育活动，包括各种方式的体育活动，如打球、散步、田径运动、游泳、滑雪、爬山等。

2）休闲活动：指业余爱好、伴有娱乐成分的活动，如看电影、跳舞、聚会，不包括体育活动。

3）有偿工作：职业性有偿的工作，也包括去工作场所的路上发生的伤害。

4）家务/学习：通常不会获得收入的工作，包括家务劳动、做饭、照顾儿童及亲属、上学或听课等受教育活动。

5）驾乘交通工具：指自己驾驶或乘坐私人或公共交通工具，交通工具可以是机动车、非机动车、飞机、轮船等。

6）其他：未能归入上述分类，需要注明。

（6）是否故意：指伤害发生是自己故意、他人故意，还是非故意导致；通过询问和结合临床诊断来判断。

1）非故意（意外事故）：偶然或者意外发生的情况导致受伤。

2）自残/自杀（自杀或自杀企图）：患者自己完成并知道会产生受伤或死亡结果的某种积极或者消极的行动直接或间接引起的受伤。

3）故意（暴力/攻击）：受到别人故意的攻击或者暴力。

4）不清楚：不能确定意图，或者患者不回答该问题，或者还需要进一步深入了解。

（7）伤害性质：为最严重的一种伤害的性质诊断，由临床医生根据诊断选择，并在相应框中打√。

1）骨折：包括各种骨折。

2）扭伤/拉伤：包括韧带拉伤、关节扭伤。

3）钝器伤、咬伤、开放伤：包括各种锐器导致的伤害，动物、昆虫的咬伤等。

4）挫伤、擦伤。

5）烧烫伤：包括局部和大面积烧伤、烫伤、化学灼伤、电流及放射伤等。

6）脑震荡、脑挫裂伤。

7）器官系统损伤：呼吸、消化等内脏受伤，包括器官破裂、内出血、撕裂伤等。

8）其他：未能归入上述分类，需要注明。

9）不清楚：不能确定存在伤害或无法察觉的伤害。

（8）伤害部位：选择最严重伤害性质诊断伤害的部位，并在相应框中打√。

1）头部：包括眼、牙齿、鼻、耳、头皮、面部、头骨和颈部，不包括神经系统的伤害。

2）上肢：包括锁骨、肩胛骨、肩部、肋骨、上臂、肘、前臂、手等，包括双侧上肢受伤或上肢多个部位受伤。

3）下肢：包括臀部、大腿、小腿、踝、脚等，包括双侧下肢受伤或下肢多个部位受伤。

4）躯干：包括肋骨、脊柱、骨盆、胸部、腹部、背部、生殖器、心、肾、膀胱等内脏。

5）多部位：指受伤的部位包括上述部位中的 2 个或 2 个以上。

6）全身广泛受伤：指发生中毒、窒息、触电、冻伤。

7）呼吸系统：包括咽、喉、气管、支气管、肺等呼吸道器官。

8）消化系统：包括口腔、食管、胃、十二指肠、小肠、结肠、直肠、肝脏、脾脏、胰腺等消化道器官。

9）神经系统：包括大脑、脑干、颈部脊髓（延髓）、胸部脊髓、腰部脊髓及外周神经等。

10）其他：未能归入上述分类，需要注明。

11）不清楚：不能明确伤害部位，或者外表无法察觉。

（9）伤害严重程度：根据受伤者临床情况确定。

1）轻度：无明显或者轻微受伤，或者只是浅表擦伤，或者轻微的割伤；

2）中度：需要专业化的治疗，包括骨折和需要进行缝合的伤；

3）重度：需要立即进行急救医疗或者外科手术治疗，包括发生内出血、器官贯穿伤、血管受损。

（10）伤害临床诊断：填写临床诊断，应该包括明确的部位、性质等，有超过1个诊断的，则从最严重损伤开始，依次排列。

（11）伤害结局：指医疗机构对伤害患者处理后的情况，根据医生判断填写。当医生判断与实际情况发生冲突时，以医生判断为准。

1）治疗后回家：患者经过治疗后，即可以回家。

2）观察/住院/转院：患者还需要进一步治疗，包括观察、住院或者转往其他医院。

3）死亡：患者死亡。

4）其他：上述3种情况之外的结局。

三、伤害监测方法的选择

如何获得有效、可靠的伤害数据？不同渠道获取的伤害信息有何差别？这是许多从事伤害预防人员所关心的问题。伤害监测数据的来源可以是多渠道的，每一个渠道的数据有其特有的代表性和优势，也有其不足之处。具体需要开展何种监测，运用何种渠道的数据，还要取决于每一个使用者的目的。例如，选择的监测数据来源是否能够满足需要的大部分信息？是否能够与有关的机构建立良好的合作关系？是否能够建立有效的机制收集、处理、解释、报告和运用所获得的伤害数据？表6—14是基于伤害严重程度的比较常见的几种伤害监测数据的来源。

表6—14　　基于伤害严重程度的几种伤害数据来源

	没有受伤	轻度伤害	中度伤害	重度伤害	致命伤害
入户调查	√	√	√	√	√
医院医生记录		√	√		
家庭医生记录		√	√		
急诊记录		√	√	√	√
入院记录			√	√	√
重症监护室记录				√	√
死亡登记					√

除了上述伤害监测数据来源外，还可以根据监测的需要对其他途径加以利用，包括：

1. 对于致命性伤害事件：

（1）尸体解剖或病理学报告。

（2）公安部门报告。

2. 对于重度的非致命性伤害事件：

（1）医院住院病人记录。

（2）创伤登记。

（3）急救中心或救护车出车记录。

3. 对于一些特定的伤害种类，也可以从相应的职能部门获取相应的伤害信息，包括：

（1）对于交通事故伤害事件：机动车保险公司记录、交警部门交通事故记录、交通部门记录。

（2）对于火灾伤害事件：消防部门记录。

（3）对于暴力伤害事件（如打架斗殴、有意伤人、自杀等）：公安部门记录。

（4）对于职业伤害事件：工作场所记录、劳务监察或是国家职业安全记录、国家保险计划或是职工赔偿部门记录、康复中心记录。

第三节　策划安全促进项目

我国在伤害预防控制领域开展了大量工作，也取得一定进展。20 世纪 50 年代以来，各级政府逐渐制定了一系列与预防和控制伤害相关的政策、法律、法规，主要涉及生产安全、道路交通安全、学校安全及预防故意伤害。这些法律法规的贯彻实施在减少伤害的发生率、降低伤害的严重程度等方面起到了积极作用。但是，仅仅依靠制度建设来控制伤害的发生是远远不够的，必须针对不同社区的具体情况，制定切实可行的方案，及时预防伤害的发生。

在安全社区创建过程中，主要是通过 2 类方式来控制风险或满足居民各类安全需求：

一类是加强基础管理工作。一般针对经常性或周期性工作中的风险或很轻微、常见的问题，只需要制定新的管理制度或修订原来的管理制度，明确规定对这种风险的有效的控制方法，并在实践中落实这些要求；

另一类就是安全促进项目。对于重大风险或通过日常工作难以解决的问题，需要有针对性、计划性地做一些工作来解决存在问题，需要通过实施安全促进项目的方式进行解决，例如辖区内“两高一脆弱”的问题。当然，针对辖区内存在的有些安全相关问题，也可以同时采取这 2 种方式。

因此，在开展安全促进项目前，首先要弄清基础管理工作与重点项目之间的区别，即哪些问题只需要通过完善日常的安全管理制度就可以得到解决，哪些问题需要实施安全促进项目进行解决。

一、 交通安全

1. 交通安全的主要内容

（1）机动车驾驶人安全。

（2）行人安全。

（3）乘车人安全。

（4）安全乘坐地铁、火车、飞机、轮船等。

（5）道口安全。

（6）标志、标识、警示。

2. 交通安全的现状

交通事故是危害世界各国经济社会发展和人们生活安全的主要因素之一，有人把它叫作人类的“头号杀手”。据统计，第二次世界大战以来，全世界约有 3 000 多万人死于交通伤害，致伤残人数达 1 亿多人，死亡人数是世界局部战争死亡人数的几十倍。据统计，全世界每年道路交通事故死亡人数为 50 万～60 万人，其中我国占到了 15%～20%，交通事故死亡绝对人数一直位于世界前列。交通伤害所造成的潜在寿命损失年（YPLL）远高于恶性肿瘤和冠心病而居各种死亡之首，而且仍以每年 10%的速度递增。每年交通事故导致的人员伤亡数目以及带来的直接经济损失，其数字触目惊心。然而，许多人的交通安全意识仍然淡薄，并未相应提高。

我国正处于道路交通事故的高发期，道路交通事故总量比较大、万车死亡率比较高；交通安全工作本身存在不少问题，人、车、路等方面存在的影响交通安全的现实问题还不可能得到根本的解决，交通安全基础还比较薄弱，管理水平有待于进一步提高。随着人流、车流、物流的高速增长，交通安全工作面临的压力将进一步加大，做好道路交通安全工作是一项长期的、复杂的、艰巨的工作，面临的挑战还很多。

3. 造成交通事故的因素

人、车、环境三要素在自然社会环境的作用下形成了交通安全的一个完整的体系。正常情况下，三者是互相配合的，形成一种动态平衡，一旦失去平衡就会威胁交通安全，发生伤亡事故。

（1）人

1）驾驶员的生理条件、心理状态及其驾驶技术和经验，驾驶员培训、考试的规范性。

2）行人的交通安全意识、对交通规则的认识和遵守情况，对现代化城市交通的适应能力、遇险情时的反应能力等。

3）特殊人群（包括儿童、老人、残疾人士）的生理和心理特征、适应能力和反应能力。

（2）车

1）车辆的驾驶视野，包括直接视野和间接视野（后窥镜）。

2）行车制动性和操纵特定性。

3）汽车的照明、报警装置和碰撞保护能力。

4）驾驶空间（驾驶室）是否舒适、宽敞、方便、和谐，以及空间大小、微小气候调节、噪声振动、色彩、音乐等。

（3）环境

1）道路的设计和质量，安全设施的配备情况，交通伤害易发地段；

2）生态环境，主要包括以下 2 个方面：

①自然生态环境，包括气温、雨（雪）天、雾天、风沙等气候条件，不仅影响路面条件和汽车性能，还会妨碍驾驶员与行人的视线，影响情绪。

②社会生态环境，包括城市规划，交通工程，城市机动化程度，交通路面，人车混行，交通法规的制定与执行，交通安全管理，驾驶人员或行人的家庭、工作环境等，影响其交通心理，交通安全责任制还没有完全落实，交通安全宣传不够深入。

人、车、环境三者在特定的环境中构成了道路交通伤害的成因，其中车和道路是客观的、无意识的，而人是主观的、有意识的，因此人的因素最为重要，常常起主导作用。

4. 交通事故预防

社区保证交通安全主要有以下几种途径：

（1）建立健全“交通安全”工作小组，明确职责分工，保障社区“交通安全工作”顺利进行。

（2）规范社区交通安全行为，纠正在社区违章停车和违章行驶，杜绝社区交通事故的发生。

（3）通过广泛的宣传教育，使居民牢固树立交通法制观念，养成自觉遵守交通法规的习惯；开展交通安全进社区、进单位、进学校活动，普及农民、城市居民、中小学生的交通安全常识；组成交通安全宣传小分队，利用展板、光盘和社区内的宣传橱窗，发放宣传手册的方法，广泛宣传《道路交通安全法》；深入社区单位、学校、施工工地，特别要针对高危人群进行宣传教育；建立交通安全教育示范基地和交通安全模拟平台，寓教于乐。

（4）进行交通事故案例教育，从驾驶人员的驾驶经历、连续驾驶时间、肇事前的精神状态、车辆运行、装载等方面对典型的交通事故案例进行综合分析，查出造成交通事故的原因、影响因素。可以选择若干起交通事故案例，制成图片加文字说明形式的板报，长期巡回展览；也可以利用报纸、广播、电视等覆盖面广的新闻媒介报道刚刚发生的典型交通事故，通过直观的、血淋淋的事实，及时教育社区居民。

（5）改善道路设施，在十字路口、学校附近等事故多发地段设置限速和警告标志；在改造社区道路的同时，施划道路标线、导向指示、停车位、禁停、禁鸣等标志；在社区内和附近的饭店中摆放禁止酒后驾驶的宣传标志，设立文明劝酒员，减少酒后驾车导致的交通事故；冬季雪后，为了减少因路面湿滑和交通不便引起的交通事故，工作人员应摆放警示标志，清扫路面积雪，撒放融雪剂，减少事故和伤害的发生。

（6）制定惩罚措施，对违反社区交通安全规章制度的，给予严厉惩罚。

二、 工作场所安全

1. 工作场所安全的主要内容

工作场所安全主要包括 8 项内容：机械安全、火灾、爆炸、特种设备安全、职业病、办公室安全、建筑安全、危险化学品安全。

2. 工作场所事故的原因及对策

工作场所安全是安全社区创建工作的重点。城市社区工作场所安全主要是火灾、办公室安全、建筑安全、民工安全几个方面，农村社区的重点是农药中毒、机动车安全、农用机械安全等。各社区应根据所确定的重点问题，有针对性、有目的地开展干预工作。

工作场所安全涉及内容比较多，因此，以下主要介绍几种常见的工作场所安全。

（1）机械安全

我国各行各业的生产经营过程中，都大量地使用机械。但是，由于违章操作、设备运转不良、工作地点环境不良、生产工艺不符合安全要求、防护措施不当等，机械事故频频发生。尤其是农用机械，有量大、面广、机型复杂等特点，安全管理工作难度很大。

1）机械事故频发的主要原因

①宣传教育力度不够，操作者法制观念淡薄，安全意识差，经常无证使用、操作机械。

②机械设备陈旧，存在极大的事故隐患。

③培训工作跟不上实际需要，一方面，培训部门未能发挥主观能动性，不能调动职工学习的积极性；另一方面，职工培训期间，不认真学习培训技能和相应的安全知识。

④职工操作时注意力不集中，存在侥幸心理。

2）主要干预措施

①加大机械法规宣传教育力度，采用各种形式宣传机械安全知识，定期组织职工学习法律法规和安全生产知识，提高实际操作技能。

②管理部门要坚持依法治机，从生产、经营、维修上保证机械质量，从培训上提高使用者的技术水平，从宣传教育上培养群众安全生产的责任感。

③开展经常性的大检查和对机械设备产品的详细检查，及时排除安全隐患。

（2）特种设备安全

特种设备是指涉及生命安全、危险性较大的承压和载人设备、设施。按照《特种设备安全监察条例》（国务院令第373号）的规定，纳入特种设备安全监察范围的有锅炉、压力容器、压力管道、电梯、起重机械、客运索道、大型游乐设施和场（厂）内机动车辆。

随着经济的发展，锅炉、电梯、起重机械、客运索道、游乐设施等特种设备早已渗透到社会的每个角落，与老百姓的生活息息相关。然而，在特种设备给人们带来方便的同时，由其引发的血的教训也时有发生。特种设备是具有潜在危险性的设备，直接关系到百姓安危。如锅炉、压力容器、压力管道是具有爆炸危险性的设备；起重机械、游乐设施、客运索道是具有失稳、失效和倒塌危险性的设备。为此，2013年6月29日，中华人民共和国第十二届全国人民代表大会常务委员会第三次会议通过了《中华人民共和国特种设备安全法》，本法确立了企业承担安全主体责任、政府履行安全监管职责和社会发挥监督作用三位一体的特种设备安全工作新模式。

1）特种设备事故发生的主要原因

①使用单位购买非法制造的设备或未经法定检验机构检验的、有严重事故隐患的设备。

②使用单位请非法安装队伍安装，难以保证设备的安装质量。

③设备投入使用后，使用单位逃避安全监察机构的监督，使设备本身或安装过程中留下的事故隐患不能及时发现和排除。

④使用未经培训、考核，未取得上岗资格证书的无证人员上岗操作或违章操作。

⑤特种设备安全管理工作混乱。

目前，我国的特种设备应急救援工作还存在着许多问题：

①没有国家及地方特种设备事故应急救援机构，使特种设备事故现场应急救援工作缺乏协调和指导。

②部分企业的应急预案过于简单，可操作性差，特种设备事故现场应急救援工作缺

乏信息支持，缺少对特种设备事故应急救援技术的科学研究。

③没有建立特种设备事故应急救援的通信保障系统，通信信息不畅。

④资金投入不足，绝大部分基层质监部门没有专用的应急救援交通工具，无法及时赶赴事故现场，没有个人防护装备和必备的检测仪器，缺少培训演练资金等。

2）主要干预措施

①领导应重视特种设备的安全管理工作，建立各种责任制度并严格执行。

②在购置、安装、启用、使用、维修过程中，必须遵守相应的法律法规。

③加强对居民的培训教育，提高防范意识；加强对职工的培训教育，提高安全操作技能。

④社区管理部门加强对特种设备安全工作的监管力度，对容易发生特种设备安全事故的场所应严格检查，组建社区的安全监管网络，严密监督社区特种设备的运行情况，使事故隐患得到及时排除。

⑤充分发挥各级政府、企业、社会力量等的积极性，提高特种设备事故应急救援的能力。

（3）职业病

由于职业病具有种类多、发病率高、危害大、治愈难等特点，已成为威胁职工健康安全的头号顽疾。由于各种原因，我国职业病“底数”很难摸清，职业病危害监测数据难以反映实际情况，大部分省市存在职业卫生监管“真空”，乡镇企业成为职业卫生监测空白。近年来，我国职业病发病率居高不下，群体性、恶性事件屡有发生，已成为影响社会稳定的公共卫生问题。

1）职业病发生的主要原因

①用人单位职业病防治法律责任没有落实。由于职业病防治违法成本低，用人单位职业病防治积极性不高，技术落后，防护措施简陋，有的根本就没有任何个人防护措施。

②地方政府职业病监管不到位。一些地方政府对职业病防治工作认识不足，片面强调经济发展，贯彻落实职业病防治法律法规的态度不坚决、措施不力。

③部门之间长效协同工作机制不完善。我国职业卫生监管职能存在严重的职能交叉问题。

④职业病“底数”不清。目前，职业病防治现状（如职业病发病、管理体制、法律法规落实等）情况不清，职业病报告责任机构混乱，监督与技术机构缺乏沟通，信息交流不畅、不准，迟报、错报、漏报严重；技术服务覆盖面窄，监测信息来源少；监测数据客观性、代表性不强。

⑤职业卫生服务供需矛盾突出。体制改革后，职业病防治机构建设受到冲击。原职业病防治机构大多一分为三，分别进入疾病控制、监督和综合医院（职业病临床部分）。全国只有 11 家职业病防治院（所）独立存在。

⑥劳动用工管理和社会保障尚不完善。职业病不仅给个人和家庭带来沉重的负担和灾难，也给社会救助和养老造成巨大的压力，给社会的和谐稳定带来危害。

2）主要干预措施

①企业应开展技术革新，改革生产工艺，如以无毒或低毒的物质代替有毒或剧毒的物质，以低噪声设备代替高噪声设备等；生产过程实现机械化、自动化，从而减少工人与有害因素接触的机会；对接触有害作业的工人进行就业前体检和定期体检，及早发现职业禁忌证及职业病患者，并及早进行处理；社区管理部门应督促企业建立职业病防治责任制。

②社区管理部门应对新建、改建、扩建和技术改造项目执行“三同时”制度和职业卫生评价制度，确保这些项目完成后有害因素的浓度或强度可以达到国家标准；督促企业检测作业环境中生产性有害因素的浓度或强度，关注居民家装环境的有害物质。

③制定和严格遵守安全操作规程，防止发生意外事故。

④加强个人防护，养成良好的卫生习惯，防止有害物质进入体内；合理安排休息时间，注意营养，增强机体对有害物质的抵抗能力。

（4）建筑安全

建筑业属事故发生率较高的行业，每年的事故死亡人数仅次于交通和煤炭业，排第三位，主要的伤害形式有高处坠落、物体打击、触电、机械伤害、坍塌等。

1）建筑安全事故高发的主要原因

①施工环境恶劣，这是由建筑工程的特点所决定的。建筑工程施工环境具有露天、高空、工种交叉、受场地局限等特点，如果对施工环境管理不到位、安全教育不全面，易导致建筑施工环境恶劣，容易诱发生产安全事故。

②人员素质较低，自我保护意识差。施工企业从事安全管理的人员数量少，远远达不到工程管理的要求，使得安全管理工作薄弱；建筑工地从业人员整体素质不高，大部分一线人员，特别是农民工，缺乏基本安全知识，安全意识不强，自我保护能力差，甚至一部分项目经理和现场管理人员对法律、法规、标准、规范也缺乏了解。

③施工安全监理不到位。主要表现在：

a. 部分监理单位和监理人员对安全监理认识模糊、态度消极，不能主动开展安全监理工作。

b. 监理单位不能有效地开展工作，不能及时督促企业和项目组对安全隐患进行整改，不能及时向建设单位、主管部门进行反映。

c. 安全投入少，建筑施工过程中，对安全设施、安全防护用品、安全培训、安全教育、安全技术资料、安全意外伤害保险等的资金投入不足。

④施工技术不够规范。监理单位和监理人员对施工技术操作管理不到位，现场存在大量事故隐患。例如：脚手架搭设不规范，部分工程甚至未搭设脚手架；现场平网、立网材质不合格；一些施工现场临时用电、模板工程不符合规范和标准要求。

⑤建设行政主管部门安全监管工作有待加强，针对薄弱环节采取的事故防范措施不到位，安全监管存在盲点，部分地区对安全生产违法违规行为和重大事故执法不严、处罚不力。

⑥建设工程各方主体安全责任未落实到位，部分施工企业安全生产主体责任意识不强，重效益、轻安全，安全生产投入严重不足，安全培训教育流于形式，施工现场管理混乱。一些建设单位，包括有些政府投资工程的建设单位，未能履行法律规定的安全责任，任意压缩合理工期，忽视安全生产管理。

此外，一些建设项目不履行法定建设程序，游离于建设行政主管部门的监管范围，建筑行业生产力水平偏低，技术装备水平较落后，建筑施工安全生产领域的中介机构发展滞后等，也是事故频发的原因之一。

2）主要干预措施

①创造良好的建筑施工现场环境。

②提高人员的素质。一方面，要提高监理人员的素质，制定统一的安全监理程序、内容和标准，规范安全监理行为，提高监理单位的安全监管水平，使监理人员安全监理意识到位、能力到位、监督到位；另一方面，提高施工一线人员尤其是农民工的素质，抓好人员基本安全知识的教育培训，不定期进行员工施工知识和安全知识的培训；特别是对特殊工种，要针对建筑行业特点进行专门培训，严格持证上岗制度。

③对于可能出现的危险和紧急情况，要有相应的预防措施和应急方案，如针对施工项目的特点确定危险点，并做出相应的控制与对策，明确作业方法、工艺流程及操作要领。

④同时应规范施工安全行为，加强对现场材料、设备的检查，杜绝不合格的材料及设备对人身的伤害，加大对安全工作的投入，完善各种安全设施。

⑤加强对施工现场的监督管理力度，对违章冒险作业要责令限期整改或停工整顿，并给予处罚。

⑥建立健全安全生产责任制。施工单位领导应制定针对性较强的安全管理目标责任书，明确安全管理人员及其职责，明确各有关单位、总包与分包单位及有关人员的安全

生产责任，建立安全生产管理的资料档案，安全岗位责任与经济利益挂钩，实施规范化管理，保证施工安全生产的有效实施。施工企业领导要高度重视安全工作，明确各级管理人员、各工种工人的安全职责。

建筑施工行业的特点是高空工作量大，作业人员多。高处作业四边临空，条件差，危险因素多，高处坠落事故就比较多。据不完全统计，全国建筑业近10年来的高处坠落事故死亡人数占工伤事故死亡人数的50%以上。因此，预防建筑安全事故首先就要防止高处坠落事故的发生。

(5) 危险化学品

我国是危险化学品生产、使用和进出口大国，从事危险化学品生产、使用、经营、运输和处理的企业有20余万家。我国在危险化学品的生产、经营、运输和使用方面发生过多起事故，造成了大量的人员伤亡，造成了环境的严重污染和社会恐慌。近几年，危险化学品事故频频发生，因此必须高度重视对危险化学品的生产、使用、经营、运输和处理工作。

1) 危险化学品灾害事故频发的主要原因

①企业只重经济效益，忽视安全隐患的整治。部分企业偏重于产量和经济效益，违反操作规程，让设施、设备长期运转，带故障生产经营。

②经营、储存、使用过程中存在不合安全规范的现象，主要体现在经营、储存、使用过程中存在跑、冒、滴、漏的现象，有些管理人员缺乏专业知识，不择环境乱放、混放、超量存放危险化学品等。

③运输过程中没有把好“三关”。近几年，在运输过程中发生的危险化学品泄漏事故日趋增加，占危险化学品灾害事故总数的30%左右，主要原因是没有把好“三关”，即装货关、运输关和卸货关。

④政府职能交叉。中国共有10个部门承担危险化学品安全监管职责，如危险化学品的运输由交通部门负责监管、危险化学品的生产涉及公安等部门，各部门间信息交流渠道不畅，往往延误了处理事故的最佳时机。

⑤安全规章制度不完善或不落实。

2) 主要干预措施

①应加强危险化学品的安全管理工作。加强危险化学品安全管理宣传、教育和培训工作，对从业人员严格实行持证上岗制度。

②发动居民加强对危险化学品泄漏事故防护的应急知识教育、训练，提高安全防范意识。

③制定科学的化学事故救援预案。公安消防部门和政府相关部门应对责任区范围的

主要危险品化学生产、经营、贮存、运输及分布状况进行调研，掌握各类危险化学品的特性和火灾特点，制定针对性较强的处置预案，加强统一指挥。

④在社区开展危险化学品救援专业训练。建立专兼职处置危险化学品泄漏事故的特勤队伍，加强培训，定期进行跨地区协同处置危险化学品灾害事故的演练。

⑤配备购置必要的个人防护器材。

(6) 办公室安全

办公场所容易发生人身损伤和火灾、触电等意外事故，一旦办公室里出现意外事故，轻则正常的工作被中断，重则伤及自身或同事，甚至引起更严重的后果。

1) 办公室安全事故发生的主要原因

办公室人多物杂，事故隐患多，人们安全意识松懈、使用物品不当、防护设备不足等。

2) 办公室安全的主要预防措施

①社区管理部门和企业应组织相关的教育培训，介绍办公室存在的事故隐患和需要掌握的安全技能，如自我保护技能、防火逃生技巧、电梯的安全使用常识、安全用电知识，并介绍建筑物中安全通道系统、消防报警系统，帮助学习使用消防器材。

②办公室不要存放过量的易燃物品，同时，切勿堵塞消防通道。

③为工作人员创造良好的环境，包括空间、空气和光线的安全良好。长期使用空调的办公室，需配备通风换气设备，保持合理的温度和湿度。

④注意自我调节。从事办公室工作的人员由于运动量小、工作量大、时间长、工作姿势单一、用脑过度等，普遍存在情绪紧张、失眠及身体各部位不适等症状。因此，要加强有针对性的身体锻炼，可利用业余操来缓解紧张的压力。

⑤制定办公室安全管理制度，相关人员安全保卫责任落实。

三、 公共场所安全

1. 公共场所安全的主要内容

公共场所安全主要包括 4 项内容：火灾、食物中毒、群体性挤踏事件、传染病。

2. 公共场所事故发生的原因及对策

(1) 公共场所火灾

此处所指的公共场所，主要是商场、市场、宾馆、饭店、公共娱乐场所以及医院、学校等人员密集场所。由于一些经营者只重视经济效益，忽视防火安全，许多公共场所存在着严重的火灾隐患。公共场所一旦发生火灾，极易造成群死群伤事故。

1) 公共场所火灾发生的主要原因

①建筑存在先天性的火灾隐患。公共娱乐场所大多设置在沿街房内或由其他建筑改

造而成，建筑本身没有经过防火审核和验收，建筑布局不合理。

②疏散通道不畅，安全出口数量少。安全通道被堵塞、占用，安全出口数量少是公共娱乐场所普遍存在的最为严重、最为突出的问题，也是容易引起群死群伤火灾事故的重要原因。

③消防设施损坏、缺乏、停用的现象较为突出。灭火器材数量不够、与配置场所不符或过期使用，部分安全出口疏散指示标志不明显，火灾事故应急照明灯不合格，自动消防设施不能正常运行。

④未经消防验收或验收不合格，擅自开业。没有向消防部门申请开业前的消防安全检查，擅自开业后，也没有建立相应的消防安全制度。

⑤未经审批，违章进行室内装修。为了美观，装修时大量采用可燃材料，没有防火间隔或间隔不合理，影响疏散。电气线路敷设不合格，违章用火、用电现象普遍。

⑥从业人员和消费者消防安全意识淡薄。一些业主不注重灭火器材的配备和保养，不进行消防安全管理，不组织员工开展基本的消防安全教育，致使员工上岗后不懂得消防安全知识，不会使用灭火器材扑救初起火灾，更不知道在紧急情况下该如何有效地组织人员进行疏散。消费者不遵守公共场所秩序，乱扔烟头。

⑦长期管理措施不力，隐患问题现象反弹比较严重。

2）公共场所火灾的主要预防措施

①确立消防安全责任人和消防安全管理人，落实消防安全责任制。

②加强对建筑防范工程技术规范审核，把好“源头”关。

③加强消防宣传、教育、培训工作。对员工开展多种形式的消防宣传教育，提高人们抗御火灾和火灾中逃生、自救的能力，使其掌握如何在火灾情况下正确使用消防设施，在紧急情况下如何组织人员疏散等知识。

④加强日常消防管理，确保隐患及时整改。加强电器设备及用电安全管理，保障疏散通道、安全出口畅通无阻。

⑤专项治理和长效管理并重。管理部门要监管权限明确，责任落实。坚持定期和不定期检查，切实加强防火检查力度，及时消除各类火灾隐患。

⑥建立有效的社会化管理机制。充分依靠群众，发动群众，对各种不安定因素和公共娱乐场所存在的各种违法违章行为及时进行举报。

⑦针对节日和大型活动的特点，消防部门要超前介入，严格把关。

⑧制定灭火疏散现场应急处置预案，并经常演练。

（2）食物中毒

食物中往往含有很多肉眼无法识别的细菌，过量食用不卫生食物，轻者导致食欲不振、恶心干呕，重者可能导致死亡。

据WHO估计，全球5岁以下儿童每年约发生15亿次腹泻性疾病，导致180万儿童死亡，其中7成以上腹泻是由食源性致病因素造成的。2011年，因食用遭李斯特菌污染的香瓜，全美有72人患病，其中16人死亡，死亡率高达22%。在澳大利亚，每天有11 500人感染食源性疾病。

虽然，一系列关于食品安全的法律法规已经出台，但是还远远不足；同时，因执法不严，这些法律法规往往达不到应有的效果。目前，我国食品安全面临着合格率不高、食品中有毒有害物质残留量高、食物中毒事件频发并严重危及社会稳定，以及食品安全的法律、法规不健全，执法力度不够等严峻挑战。因此，必须格外重视食品安全，分析影响食品安全的因素，制定解决对策。

1）食品中毒事故频发的主要原因

①食品安全卫生方面的法制建设不健全。主要表现在法律法规不规范、监管体系不完善、科学技术不配套、管理体制不协调。我国消费者的维权程序复杂、成本高，很多消费者的权益受到损害时，不能及时有效地维护自己的权益。而对违法进行食品生产和销售的企业，只是罚款了事，违法成本低，以致个别地区造假泛滥、屡禁不止。

②食品企业不顾消费者利益，追求暴利，“造假”成风。

③政府监督力度不够。

④散装食品经营状况混乱，餐饮业作业条件差，食品卫生状况令人担忧。

⑤食品中新的生物性和化学性污染物对健康的潜在威胁已经成为一个不容忽视的问题。一些农民对农药安全使用标准和准则缺乏了解，随意加大使用剂量，甚至超范围使用。在经济利益驱动下，随意在蔬菜、水果、茶叶等作物上使用国家明令禁止使用的高毒、剧毒农药，致使蔬菜中农药残留量严重超标。

⑥食品新技术、新资源（如转基因食品、酶制剂和新的食品包装材料）的应用给食品安全带来新的挑战，并逐渐成为国际社会关注的焦点。

⑦工业污染导致环境恶化，也对食品安全构成严重威胁，如水源污染导致食源性疾患的发生，海域的污染直接影响海产品的卫生质量。

2）食品安全卫生的主要预防措施

①加强食品安全卫生方面的法制建设，加大法律、法规的可操作性和对造假的惩治力度。进一步建立和完善保障食品安全卫生、防止危害发生的法律法规。

②加大惩治力度，提高违法者的成本。提高违法成本，能够有效地遏制造假的势头，让那些造假、制假者倾家荡产。加强执法力度，建立严明的司法和行政处罚制度，打击制售假冒和低质伪劣食品的犯罪行为。

③加强政府监督检查力度，创造科学管理的良好环境。确立食品市场准入制度，健全完善食品检验检测体系，社区食品卫生管理部门应经常开展食品质量检查并公布检查结果，尤其是加强对蔬菜市场的监管。

④加强舆论监督。要将食品安全纳入宣传工作重点，社区食品卫生管理部门应经常和居民进行相关信息的交流，对居民反映的不合格食品进行核实、曝光并采取惩罚措施，对健康食品加以宣传。

⑤解决食品监管不作为、乱作为问题。按照“有权必有责、执法受监督、违规要追究、侵权要赔偿”的要求，加大食品安全监管工作的监督、检查、督导、考核力度，制定切实可行的责任追究和处理办法，防止和减少不作为、乱作为现象。

⑥在社区开展食品卫生方面的教育培训，介绍食品卫生方面的相关知识，在居民中提倡健康合理饮食，养成良好的生活习惯。

⑦治理环境污染。推广可持续农业技术，保障消费者获得安全的食物供应。

食品安全关系到每一个人的最基本利益。能否消除这方面的危机，消除人们心中的担心，仍需要政府及相关部门和大家的不懈努力。

（3）群体性挤踏事件

群体性挤踏事件是指在人员密集场所中，由于现场秩序失去控制，发生拥挤、混乱，导致大量人员被挤伤、窒息或踩踏致死的事故。随着社会的发展和科技的进步，人类活动之间的关联性日趋明显，出现高密度人群的概率越来越高，如果对现场形势缺乏正确的估计进而导致现场秩序失控，群体性挤踏事件的发生就在所难免。

近年来，在娱乐场所、工厂、学校、公园、商场等公共场所，由于各种起因而导致的踩踏拥堵致死致伤事件，陆续暴露在公众视野中，成为公共安全事故的一种类型。

1）群体性挤踏事件的主要原因

①人群密度大，是群体性挤踏事件发生的直接原因。群体动力学的研究表明，人群的行进速度并不是决定于个体的平均行进速度，而是决定于人群的密度。人群密度越大，群体的行进速度越低；当人群密度达到一定极限时，就会由于拥挤过度而不能前进。

②恐慌心理的出现和扩散是造成群体性挤踏事件的心理方面的原因。当公众聚集场所秩序失控时，面对可能或确实存在的危险，人会感到不安，甚至绝望，本能的求生欲望驱使其采取措施迅速离开危险场所。人群中的某些个体会由于过分不安而失去理智，出现狂躁和冲动行为，成为群体恐慌的导火索和爆发点。随后，少数人的恐慌心理迅速蔓延扩散为整个群体的恐慌。完全失去理智的人群相互拥挤，群体中的弱者被挤倒，更多的人踩过倒地者的身体。

③公共场所的硬件设施设计不合理是造成群体性挤踏事件的客观原因。群体性挤踏事件一般发生在出入口、狭窄的过道、看台、楼梯等处，这就要求在设计公共场所时要根据可容纳的人员数量对这些重点区域进行科学规划。

④公共活动应急准备不足是造成群体性挤踏事件的管理方面的原因。在公众聚集场所和举办各类大型活动时没有制定科学合理的应急预案，对现场情况、可能发生的危险状况、应采取的应急措施、应急人员组织指挥等方面的问题没有做出周密的安排，都可能引发群体性挤踏事件。

⑤公众安全素质有待提高是群体性挤踏事件发生的根本原因。群体性挤踏事件无论在世界还是在我国都并非罕事，但这些惨剧似乎都未能唤醒公众对参加大型集会活动的自我保护意识。公众的安全素质有待提高不仅是引发事故的重要原因，也是导致损失扩大的主要影响因素。

2）群体性挤踏事件的主要预防措施

群体性挤踏事件的原因复杂，场所各异，具体的表现方式多种多样，必须从人、场地、管理等方面研究预防此类事故的措施。鉴于群体性挤踏事件所具有的偶然性，还必须对事发后的处置和恢复予以考虑，以尽量减少人员伤亡。

①改进场所硬件设备，避免群集现象发生。例如：增加安全出口数量，达到分离人群的目的；设计合理的安全出口宽度，保证安全出口畅通；利用栅栏、路障等固定物对大面积的开阔地进行分割，将拥挤的人群进行分区，减少挤踏事件发生；在大型活动中应事先设计人群的进出场路线和行进路线，控制人群的行进方向，尽量保证单向行进；增设紧急照明设备，保证场所的亮度等。

②在大型活动前制定科学的应急预案并进行演练。分析公众聚集场所或大型活动可能存在的危险、活动现场的环境条件、到场人员的最大数量，制定科学的应急预案，并进行必要的演练。

③组织训练能够在紧急情况下快速、科学反应的人员队伍，以便在人群初现群集现象时及时加以控制，形成预防群体性挤踏事件的最后一道防线。

④严格遵照《大型群众性活动安全管理条例》制定安全管理办法，明确安全责任。

⑤开展对公众的安全教育活动。教育公众正确评估周围环境的危险性，提高对危险的警惕性，为公众提供正确处置危险的各种基础知识和技能。教育公众自觉分析大型活动存在的危险，理智参加各种大型活动，并对如何应对危险有一定的心理和行动准备；在紧急情况下可以冷静处理，采取正确措施自救，并且能够自觉地相互救助，对行动缓慢或被挤倒的人予以扶助。

四、 涉水安全

1. 涉水安全的主要内容

涉水安全的主要内容包括 2 项：游泳安全、饮用水安全。

2. 涉水安全的现状

人们的生活离不开水，水在给人们提供便利的同时，也带来了不少安全隐患。在我国，溺水是 0～14 岁儿童意外死亡的第一大原因，其中 1～4 岁年龄组发生率最高，每 10 万名 1～4 岁的儿童中就有 36.73 名儿童死于溺水，大大高于因交通事故、中毒等意外伤害而死亡的人数。

饮水安全问题日益引起国际社会的关注，联合国已确定 2005—2015 年为生命之水国际行动 10 年，各国应为本国居民提供基本供水服务。在我国，饮水安全形势十分严峻，2005 年完成的全国农村饮水安全现状调查表明，农村有 3.79 亿人饮水不安全。我国城市饮用水安全问题也十分突出，在调查的 661 个城市 4 555 个集中饮用水水源地中，有 638 个饮用水水源地水质不安全，影响 5 600 多万人。水污染已成为影响我国城市饮用水水源地安全的首要问题。目前，饮用瓶装水的家庭越来越多，福建省质量技术监督局对全省的 95 家纯净水生产企业、64 家矿泉水生产企业和 47 家净水生产企业的基本生产条件和产品质量进行考核，共抽检 228 批次，合格率仅为 60%。因此，要正确选购安全、优质瓶装水，以避免水中有害物质和微生物对人体健康造成伤害。

3. 涉水安全问题的主要原因

（1）公众的安全意识淡薄，缺少培训教育，缺乏必要的涉水安全知识，尤其是儿童和青少年的安全意识非常薄弱。

（2）水域安全管理薄弱，救生巡视设备不足。

（3）废污水排放量大而监督管理薄弱，城市饮用水水源地普遍受到不同程度的污染且有加剧之势，涉水疾病种类增多，发病率明显升高。有些地方政府只注重经济利益而忽视对环境的治理，工业废水、城乡生活污水的排放量不断增加，饮用水水源地重金属和有机污染物超标，其中包括致癌、致畸、致突变的有机污染物。

（4）水源地监控体系、应急预案与管理机制等不完善，保障城市饮用水安全的应急能力较低。

（5）水处理改造建设仍滞后于城镇化进程，污水处理设施不足，管网不配套，运行效率不高。

（6）有些纯净水和矿泉水生产企业追求经济利益，以次充好，质量没有保障。

4. 涉水安全问题的主要干预措施

（1）定期对游泳场所的救生设施进行检查和维护，确保其完好无损。另外，在天然水域边设立安全警示牌，并在事故多发地设立游泳安全巡视员或义务监督管理员。

（2）加强对公众的教育培训，加强游泳者的自我保护意识和游泳场所的救生救护措施。学校应加强对中小学生游泳的管理、监护。积极创造条件开设游泳课，指导青少年学生熟练掌握游泳的技巧和自救方法。

（3）摸清城市饮用水水源地安全现状，编制城市饮用水水源地安全保障规划，有针对性地提出解决城市饮用水水源地安全的基本思路、目标和综合防治措施。

（4）选购瓶装水要看清品牌，尽量购买正规、知名厂家生产的产品。购买桶装水时，要认真看清水桶的标识是否齐全，如厂家、厂址、执行标准、批次、生产日期和保质期。

五、学校安全

1. 学校安全的主要内容

学校安全的主要内容包括10项：学校宿舍安全、食品卫生安全、学生交通安全、教室安全、实验室安全、体育活动安全、校内外集体活动安全、预防校园吸毒、预防校园暴力、心理健康。

2. 学校安全的现状

我国每年约有1.6万名中小学生非正常死亡，这其中约有80%的非正常死亡本可以通过预防措施得以避免。

在传统学校教育中，对学生生存能力的专项教育长期处于缺失的状态。针对普遍存在的对学生安全构成威胁的如溺水、食物中毒、交通事故及其他安全事故，必须采取适当的措施进行控制，旨在让更多的中小学生拥有基本而必要的生存技能，加强自我防范意识，尽可能免受侵害。

校园安全涉及青少年生活和学习方面的安全隐患有20多种，包括食物中毒、体育运动损伤、网络交友安全、交通事故、火灾火险、溺水、毒品危害、性侵犯、艾滋病等。这些都时时威胁着青少年的健康成长。“中国少年儿童平安行动”活动组委在北京、上海、广东、陕西等10个省、市进行的关于中小学生安全问题的调查显示：家长担心孩子受到伤害的地方依次有学校（占51.44%）、公共场所（占36.32%）、自然环境（占10.44%）、家里（占1.8%）。这一调查表明，学校竟成为家长们最担心孩子受到伤害的地方。

“校园暴力”案件在全国都十分普遍。青少年犯罪研究会近期的一份统计资料表明：近年内，青少年犯罪总数已经占到了全国刑事犯罪总数的70%以上，其中十五六岁少年犯罪案件又占到了青少年犯罪案件总数的70%以上。校园暴力案件不断发生，给学生的正常生活带来极大的不便，必须采取各种手段进行杜绝。

目前，我国儿童青少年的心理卫生状况也非常令人担忧。中国17岁以下的儿童青少年中，至少有3 000万人受到各种情绪障碍和行为问题的困扰。中小学生心理障碍患病率达到21.6%～32.0%。有关研究表明，我国有5%～10%的互联网使用者存在网络依赖倾向，其中青少年约占7%。另一个数据更令人震惊：中国青少年网络成瘾症发病率高达15%，人数高达244万。专家指出，与很多国家相比，中国中学生中使用互联网的人数比例较高，时间较长，平均每周使用时间为8.98小时，假期高达21.34小时。一份《网络游戏与未成年人教育》调查报告显示，在北京，中学生上网成瘾者的比例达14.8%（初中生11.8%，高中生15.97%），网络成为暴力滋生新温床，网络游戏更成为引发未成年人犯罪的根源。

3. 学校安全事故发生的原因

（1）学校在社会主义市场经济大潮下已不再是一片净土，社会上的许多不良风气也在学校蔓延。以海城豆奶事件为例：学校甚至为了自己的利益吃回扣，不惜将非指定单位的豆奶引进让学生饮用，结果导致近3 000名学生集体中毒。

（2）社会上人的心理越来越不稳定，如果这种心理得不到有效的疏导和排解，一些人将会走向报复社会的极端。因为校园里的孩子自我保护能力较弱，有些人便把目标对准了校园。

（3）学生的自我保护能力弱，安全意识不强，缺乏必要的安全知识。

（4）学生心理承受能力差，经受不住诱惑。网络犯罪、吸食毒品等新型犯罪，正在逼近青少年，新型犯罪把青少年推到了犯罪的最前沿。

（5）行政部门和学校领导对学生安全工作重要性认识不足、工作管理不到位、责任不落实。孩子们在学校停留的时间长，如果学校对安全隐患熟视无睹，管理工作漏洞多，势必会造成安全问题。

（6）许多学校基础设施差、条件简陋，隐患较多。如学校尤其是农村学校的大部分食堂建筑、设备与环境卫生均达不到要求，许多学校食堂连最基本的设施、设备都没有；学校食堂卫生许可证持证率低，有些食堂无证开膳，不少食堂从业人员不持健康证上岗；不少学校食堂卫生状况极差，厨房脏乱现象突出。

（7）学校由于人员大量集中，用电、用火频繁，又集教学、住宿、餐饮、理化实验、电教等多功能服务为一体，消防安全工作尤其重要。然而，近几年由于对校园消防安全工作重视不够，教师、学生缺乏必要的防火、灭火和火灾自救知识，一些学校消防管理机制不健全，制度没有落实到日常管理中，成了摆设；一些学校随意乱拉乱接电线，在宿舍内使用电热器具；一些学校的学生宿舍用易燃材料吊顶，火灾隐患十分突出。

（8）学校只注重应试教育，忽视了学生的心理卫生教育，学生的精神压力大，心理状况堪忧。

4. 学校安全的主要干预措施

（1）加强立法，对扰乱学校环境和秩序的人严厉制裁。

（2）学校要积极配合当地公安机关认真落实《公安机关维护校园及周边治安秩序八条措施》，建立协同工作机制，制定工作方案，切实保障师生人身、财产安全。

（3）组织力量对学校周边地质和校舍情况进行排查，凡发现地质隐患的要迅速报当地政府妥善处置，对排查出的有安全隐患的教室要停止使用，必要时可以临时停课。同时，由教师代表、家长代表、社会德高望重的人组成学校安全促进工作组，通过这个工作组加强学校和家庭之间的联系，同时对学校管理、学校周边环境、教师行为等进行监督，及时向地方当局和学校提出建议和要求。

（4）进一步加大学校校长和幼儿园园长安全管理培训的力度，加强对学生的心理卫生教育，发现问题，及时疏导；增强学生的安全意识，提高学生的安全防范技能。每逢开学、放假前，要有针对性地对学生集中开展安全教育，强化学生安全意识，要以多种形式加强学生应对洪水、泥石流、火灾、地震等突发事件的应急训练，提高学生自救自护能力。

（5）学校每学期要对校车安全状况、驾驶员资格等情况进行一次全面检查。严禁租用个人车辆接送学生，凡用于接送学生的校车必须经交管部门审核合格。杜绝学校校园场地停放社会车辆或从事易燃、易爆、有毒、有害等危险品生产经营活动及其他可能危及学生安全的活动。

（6）寄宿制学校要配备教师或管理人员专门负责管理学生宿舍，落实夜间值班、巡查制度，坚持对寄宿学生实行晚点名和定时查铺制度。

（7）对于校园暴力的防范，必须落实学校责任制，同时要和当地公安、城管等部门密切协作，共同努力防范校园暴力事件的发生。

（8）加强青少年学生的心理知识教育和心理技能训练，提高其心理的容纳性和承受力，对学生提供心理健康方面的知识宣传和知识咨询。

（9）改革传统的中小学生及大学生的安全教育模式，建立相应的安全培训教育基地，努力树立全新的安全观念，并将之应用于生产生活实践之中。

六、老年人安全

1. 老年人安全的主要内容

老年人安全的主要内容包括5项：家居安全、跌倒预防、交通安全、自杀预防、病患者关注。

2. 老年人安全的现状

人口老龄化是指老年人占总人口的比例不断上升的过程。按照联合国公布的年龄构成标准，当65岁以上的老年人口与总人口的比例达到7%或者60岁以上的人口占总人数的10%以上，这个社会称为老龄化社会。全国第六次人口普查显示，大陆人口中，0～14岁人口占总人口的16.60%，15～59岁人口占总人口的70.14%，60岁及以上人口占总人口的13.26%，65岁及以上人口占总人口的8.87%，由此可见，我国已进入老龄化社会。

随着老年人在我国人口的比例显著增加，因交通事故死亡的老年人数量也逐年增加。其中，80%是因为交通违章引起的，老年人也成为了事故的主要责任人。可见，老年人是交通要素中不可缺少的重要组成部分，他们的交通行为将对整个交通状况产生影响。无论是现在还是将来，老年人的交通安全将是一个突出的问题。

老年人随着年龄的增长，肌体功能也随之衰退。例如，神经系统功能衰退，老年人表现为反应迟钝，甚至智力障碍，在日常生活中或干家务活时容易被烫伤、发生触电事故等。跌倒是老年人群伤残、失能和死亡的重要原因之一。美国65岁以上老年人跌倒的发生率约为33%～50%。我国65岁以上的家居老年人中，男性21%～23%曾跌倒过，女性则为43%～44%。

同时，近几年的火灾数据显示，老年人在火灾中伤亡的比例呈现出递增的态势，已成为火灾中的最大脆弱群体。上海是我国第一个进入老龄化社会的城市，2002年以来，上海市每年死于火灾的总人数中，老人始终占约四成，居各年龄段之首。

进入老年后，由于人体组织结构和生理代谢功能一系列的变化，身体功能开始衰退，应变能力降低，各种急慢性损伤也逐渐增多。如何使老年人保持较高的生活质量，延长独立生活的时间，降低医疗保健的支出，是一个十分重要的问题。

3. 影响老年人安全的主要原因

（1）生活境况

老年人较年轻人难以改变传统的生活方式和习惯，他们无法适应日新月异的新鲜设备，这使得老年人的生命与健康的损害状况变得越来越严重。

不平的路面和照明不足是老年人在公共场所跌倒最常见的原因。老年人跌倒多发生于室内，而且室内各场所发生跌倒的概率不同，约1/3的跌倒发生在卧室，其次是门口、浴室、厨房、楼梯、书房等，浴室是跌倒后最危险的场所。

（2）自身因素

视听能力与伤害发生率有直接联系，视听能力均好者的伤害发生率较低，视听能力均差者发生率最高，后者伤害发生率是前者的2倍。疾病对伤害的影响也是十分明显的，患有疾病的老人伤害的发生率远远高于健康的老人。

(3) 心理素质

自我感觉差及持消极生活态度的老年人意外伤害的发生率较高。

(4) 家庭因素

调查显示，是否与子女一起生活，与其意外伤害的发生率有很大关系，不与子女一起生活者其意外伤害的发生率是与子女一起生活者的 1.35 倍。人口在老龄化进程中呈现出“空巢”老人家庭不断增多的趋势，这些高龄老人中，接近 90%的老人生活不能自理或只能半自理，一旦发生突发事件，缺少自救的能力。

(5) 安全意识淡薄

老人已成为火灾中最大的受害群体，这与老人的消防安全意识淡薄有关。不少老年人习惯将纸箱等易燃物堆积在家中，即使电器发生故障，仍不肯丢弃、更换；还有些老人喜欢在家中烧香拜佛或躺在床上吸烟。这些不良的生活习惯很容易埋下消防隐患。

4. 老年人安全的主要干预措施

(1) 全面体检

分析和改善老年人自身内在的危险因素，一旦发现异常情况，及时给予治疗。

(2) 适当地活动和锻炼

坚持科学的体育锻炼，可以延缓衰老，增进健康。运动锻炼应适合老年人的特点，并结合个人兴趣及活动能力采用不同的运动形式，如散步、慢跑、各种形式的体操、太极拳等。

(3) 建立适合老年人特点的生活环境

鉴于家居条件对老年人安全的重要性，对老年人家庭环境进行评价并改善家庭条件和设施，是一个值得提倡的干预策略。许多老年人家中存在着跌倒的隐患，而这些隐患大部分是可以通过一次性的干预措施得到改善和消除的，简单易行且经济有效。家中安全评价总的原则是：光线分布应均匀并避免闪烁，地面应平坦而不滑，通道不应有障碍物等。

(4) 安全促进和保健宣传

向老年人介绍一些安全常识，交代一些药物的作用和副作用，使老年人了解自身存在的问题，随时随地警惕。消防部门应尝试设立社区应急服务中心，建立老人巡视员队伍，进行志愿者与独居老人结对等活动。

(5) 构建社会化网络除隐患

在各级政府的主导下，编织起一张由家庭成员、社区邻里及老年人服务组织等共同组成的安全关爱之网。针对高龄老人自理能力弱、自救逃生能力差的特点，尽量避免老人单独用火、用电。社区居委会可专门建立空巢老人档案，由专人或社区民警定期上门探望、检查隐患。

(6) 针对市郊老人火灾事故多的特点，各级政府应给予一定的财力倾斜，个别远郊薄弱地区可考虑增设农村老年人消防安全专项资金，重点开展消防知识宣传、免费更换老化电线、推广赠送家用灭火设施、建立志愿者队伍等活动。国外在防范老年人火灾方面也有不少可借鉴之处，如美国法律明确规定，老人和孩子的衣服以及他们所使用的被褥、床上用品，都必须是阻燃织物做成。日本还研发出一系列具有防火功能的窗帘、被褥、家具等产品。

七、 儿童安全

1. 儿童安全的主要内容

儿童安全的主要内容包括7项：家居安全、交通安全、户外安全、游泳安全、玩具安全、烟花爆竹安全、家庭暴力。

2. 儿童安全的现状

来自全球安全网络的数据显示，每年超过7万0～14岁中国儿童死于意外伤害，数十万因意外伤害导致终生残疾！特别值得注意的是，超过40%的意外伤害事件就发生在家里。儿童意外伤害是中国14岁以下儿童死亡的主要原因之一。在“全球儿童安全网络”的成员国中，中国的儿童意外伤害死亡率排在第三位，年发生率是美国的2.5倍、韩国的1.5倍。其中，溺水、交通事故和中毒是导致儿童意外伤亡的主要原因。

在中国，溺水是0～14岁儿童意外死亡的第一大原因，其中1～4岁年龄组发生率最高，每10万名1～4岁的儿童中就有36.73名儿童死于溺水，大大高于因交通事故、中毒等意外伤害而死亡的人数。

同时，每年我国有超过18 500名14岁以下儿童死于道路交通事故，儿童因交通事故的死亡率是欧洲的2.5倍，美国的2.6倍。交通事故已经成为中国儿童意外伤亡的第二大原因，其造成儿童死亡数占所有意外伤害的13.5%左右，仅次于溺水。步行儿童是道路交通伤害的弱势人群，每100名因道路交通事故伤亡的儿童中，就有46名为步行者。在我国，一年就有超过16 100名儿童在其步行时因道路交通事故而受伤或失去生命。

3. 儿童安全的主要原因

(1) 对父母和儿童的安全教育不够，父母对儿童的监护不严。孩子在无父母陪伴的情况下独自步行上下学，加上儿童对道路环境不熟悉，导致危险性增加。儿童安全步行检查（上海、北京、广州，2005）显示，75%的8～10岁年龄段儿童步行上学，但只有

30%有成年人带领。另有调查显示，有半数以上的孩子在跌落时正在从事娱乐活动，而家里和宿舍则是孩子跌落受伤的高发地点，特别在1～4岁的调查人群中，有57.4%是在家中跌落。

（2）儿童的安全意识淡薄，缺乏必要的安全知识，对城市道路交通安全规则不够了解。

如不慎掉入地铁车道，又碰巧地铁疾驶进站，已经来不及爬上站台，应该采取何种措施？不同选项选择人数百分比见表6—15。

表6—15　　不同选项选择人数百分比

选项	选择人数	所占百分比（%）
紧贴站台一侧站立	91	19.3
顺势躺在2根铁轨之间	210	44.5
紧贴地铁内侧墙面站立	169	36.2

从上表可以看出，多数孩子选择了第二项，只有36.2%的孩子选择了正确的第三项，64%的孩子都选择错误。

（3）好奇心强，敢于冒险。儿童思维简单，想法单纯，辨别是非的能力和应变能力较差。但求知欲望强烈，什么都敢接触，什么都想尝试。这些心理特点导致他们易于产生盲目的冲动和冒险行为，如穿越隔离障碍、与车辆赛跑等。儿童好奇的本性使他们比任何人更容易中毒。有时，家长没有按照剂量和医嘱给孩子服用药物，也是引起儿童意外中毒的重要原因之一。

（4）交通拥挤、人行道被自行车或货摊占据、人行道或路面破损严重等，也是使儿童交通危险性增加的原因之一。

（5）儿童自身的生理特点。幼儿从楼梯、床、窗、家具以及家中其他的物体上跌落，这是与自身运动技巧的发展相关联的。10岁以下的儿童是发生因跌落而受伤或致死的高发人群。而0～4岁的幼儿更易摔落，因为幼儿的头盖骨还没有完全发育好，并且重心点较高，所以比成人更容易因跌落而使头部受伤。

4. 儿童安全的主要干预措施

（1）提高父母对儿童安全的意识。应对家长和儿童进行关于预防家中和学校跌落的知识，加强父母对儿童的监护，加强儿童意外伤害的培训。

（2）加强对少年儿童安全知识的教育，培养少年儿童的安全意识。

（3）建立和完善关于在娱乐场所、学校、家居建设中预防儿童跌落的条例，如窗台高度的标准、儿童安全带的使用等。开展预防儿童意外伤害的教育及其他各种预防项目，加强对儿童的看护。

(4) 开展预防儿童意外伤害的教育及其他各种预防项目；重视家居、社区、学校和幼儿园的安全环境，给孩子提供一个安全的生活环境。

(5) 改善交通基础设施建设，制定道路限速法规，禁止司机饮酒，向父母、儿童看护者、老师、媒体、政策制定者宣传儿童安全步行的方法。对影响安全步行的因素，如步行区和车道的照明、行人安全穿过马路的标志、人行道的设置等进行改进，使行人能更安全、更方便地步行。

(6) 收集和分析儿童道路交通伤害的数据，建立伤害的监测机制，以制定长远策略性的预防措施。

八、 家居安全

1. 家居安全的主要内容

家居安全的主要内容包括 10 项：家庭火灾预防、家庭触电预防、食物中毒预防、煤气中毒预防、室内污染预防、家庭防盗、家庭暴力、急救和逃生、家庭用品安全、医药安全。

2. 家居安全的现状

随着新技术的广泛应用和生活方式及其内容的变化，现代生活中的安全问题越来越成为人类的困扰，给人们带来了极大的物质利益和生活享受，也给人类的生活增添了许多危险因素。家庭事故和伤害是指人们家庭日常生活中由于人为原因（直接或非直接的）造成的不期望或意想不到的人的生命与健康危害及损害的非生产性意外事故，如火灾、触电、溺水、坠楼、中毒、运动伤害、气管异物、烫伤等。家居安全就是以控制家庭事故和伤害为目的的。

在许多发达国家，生活意外伤害事故已经成为人类非正常死亡的第一死因。在日本，除了交通事故（占非生产性意外事故的一半）以外，发生率最高的就是家庭意外事故。在世界范围内，生产性意外事故由于政府管理和对技术工作的重视，事故率呈逐年下降趋势，而非生产性意外伤害事故，特别是家庭及社会生活意外事故，由于缺乏正确的管理和重视，呈逐年上升趋势。这一现象已引起国际社会的广泛关注，“第一届国际儿童意外伤害大会”把意外伤害确认为 21 世纪儿童重要的健康问题。上述动向应引起我国全社会，特别是从事安全管理、研究、教育等部门和人士的重视。研究表明，生活意外伤害事故的主要发生对象是老人和孩子，占所有事故死亡总数的 51%。为了有效地防止和避免类似的悲剧发生，务必提高家居安全意识，时刻保持警觉，并多加留意家中高危地方及物品。

3. 家居伤害的主要原因

(1) 生活方式和生活内容的改变，使危险因素增加，如宠物日益成为一个突出的家居安全问题。

（2）居民缺少安全培训教育，安全意识淡薄。统计数字显示，很多伤害在家中发生，其主要原因是由于家中成员的疏忽及大意所致。

（3）对危险性较大的生活用品和设施，缺少或未执行严格的准入制度，家电设备和生活用品质量参差不齐。

（4）使用危险物品时，疏忽大意或错误操作，且意外发生后不懂必要的应急措施。

4. 家居安全的主要干预措施

（1）加强对居民的安全宣传教育，提高居民的安全意识，使他们树立正确的安全观念和态度，掌握必要的防护技能等。日本和新加坡常年开展的“家庭安全运动”是一种可以借鉴的好方法。同时，社区团体和教育部门应发挥应有作用，安全宣传教育工作应贯穿于生活的时时刻刻和方方面面。

（2）政府应该制定一些法律来控制生活意外伤害事故发生的可能性。如对于危险性较大的生活用品和设施，应制定严格的生产及质量检验标准；禁止事故伤害概率较大的生活方式和行为，生活中限制使用氟利昂、石棉制品等。

（3）提高居民对家电和日用品的操作技能和必要的应变措施和应急措施，对燃气等高危器具使用安全措施。如预防燃气灾害，除普及预防知识外，用户还可添置一些防御设备（如燃气防爆器），有效解除燃气使用不规范带来的安全隐患。

（4）政府应考虑设立必要的家庭事故研究管理部门或预防中心，能够针对生活方式及其内容的变化，对小范围的事故发生规律进行研究，及时地制定出有效预防措施和办法，做到“预防为主，防治结合”。

九、 体育运动安全

1. 体育运动安全的主要内容

体育运动安全的主要内容包括 4 项：体育用品安全、体育器械安全、运动场地安全、运动安全。

2. 体育运动安全的现状

加强体育锻炼，可以增强免疫力。然而，在体育运动过程中，特别是对于儿童、青少年、老年人等脆弱群体，受到的伤害越来越多，这日益受到人们的关注。因此，在社区内长期、持续地实施各种体育运动安全促进项目，增强体育运动安全意识，将会显著改善社区内居民的体育运动安全状况。

3. 体育运动致伤的主要原因

（1）体育用品质量差强人意。我国体育用品标准化工作严重滞后于体育事业的发展，上千种体育用品，标准化率不到 10%。这不仅扰乱了市场秩序，损害了消费者利益，而且因质量问题致残、致亡事件也时有发生。

根据美国消费者协会的调查，每 7 个运动场当中就有 1 个运动场当中的木制器械被一种含砷的防腐剂处理过，小孩子在触摸和吞咽了这些含砷的防腐剂后，会增加他们以后患膀胱癌和肺癌的概率。

（2）运动场地设施不安全。据调查，场地、器材等体育设施不安全是造成体育伤害事故的主要因素之一。造成运动场地设施不安全的原因很多，如体育场地设施、器材的维修不及时；保护措施不当，人为破坏严重；管理责任模糊，对体育设施安全性不重视，管理人员专业素质不高。

美国的调查结果显示，每年在 20 万意外受伤的儿童当中，2/3 的危险发生在孩子在运动场玩耍时，生锈的零部件、坏掉的秋千、不见了横梁的梯子和裂开的木头都会伤害到运动者。在美国，每 3 个运动场当中就有 1 个存在不同程度的安全隐患。

（3）运动方式不当或运动过于剧烈。运动前没有做热身运动，运动时注意力不集中、技术动作不合理或不遵守运动规范等，是造成体育伤害的主要原因。根据调查，体育运动中的技术动作不合理是引发体育运动伤害事故的主要因素。技术动作不合理主要是指错误的动作和危险动作。

（4）居民在参加体育运动时安全意识差，思想上麻痹大意，也是重要的安全隐患。

（5）缺乏体育运动的基本常识和自救措施。居民对体育运动的基本常识认识不足，不会科学运动，没有掌握基本的自救方法，体育基本常识知之甚少。

4. 体育运动安全的干预措施

（1）加强体育运动产品市场监管力度，禁止不合格的运动器材流入市场。

（2）从体育活动安全管理制度，场地、器材、准备活动、教学手段、保护帮助、组织管理等方面，全方位考虑安全问题，安排专人负责社区内体育运动器械的维护和保养，确保居民用上安全可靠的运动器械。要认真检查社区内体育设备设施的设置是否符合规范要求，严禁劣质体育器械进入社区。

（3）建立体育运动伤害事故的处理预案和相关制度，尤其要注意社区内学校学生的体育运动安全问题。

（4）加强对居民在体育运动安全方面的教育培训，刊发科学、安全体育运动的材料和健康知识的小册子，教会居民正确锻炼、正确使用体育器械及发生伤害时必要的急救知识。

十、 消防安全

1. 消防安全的主要内容

消防安全的主要内容包括 6 项：高层民用建筑火灾，公共场所火灾，汽车火灾，易燃易爆危险物品生产、储存场所等重大火灾危险源，森林火灾，安全、指示、警告标志。

2. 我国消防安全的现状

(1) 我国农村消防安全的现状

我国农村消防工作发展不平衡，总体水平还很低，农村缺乏消防规划、消防基础设施、消防组织、火灾扑救力量，农民消防法制及消防安全意识淡薄等问题仍比较突出。农村火灾仍呈多发趋势，有的地方还发生了重特大火灾，给当地农村经济发展和农民生产生活造成了很大的影响。

火灾是火失去控制蔓延而形成的一种灾害性燃烧现象，通常造成人或物的损失。据统计，近年来全国农村平均每年发生火灾 6.7 万起，死亡 1 500 余人，受伤 2 200 余人；每年受灾住户达 4.4 万户，至少有 15 万农民受灾，相当于一个中小规模县的人口；每年的火灾总量约占城乡火灾总量的六成左右。在各类自然灾害中，火灾是一种不受时间、空间限制，发生频率最高的灾害。火灾不仅烧毁财物，造成严重的经济损失，而且可以致人死伤、残障和心理创伤。我国每年约有 1.5 万人死于烧烫伤，其中火灾致死占 1/5，是造成烧伤的主要原因之一。

(2) 我国城市社区的消防安全现状

我国城市社区火灾隐患主要是因为：

1) 许多消防设施形同虚设，一旦发生火灾，根本起不了作用。

2) 消防车道被阻塞或宽度不足，有不少小区消防车道不仅成了停车道，有的更用做商品摆卖，或者干脆搭起临时建筑，给火灾扑救带来了严重的障碍。

3) 建设小区时消防规划不完善，在社区消防安全平面布局、消防车通道、消防供水管网、室外消火栓的建设方面存在问题，许多小区都存在着建筑物间防火间距不足、消防车道宽度不足等问题。

4) 城市社区居住人口集中，开发商为了满足人们衣、食、住、行的需要，建设了大量的配套设施，如商场、学校、幼儿园、旅店、诊所、网吧等人员密集场所和天然气调压站、石油液化气供应交换站等易燃易爆场所，增加了小区的火灾危险性，这对消防工作提出了新的要求。

5) 家庭装饰大量采用可燃材料，吊顶、墙面、地面、家具、可燃织物窗帘等，使单位面积的火灾荷载显著增加，家用电器、燃气用具等的普遍使用都构成了潜在的火灾危险。

6) 城市社区的人们消防安全意识相对薄弱，社区消防宣传不到位。由于小区管理者对消防宣传教育工作不够重视，加上开发商及管理者缺乏相应的消防安全意识，仍停留在传统管理模式上，没有很好地发动群众参与，导致人们认识程度低，造成违法违规违章堵塞消防通道、圈占消防设施、乱倒液化气残液、无防护措施动用明火等情况的发生，火灾隐患增多。

我国总体火灾损失概况见表6—16。

表6—16　　我国总体火灾损失概况

年度	火灾起数	火灾直接经济损失（万元）	死亡人数
2000	122 202	152 217.3	3 021
2001	124 282	140 326.1	2 334
2002	139 557	96 625.9	2 393
2003	132 111	159 088.6	2 482
2004	142 568	113 576.3	2 563
2005	143 234	90 293.1	2 500
2006	222 702	7 844.68	1 517
2007	159 000	9 900	1 418
2008			1 521
2009			1 076
2010	132 497	195 945.2	1 205

总之，我国社区内存在众多火灾隐患，这严重影响着社区内人们的正常生活。因此，必须针对上述几种原因，结合社区的实际情况，制定相应的解决办法。

3. 影响社区消防安全的现存主要问题

社区消防工作是消防工作社会化的重要组成部分。但在实际的社会生活中，社区消防工作发展极为不平衡，各地参差不齐，失控失管漏点多，社区消防综合性能差。这主要表现在以下几个方面：

（1）政府及有关部门对社区消防工作概念模糊，对其重要性和必要性认识不到位、不深刻、不细致，导致社区消防工作无法正常开展，发展缓慢。

（2）没有坚持以人为本，建立健全社区消防组织机构，致使社区消防工作不能得到良性运转。

（3）缺乏一套行之有效的社区消防管理制度，致使社区消防硬件设施基础差，投入少，失修、失管现象突出，在发展上没有创新，工作上缺少活力。

（4）社区消防资源未进行优化整合，达到消防资源共享，以填补消防建设资金、设施、器材等缺口，优势互补的效能未得到充分发挥。

（5）全国消防站“欠账”近六成。

由图6—2可知，除个别原因不明外，发生火灾的原因主要是违反电气安装使用规定、生活用火不慎、吸烟、玩火、违章操作等人为因素。

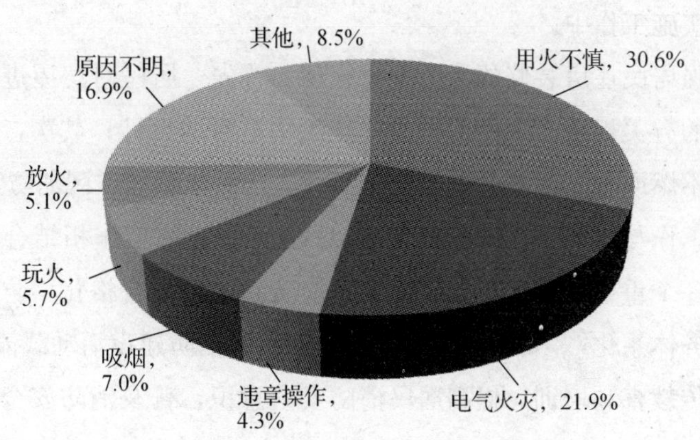

图 6—2　我国火灾原因百分比

（6）消防安全环境不善，高层建筑楼道狭窄、楼层高，发生火灾不容易逃生、救援困难等因素也是造成火灾伤亡事故的原因。酒店、影剧院、超市、体育馆等人员密集场所一旦发生火灾，常因人员慌乱、拥挤而阻塞通道，发生互相踩踏的惨剧，或由于逃生方法不当造成人员伤亡。

4. 消防安全的干预措施

消防安全是公共安全的重要组成部分，必须制定合理的干预措施，努力完善消防设施，保护公民的生命和财产不受侵犯。具体措施如下：

（1）建立健全“五大”运行机制

1）建立健全安全社区政策保证机制，做到“五到位”工作机制，即任务分解责任到位、组织机构运行到位、宣传教育培训到位、资源整合利用到位、经费投入保障到位。

2）建立健全消防应急预案机制，地区内一旦发生火灾事故，街道将整合各类资源，全力以赴做好消防救灾、灾情认定、现场管理、善后安抚等工作。

3）建立健全消防安全例会制度，定期召开消防安全例会，以例会的形式通报消防安全情况，制订、部署消防安全工作计划。

4）建立健全安全检查制度，由街道牵头，联合消防部门、派出所、居委会和物业管理部门，定期对辖区内老式住宅、出租屋、沿街面店铺及其他人员聚集场所进行防火检查。

5）建立健全评审评估持续改进机制，查找薄弱环节，制定改进措施，提高居民安全感。

（2）在社区建设服从城市发展总体规划的同时，应做好小区消防安全规划，把社区消防安全平面布局、消防车通道、消防供水管网、室外消火栓、天然水源及消防站的建设纳入社区规划实施工作中。

同时，要加强居民住房装修的消防安全管理。首先，居民对房屋进行装修时必须严格遵循建筑法规的有关规定，不能擅自改变建筑物原有的设计；其次，在装饰材料的选择上，尽量使用不燃或难燃材料，减轻火灾荷载，从而优化居住区消防安全环境。

（3）把消防工作与“安全社区创建”、社区治安联防等工作相结合，使消防安全成为社区各项工作一个重要组成部分。努力实现消防基础设施合格化，防火宣传教育一体化，消防管理服务体系化，“安全第一”理念化，社区消防建设活动载体多样化。

（4）开展宣传教育和培训，提高居民消防安全意识，普及消防安全知识，培养消防安全技能。应充分发挥现有的社区资源优势，向广大居民深入宣传消防法规，普及防火、灭火、自救逃生等知识，如在社区内设立大型消防宣传栏，在路边设立消防宣传标语，创造人人学习消防、人人懂消防、人人重视消防的良好氛围。物业管理者应根据各楼的性质制定出合理的疏散预案，定期组织消防演习。公安消防机构要对物业人员进行消防培训，使他们做到“一熟三会”，即熟悉掌握消防常识，会消防安全检查，会使用灭火器，会扑救初起火灾。

（5）积极整合社区资源，走资源共享的社会化道路，实现社区消防建设稳步前进。社区要积极想办法，了解社区单位和居民群众的消防安全需要，积极争取支援，努力创造条件，结合社区特点，明确辖区单位和居民群众参与社区建设的权利和义务，加强与驻区单位和居民的联系，充分发挥市场机制的作用，把驻区单位和居民作为社区消防建设的重要力量，使驻区单位和居民积极主动支持配合社区的消防建设，能充分利用现有资源来解决社区消防建设资金、设施、器材缺乏等严重问题，达到消防设施、器材资源共享。

十一、 社会治安

1. 社会治安的主要内容

社会治安的主要内容包括 7 项：爆炸事故、诈骗、恐怖袭击事件、偷盗、吸毒、涉外突发事件、暴力事件。

2. 社会治安的现状

新中国成立至今，中国经历过 5 次犯罪高峰（3 次犯罪高峰是在计划经济、封闭的条件下发生的）：第一次是在建国初期的 1950 年，第二次是在三年困难时期的 1961 年，第三次是在文化大革命期间的 1973 年，第四次是改革开放后的 1981 年，第五次是自 20 世纪 90 年代中期以来正在运行的高峰期。

资料显示，20 世纪 90 年代中期，发案率是 80 年代前半期的 8 倍；而 1999 年全国公安机关共立案 225 万件，又比 1998 年上升了 13%；2000 年共立案 363 万件，比 1999

年又上升了61%。这次犯罪高峰持续时间长、案件上升幅度大、犯罪类型与手段繁多、危害严重，是前几次所不能比拟的。

3. 社会治安案件高发的主要原因

（1）体制转型期内产生的社会震荡

社会主义市场经济是社会主义商品经济的实现形式。商品经济严重地冲击原有的价值准则和社会秩序，引发拜金主义、享乐主义和极端个人主义，导致价值观的异化，成为引发犯罪的思想渊源。另外，在社会转型过程中，社会价值导向存在偏颇和混乱，当自己超常的物质欲望和精神欲望通过正常途径得不到满足时，便采取越轨手段以求解决和解脱。

（2）收入差距拉大产生的变态利益需求取向

在发展社会主义市场经济条件下，社会的利益分配格局发生变化，社会心理出现失衡，产生了各种利益集团之间的冲突与矛盾，利益冲突的加剧必然使违法犯罪行为增多。

（3）大规模社会人口流动产生的附带性社会治安问题

改革开放后，随着经济与社会的发展，人口开始大量流动，农民进城、民工潮和外国人来我国经商办企业，这都给人口管理和治安带来巨大困难。在大规模的人口流动中，不可避免出现某些社会犯罪现象。

（4）政府职能转换期内产生的社会调控能力弱化

中国现阶段由于经济与社会的发展变化太快，转型时期的社会控制很难适应这种变化的需要，在诸多社会控制领域表现出明显的控制乏力甚至失控的状态。政府职能转换还没有完全到位，在某些方面造成社会调控能力弱化。

（5）国际犯罪活动对国内产生的冲击

改革开放以来，境外敌对势力的渗透、破坏活动加剧。尤其是国际电脑黄毒泛滥，国际赌风兴起，国际贩毒猖獗，国际黑社会犯罪蔓延。这些对我国社会治安都有一定的影响和冲击。

4. 加强社会治安的主要措施

面对社会治安现状，必须坚持“打防结合，预防为主”的方针，认真研究动态环境下社会治安的新变化，科学调整警力布局，改革勤务机制，努力建立完善覆盖全社会的治安防控机制和网络，全面推进社会治安防控体系建设，提高预防犯罪的能力。具体措施如下：

（1）深入实施社区警务战略

进一步强化警力配置，规范警务运作，不断建立和完善与新型社区管理体制相适应的社区警务工作机制。根据社区规模和治安状况，配齐配强社区民警，推动民警扎根社区，深入群众，以调查熟悉人口和开展辖区巡逻为主要勤务方式，广泛开展安全防范和服务群众的工作。

（2）强化人口管理

加强人口登记和信息采集录入工作，全面、准确地掌握辖区实有人口基本情况，重点加强对流动人口、不良行为青少年、刑满释放和解除劳动教养人员的管理教育工作，及时发现违法犯罪线索，努力预防和减少违法犯罪活动。

（3）构筑社区治安防控网络

社区公安机关进一步加强治保组织和群防群治队伍建设，依靠社区居委会，组织治保会、内部单位、社区居民、治安志愿者开展形式多样的治安巡逻、邻里守望活动，构建专群结合、警民联防的社区治安防控网络，大力提高社区安全防范工作能力。

（4）构建街面防控网络

最大限度地把警力摆上街面、摆上社会面，强化治安巡逻和控制工作，有效地遏制街头抢劫、抢夺、盗窃等违法犯罪活动的发生。

（5）构建单位内部防控网络

加强对单位内部治安保卫工作的指导、监督和检查，落实人防、物防、技防等防范措施，进一步增强以重点单位和重要部位为主的内部单位的治安防控能力。

（6）加强公共复杂场所的治安管理

切实加强对出租房屋、特种行业、公共娱乐场所等公共复杂场所的治安管理，及时预防、发现、打击各类违法犯罪活动。

（7）加强危险物品的管理

切实加强对枪支弹药、爆炸、剧毒等危险物品的管理，坚决消除治安隐患。

十二、 防灾、 减灾与环境安全

1. 防灾、减灾与环境安全的主要内容

防灾、减灾与环境安全的主要内容包括 6 项：洪涝、旱灾，地震，环境污染，泥石流、滑坡，气象灾害（台风、雷电），地面沉降。

2. 防灾、减灾与环境安全的现状

我国位于世界两大地震带——环太平洋地震带和欧亚地震带交汇处，受太平洋板块、印度板块和菲律宾海板块的挤压，地震频繁。我国是地震多发国家之一，地震发生率居世界首位。

随着山区工程开发活动的增加，我国山体崩塌、滑坡、泥石流灾害有愈演愈烈之势。据粗略统计，全国共有较大型山体崩塌、滑坡、泥石流灾害点 7 000 余处，每年造

成近千人死亡，经济损失上百亿元。2006 年是 1998 年以来灾情最严重的一年，台风、洪涝、干旱等自然灾害频繁发生，给灾区人民群众的生命财产安全造成严重威胁。

现代城市地质灾害尤为突出，主要有城市直下型地震、地面沉降、地面塌陷、地裂缝、滑坡及海平面上升引起的一系列地质灾害，严重地影响着城市的经济和社会持续发展。地面沉降是制约城市经济和社会发展的重要地质灾害。据调查，我国有 56 个地级以上的城市发生地面沉降，明显成灾的有 30 个城市。抽水引起的地面沉降已在全国平原区的 46 个城市发生，总的沉降面积近 5 万平方公里。上海、天津、西安、太原等地的沉降量都已超过 1 米。

3. 防灾、减灾与环境安全事故发生的主要原因

（1）人为因素

人类对自然的索取不断增加，对自然环境的干扰也愈来愈强烈，不合理的人类经济工程活动使得地质灾害日趋加剧。

（2）水文地质条件

中国位于亚洲大陆东部，濒临太平洋，季风气候显著，具有较明显的纬度和经度分带特征，疆域辽阔，地形复杂。因此，暴雨、洪水、干旱、冰雹、霜冻、温差等不良气候因素常常成为地质灾害的诱发因素。

（3）地震的短期预报准确率低

目前，科学家还没有真正掌握地震孕育、发生的规律，仪器观测精度有限，地震前兆又十分复杂，有些地震根本没有任何征兆。

（4）应急措施仍需加强，政府防范预警机制不够健全，一旦发生灾害，政府应急预案不能马上启动，不能及时疏导群众面对地震时的恐慌心理。

（5）群众的自我防范能力不强，安全意识淡薄，居民缺乏必要的公共安全知识。

（6）硬件方面，多数城市受灾安置能力低。

4. 防灾、减灾与环境安全的主要干预措施

（1）坚持政府主导，组织动员全社会各行业、各部门和广大群众共同参与。把减灾纳入社区工作范畴，建立统一指挥、分工协调和社会联动的工作机制。

（2）要有完善的工程设施体系，要依靠科技和现代通信手段防灾。

（3）加强应急管理工作，包括应急预防和应急准备工作，采取相应措施，防止事故和伤害的发生。

（4）经常组织培训教育，提高居民的安全意识；通过宣传和教育，向居民灌输灾害和风险意识，使得社区的每个家庭和居民都能科学地认识灾害，意识到灾害发生的客观性。

第四节　社区应急管理

社区作为最基层的地域组织，在社区应急工作中扮演着非常重要的角色，承担着在事故发生的第一时间组织协调社区居民自救和互救，保护人民群众生命、财产安全，有效减轻灾难破坏性影响的功能。社区应急管理是介于个人、家庭事故应急管理和政府事故应急管理之间的救援活动，是联结政府与家庭、个人的纽带，在整个灾难应对过程中起着十分重要的作用。

一、　社区应急管理的过程

应急管理是安全促进的重要内容，也是安全社区的重要组成部分。社区应急管理的总目标，就是尽可能降低突发事件的严重程度和后果，包括人员伤亡、财产损失和环境破坏。社区应急管理可以从编制社区应急预案、建立社区避难场所、建立社区自救互救组织这 3 个方面开展。

1. 社区应急管理的基本任务

社区应急管理的基本任务包括下述几个方面：

（1）立即组织营救受害人员、组织撤离或者采取其他措施保护危险区域的其他人员，及时指导和组织群众采取各种措施进行自身防护，必要时迅速撤离出危险区域或可能受到危害的区域。在撤离过程中，应积极组织群众开展自救和互救工作。

（2）迅速控制事态，并对突发事件造成的危害进行检测、监测，测定危害区域、危害性质及危害程度。特别是对于发生在人口稠密社区的化学事故，应尽快组织工程抢险队与事故单位技术人员一起控制事故发展。

（3）消除危害后果，做好现场恢复。

（4）查清原因，评估危害程度。突发事件发生后，应及时调查突发事件的发生原因和性质，评估其危害范围和危险程度，查明人员伤亡情况，做好原因调查，并总结救援工作中的经验教训。

2. 社区应急管理循环过程

应急管理不只限于突发事件发生后的应急救援行动，而是对突发事件的全过程管理，贯穿于突发事件发生前、中、后的各个过程，充分体现了“预防为主、常备不懈”的应急思想。

应急管理是一个闭式动态的过程，包括了预防、准备、响应和恢复 4 个阶段。实际工作中，这些阶段往往是交叉的，没有明显的分界，每一个阶段又是构筑在前一阶段的基础之上，因而预防、准备、响应和恢复的相互关联构成了应急管理循环过程。

（1）事故预防

在应急管理中，预防有2层含义，一是突发事件的预防工作，即通过各种手段，尽可能防止各种突发事件的发生，实现本质安全；二是在假定突发事件必然发生的前提下，通过预先采取预防措施，减小突发事件后果的严重程度。

（2）应急准备

应急准备是应急管理工作中的一个极其关键的过程，是针对可能发生的突发事件，为迅速有效地开展应急行动而预先所做的各种准备，包括应急体系的建立、有关部门和人员职责的落实、预案的编制、应急队伍的建设、应急设备设施与物资的准备和维护、预案的演练、与外部力量的衔接等，其目标是保持突发事件应急所需的应急能力。

（3）应急响应

应急响应是在突发事件发生后立即采取的应急与救援行动，包括突发事件的报警与通报、人员的紧急疏散、急救与医疗、消防和工程抢险措施、信息收集、应急决策、外部救援等。应急响应对于社区可管控和能处理的突发事件（常规型），应立即进行处置；对于超出社区管控能力的突发事件（危机型），要以专业部门的专业处置为主，社区配合进行辅助处置工作。应急响应的目标是尽可能地抢救受害人员，保护可能受威胁的人群，尽可能控制并消除突发事件的影响。

（4）恢复

恢复工作应在突发事件发生后立即进行，首先应使突发事件影响区域恢复到相对安全的基本状态，然后恢复到正常状态。

恢复包括短期恢复和长期恢复2个方面。短期恢复是需要立即进行的工作，包括突发事件损失评估、原因调查、清理废墟等。长期恢复包括受影响居民的心理康复，经济复原、重建以及受影响区域的重新规划和发展。在长期恢复工作中，应吸取教训，开展进一步的预防工作和减灾行动。

总体而言，恢复是支持受突发事件影响的个人和社区重建有形基础设施，恢复在心理上、社会上和物质上安康的措施。

二、 社区应急管理的保障措施

安全社区通过社区干预模式，提高社区事故风险防范和应急处置能力，强化社区功能，体现了先进的事故伤害预防、公共安全管理和社区建设理念。通过整合社区资源，开展安全促进活动，大力推广安全科技文化知识，提高社区人员安全意识和应急能力，提升社区的事故伤害防范能力、应急管理能力和服务水平。我国安全社区建设实践表明，安全社区建设是加强应急管理能力建设的重要途径。这个途径需要应急保障措施来保障应急救援活动的顺利开展，主要包括以下7个方面：

1. 指挥系统技术保障

各专项应急指挥部、各社区居委会以及各社会单位，逐步建立和完善应急指挥部基础信息数据库，随时向地区应急办汇报更新的信息数据，从而保证应急指挥调度的准确性和高效性。

2. 通信保障

地区应急办同有关部门建立应急通信保障工作体系，建立和完善有线通信和无线通信相结合、基础电信网络和机动通信系统相配套的应急通信系统，确保应急指挥工作通信畅通。

3. 应急队伍保障

建立专项应急指挥部，参与各类较大突发公共事件应急工作。同时，在应急办公室的集中领导和统一指挥下，组织办事处各职能部门、相关企事业单位、派出所、各医疗单位等，共同构成庞大的应急救援队伍。这些行政机关、企事业单位和医疗卫生部门可以为地区应急指挥部做好应急工作提供有力的保障。另外，在继续完善原有应急小分队的前提下，健全社会力量动员机制，充分发挥地区机关、企事业单位、社区、公益团体等社会力量的作用，组建一个具有一定救援知识和技能的志愿者队伍，可以在第一时间减少灾害损失。

4. 交通运输保障

由综治办协调交通支队等有关部门，保证紧急情况下应急交通工具的优先安排、优先调度、优先放行，确保运输安全畅通；根据需要调集社会运输资源；建立应急救援绿色通道；迅速组织专业队伍抢修受损的交通设施，确保应急物资和人员能够及时安全运达。

5. 基本生活保障

由相关部门会同各社区居委会做好受灾群众的基本生活保障工作，确保受灾群众有饭吃、有水喝、有衣穿、有处住、有病能得到及时医治。

6. 医疗卫生保障

根据应急需要组织实施医疗救治工作和各项预防控制措施，必要时组织动员社会救助力量参与医疗应急救助工作。

7. 物资保障

应急物资包括：足够的健康安全防护用品和救援设施；足够的防暑降温物资和御寒防冻物资；其他防护物资；合适的摄影或摄像设备，在事故发生时，应摄取现场事态发展的资料；必要的资金保证；保证现场急救基本需要的急救箱，定期检查补充，确保随时可供急救。

三、加强社区应急管理工作的基本对策

全国应急管理工作会议指出，加强应急预案和应急管理体制、机制、法制建设是今后一个时期应急管理工作的重点内容。按照党中央、国务院的部署和要求，社区应急管理工作要适应形势和任务的要求，切实把应急管理工作摆上位置，做出成效。为此，针对社区应急管理工作制定了以下基本对策：

1. 强化社区应对突发事件职能

各级政府要充分保障社区应急管理工作职能，使应对突发事件成为社区的重要工作内容之一，摆上位置，常抓不懈，把社区建设成为应对各种突发事件的第一道关口，实现突发事件应急工作关口前移。

2. 加强社区应急队伍建设

首先，要在社区中组建突发事件应急管理工作组织机构，统一负责社区突发事件的组织、指挥和应对工作。要组建火灾、水灾、地震、公共卫生、公共安全及事故灾害隐患排查的志愿者队伍，充分发挥居民群众的能动作用，使社区突发事件应急救援体系得到完善。

其次，落实社区应急队伍工作职责。每个社区都要建立健全应急队伍的工作职责，并落实到个人，形成网络，一旦遇到突发事件，社区抢险救援队伍、志愿者队伍必须在接到命令后，立即赶赴现场，开展工作，做到“招之即来，来之能战，战之能胜”。

3. 加强社区应急管理体系建设

（1）应急管理法制建设

安全社区建设中，要切实抓好有关应急管理法律法规的学习，把应对危机和处理突发事件纳入法治化轨道。通过有关法律法规体系的学习，切实保障公民对危机和各种突发事件的知情权。要健全和完善政府部门在应对危机与处理突发事件中的责任意识和法律责任，进一步确认和规范公共安全管理中的行政责任和刑事责任。

（2）危机预警机制

建立突发事件预警机制的实质就是要加强对危机的事先预防、事先介入、事先规划，力图避免可能的危机以及不必要的损失。要建立和完善突发事件应急处理机制，必须充分了解社区特点，建立和社区特点相应的突发事件应急管理制度。同时，应建立应急预案管理信息系统，建立健全区内危机报告制度和信息公开制度，确定危机的警戒级别，针对不同危机级别制定相应的应对危机和突发事件的预案。

（3）应急管理指挥机构

区域应急管理资源的配置是一个系统工程，总的来说是特定的人、财、物的管理，涉及区域内多个政府部门。常设的应急管理指挥机构应能根据突发事件的需要，随时协

调、调度相关部门参与突发事件救援。应急指挥横向要具有统一协调管理的权威性，纵向一定要延伸到基层本地化指挥系统。有了这种应急管理的常设机构，在突发事件发生后就能迅速由平常状态转入非常状态，承担起突发事件的紧急应对和处置工作。在处置突发事件的过程中，一方面充分发挥应急管理专门机构的特殊作用，另一方面要充分发挥党政机关、企事业单位、社团、中介组织以及各种社会力量的作用。

4. 加强社区与居民群众之间的联系

每一个社区都要通过走访、座谈等形式，加强与居民群众的联系，把社区群众组织起来、发动起来，通过开展和谐邻里、和谐单元、和谐楼栋建设等活动，打破住户之间相对封闭、互不认识、互不联系的状况，形成互帮、互助、共同应对突发事件的良好局面。

5. 广泛开展应急知识宣传教育活动

居民的安全意识也是影响社区应急能力的重要因素之一。由于缺乏大力的宣传和科普教育，公民的安全意识较差、素质不高，各级政府应当通过宣传与教育，向广大民众灌输灾害和风险意识，使居民意识到事件发生的客观性，以增强居民的心理免疫能力，在事件骤然降临之际，不至惊慌失措。社区应采用群众喜闻乐见的方式、通俗易懂的语言宣传应急法律法规和预防、避险、自救、互救、减灾等常识，主要包括：

（1）组织专业人员深入社区宣传突发事件应急知识，增强社区居民的应急意识。

（2）通过设立科普宣传画廊等有效形式，开展应急知识宣传。

（3）组织专门力量编写居民防灾应急手册，把安全知识送到千家万户，做到家喻户晓，人人皆知。

（4）通过开展应急知识竞赛、有奖问答等活动，加强应急知识宣传，增强人民群众的预防能力和应对能力。

只有具备了应急意识，提高了安全素质，人们才能积极配合社区管理部门制订各种计划，主动承担起保卫社区安全的责任。

6. 要组织社区开展应急演练活动

各级应急管理工作机构要组织社区开展应急演练活动，特别要针对老年人、残疾人等脆弱群体的分布情况开展事件灾害的应急救援演练，包括自救、互救以及逃生演练。让广大人民群众掌握正确的自救、互救、逃生知识和能力，遇到突发事件时能够沉着应对，科学处置，减少损失。

7. 要为社区增加必要的应急设备

（1）各级政府要为社区的应急工作增加财政支持，购置必要的消防器材等安全设备。

（2）要组织社会力量、机关、团体、企事业单位等为社区购置必要的应急设施，增强社区的防御功能和应对能力。

（3）要通过社区与驻社区企事业单位合作共建的办法，为社区添置消防与应急设施。

通过社区以及广大人民群众的共同努力，把社区建设成为具有较强的应对能力，居民群众安定和谐的乐园。

推广安全社区的运作模式，可以形成以人为本、预防为主、条块结合、上下联动的应急管理体系。安全社区创建过程就是创新基层应急管理体制的过程。安全促进项目的实施，加强了应急管理中事件预防和应急准备 2 大阶段的基础建设，构建了预防突发事件的铜墙铁壁，也为迅速、有效地进行应急响应做好了充分准备。

四、 社区应急救援预案编制

为了保护居民的生命财产安全，社区必须居安思危，常备不懈，针对群众生活中可能遇到的突发公共事件，制定操作性强的应急预案，经常性地开展应急知识宣传。同时，要组织有关人员深入社区调查研究，针对社区实际和应急工作需要，编写社区突发事件应急预案。要重点考虑火灾、水灾、地震、公共卫生、公共安全方面的应急预案，并使之成为社区应对突发事件的指导计划和行动指南。

居民委员会是在街道办事处的指导、支持和帮助下开展各项工作的，企事业单位则只受法律法规和行业管理的约束。因此，居民委员会在制定应急预案时，主要接受街道办事处的指导、支持和帮助，而企事业单位应根据有关法律法规制定应急预案。但是，社区内资源有限，社区应急救援体系应和当地政府、企业的应急预案组成一个有机整体，以便充分地整合资源。因此，在编写应急预案时，应充分考虑当地企业和政府的预案编制情况。下面主要介绍社区应急救援预案的编制过程。

预案编制的过程十分重要，不仅直接决定预案的好坏，还对预案的有效实施有很大帮助。由于社区、当地政府和企业的联系通常比较薄弱，编制预案的过程也给所有参与方提供了互相接触的机会，使他们认识到各自的职责，取长补短，以便在今后应急管理过程中相互配合。

社区的应急预案的编制过程是一个系统工程，包括应急预案的策划、组织、评审编写等内容。社区应急预案的编写可分为以下几个步骤：

1. 法律授权或协议规定

社区应急预案的编制应在法律规定下，通过政府指导、专业部门的配合或社区协议的形式共同制定，确保其法律地位和权威性。只有这样，居民才能最大限度地接受。

2. 成立预案编制小组

编制社区应急预案，首先要建立预案编制小组。应尽可能邀请社区应急管理相关工作人员参加应急预案编制工作。

预案编制小组最主要的任务是确定应急方针政策、收集应急信息资料和制定应急预案过程中的具体操作细节，并对预案进行及时修订。

预案编制小组应包括一个权威的领导者或牵头部门和能够代表其部门参与应急管理工作且具有相关领域内丰富经验和足够威望的成员。预案编制小组应包括的成员有：地方政府代表，志愿者组织代表，社区工作人员，居民代表，交通、消防、医疗等职能部门代表。

预案编制小组的成员应非常广泛地分布于各个部门，其最重要的职能就是把所有社区内的所有代表组织起来，协调工作，广泛征求意见，增加决策的正确性。同时，社区在建立应急预案编制小组后，应明确小组职责，进行职权划分。

3. 应急能力评估

在进行预案编制之前，应了解国家和地方政府的法律法规及规定，对现有的预案进行评审与整合，然后进行应急资源和应急能力的分析与评估。

（1）了解相关法律法规

主要包括《中华人民共和国突发事件应对法》《国务院办公厅关于加强基层应急管理工作的意见》及地方应急法规。

（2）相关预案的评审与整合

各级政府和有关应急救援机构、消防或公安部门、环保部门、卫生部门，都制定了各自机构的应急救援预案，社区内和附近的企业也都制定了各自的应急预案。社区应急预案要与政府和企业应急预案相衔接，在编制应急预案时要清楚地了解这些预案，这样可以避免现存预案的冲突，同时减少预案的工作量，从中汲取经验和教训。

预案编制小组应及时对上级政府和企业、周边社区的应急预案进行协调，以便及时发现问题并提出互相可以接受的解决方法。社区、企业和政府应建立良好的伙伴关系，联合解决出现的问题，虚心地倾听不同看法，公开交换各种意见并充分理解各土要部门参加者的作用。

预案整合也包括各组织机构之间的协调，当由 2 个或 2 个以上单位执行同一任务时，确定由谁来负责是非常重要的。

（3）应急资源分析与评估

应急资源是有效实施救援工作的重要条件。对社区而言，应急资源包括的种类很多，一般包括应急资金、物资保障、通信与信息、医疗卫生条件、交通运输资源等。应急机构在成立之初，首先应完成应急管理的时间安排和财政计划，编制资源清单，分析社区内或附近的可得资源，并列出详细的资源信息表。对于缺乏的资源应通过购买或签订社区协议的方式予以解决。社区应充分考虑到各种应急需求并妥善解决，具体包括应急人员的确定、应急设施和设备的确定。

4. 社区危险性分析

危险性分析是编制社区应急预案的基础。社区开展危险性分析，需要社区和地方政府人员、专业人员和群众的共同参与。

社区危险性分析要先开展社区安全现状调查，运用系统安全分析方法进行危险源识别与分析，找出社区中可能存在的各类危险源并确定其风险等级，针对不可接受的风险提出降低或控制风险的安全对策，制定突发事件发生的预测预警计划和初期处置方案。

5. 确立应急组织机构和职责分配

社区应充分整合本行政区域内的各种应急资源，组织建立政府及其有关部门、基层组织、基层企事业单位以及上级救援机构之间的应急联动机制，明确应急管理各环节主管部门、协作部门、参与单位及其职责，实现预案联动、信息联动、队伍联动、物资联动。同时，要充分发挥工会、共青团、妇联、红十字会、社区业主委员会等组织及志愿者在基层应急管理中的重要作用，形成基层应急管理的合力。

6. 应急预案编制、评审及发布

社区在完成预案小组的建立、应急资源与应急能力的分析、危险性分析、确定组织机构和功能等步骤后，应着手应急预案的编制工作。

事故应急预案可分为 3 个层次，如图 6—3 所示。

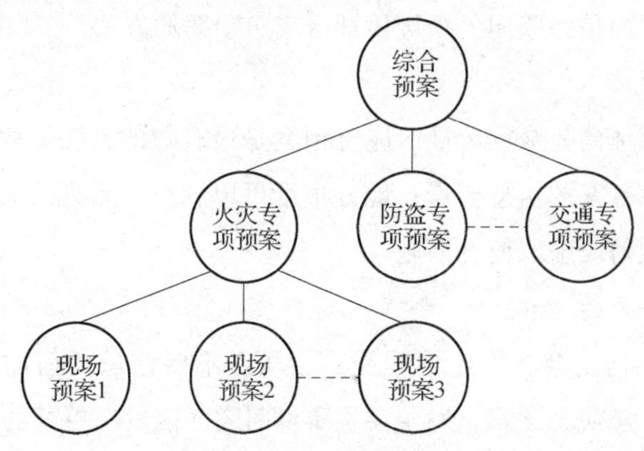

图 6—3　事故应急预案的层次

（1）综合预案：社区的整体预案，从总体上阐述社区的应急方针、政策、应急组织结构及相应的职责，应急行动的总体思路等。

（2）专项预案：针对某种具体的、特定类型的紧急情况（例如危险物质泄漏、火灾、某一自然灾害的应急）而制定。

（3）现场预案：针对特定的具体场所（以现场为目标，通常是该类型事故风险较大的场所或重要防护区域等）所制定的预案，如危险化学品事故专项预案下编制的某重大危险源的场外应急预案。

应急预案的编制工作具体包括以下内容：

（1）选定格式，起草综合预案、说明书等基本内容。

（2）向各单位陈述初稿及听取各机构意见。

（3）编制危险性分析结果。

（4）编制资源清单及相关信息。

（5）编制各功能预案和专项预案。

（6）由预案编制小组组织各岗位制定各自实施程序的检查表及现场预案，包括指挥与控制、通信联络、警告、先期处置、疏散、医疗救护等。

（7）修改整个应急预案以保证整体一致性。

（8）生成预案的最后草案，向编制小组所有成员提供草案并进行评审。

（9）举行编制小组最终会议，以讨论需要进一步改动的内容并最终定稿，并获得当地政府的批准与同意。

（10）印刷和分发预案，并向各单位和居民提供。

（11）制订演练计划，检测预案和实施程序的有效性；制定应急预案的修订程序。

要成为一个消息灵通且准备充分的社区，应急预案一旦制定出来，就需要让社区的每个人都了解它。下面是一些向公众宣传社区应急预案的方法：

（1）利用当地媒体

利用当地新闻媒体向公众宣传社区应急预案是最有效的方法。媒体可以利用广播或电视向公众播放应急预案的信息要点；地方报纸可以刊登一系列应急预案的小文章，并向公众说明听到警报时应采取何种措施。

（2）向社区团体宣传

社区团体宣传包括工会、物业管理委员会等。不要错过任何向社区团体宣传的机会，只有更多的人了解应急预案，发生突发事件时它才能发挥更好的作用。

（3）分发

可以请印刷商免费把应急预案印刷成小册子分发给公众。作为一种鼓励，可以在小册子上插入“某公司捐赠”之类的内容。如果能得到免费的宣传，许多印刷公司非常愿意免费印刷。

建议用 2 种方法分发小册子：一种方法是利用学生团体或成年公民团体挨家挨户分发，另一种方法是要求私有部门和公共部门允许在其所有的商务或公务渠道内发放小册子。

7. 预案实施

为保证应急预案的有效实施，应急准备必须是一个连续和动态的过程，应急预案应是一个动态的文件。因此，社区应急预案的实施要和地方政府、企业和志愿者组织、公众紧密结合，要确保当突发事件真正发生时，所制定的应急预案能迅速有效实施，避免或减少突发事件带来的损失。

实施预案是应急管理过程非常重要的一环，预案编制小组还应协调好以下各项工作：

（1）联络地方政府、企业和志愿者组织，进行应急预案整合。

（2）确定演练和培训计划，策划应急演练。

应急预案的演练是检验、评价和保持应急能力的一个重要手段。其重要作用突出体现在：可在事故真正发生前暴露预案和程序的缺陷，发现应急资源的不足（包括人力和设备等），改善各应急部门、机构、人员之间的协调能力，增强公众应对突发重特大事故救援的信心和应急知识，提高应急人员的熟练程度和技术水平，进一步明确各自的岗位与职责，提高整体应急反应能力。同时，应对演练的结果进行评估，分析应急预案存在的不足，并予以改进和完善。

应急演练是社区检验志愿者队伍实战能力、提高志愿者队伍综合素质的重要途径。社区应把组织志愿者队伍开展应急演练列为社区建设重要工作内容，纳入社区建设总体规划，制定详细的应急演练方案。

（3）及时更新预案

应急准备是一个动态的过程，相应的应急预案也应该是一个不断更新的文件。预案应定期修订，总结应急实践的经验和教训，使之不断完善。随着情况发展，如有组织变动、数据变化，应随时更新预案。预案中有些资料的更新相当频繁，如电话簿应该至少每季度检查一次，当购置设备或旧设备退役时，也必须对这些资料清单进行修改，所有改动必须发给全部预案持有人。

（4）用于公众教育的公共信息的准备

应急预案规定了在紧急事态或灾难发生前、发生过程中以及刚刚发生时，何人在何种情况下利用何种资源，以及通过何种权力采取何种应对行动。每个社区的应急预案必须反映本社区利用它所拥有的或能够获得的资源，将采取何种措施保护本社区免遭它所面临危险的伤害，其内容应覆盖应急管理的全过程。

五、 社区应急预案要点

社区应急预案分为3种：社区灾害总体应急预案、社区自救互救预案、家庭紧急避险预案。

1. 社区灾害总体应急预案的要点

(1) 工作原则：统一指挥，属地化为主；整合资源，信息共享。

(2) 组织机构及其职责：社区应急指挥部及其职责；社区自救互救组织及其职责，责任区的划分；应急联动机制（与社区范围内各社会单位之间）。

(3) 联络方式：包括电话联络表、通信工具、特殊联络方式（手势、灯光、旗语）。

(4) 预测预警：早发现、早报告、早处置。

(5) 分级响应：应急预案启动应报告上级应急指挥中心，以便在事态升级时启动上级应急预案。

(6) 信息处理：及时通报预警和响应信息，并对预警和响应信息予以核实。

(7) 基础响应：报告；查明突发事件状况，确定应急处置方案；对突发事件进行紧急处理；组织人力抢救和运送受伤人员；组织居民撤离，照顾老年人、儿童、病患者、残疾者、患有精神疾病或有心理障碍者；对邻近的危险源进行紧急处理，防止灾情蔓延；维持现场秩序。

(8) 扩大应急：灾害难以控制或有扩大趋势时，迅速报请上级应急指挥中心增援，可增调各种社会救援力量和物资。

(9) 指挥与协调：自救互救；群众疏散转移；救援物资保障具体组织。

(10) 应急结束：向上级建议并经批准解除应急状态。

(11) 善后处置：设立灾民安置场所和救济物资供应站，做好灾民安置和救灾款物的接收、发放与管理工作，确保受灾居民的基本生活保障，并做好灾民及其家属的安抚工作。

(12) 社会救助：广泛动员，开展互助互济和救灾捐赠活动。

2. 社区自救互救预案的要点

(1) 设想突发灾害的可能情境，做出几套自救互救方案。

(2) 自救互救小组的搭配组合。

(3) 各组负责地段的划分，相互照应与配合的约定。

(4) 自救互救的重点部位。

(5) 灾害发生当时的各自为战，有组织救助的指挥，救助力量的调度。

(6) 以有效地保护社区居民安全为主；在需要和可能的条件下，协助邻近社区的救助行动。

（7）简易的联络方式和特殊联络方式（手势、灯光、旗语）。

3. 家庭紧急避险预案的要点

（1）平时了解灾害，掌握突发灾害情况下紧急避险的基本知识和技能。

（2）针对家庭成员、住宅、环境的具体情况，设想突发灾害时自己家庭可能面临的景象，做出几套紧急避险的方案。

（3）照顾老年人、儿童、病患者、残疾者、患有精神疾病或有心理障碍者的具体方式，实施办法，工具或器材。

（4）储备必要的灭火工具和逃生工具。

（5）准备应急包：装有恶劣条件下生存的必需品、急救药品、家庭成员的特殊用品以及照明用具。

（6）编制携带物品清单：在可能情况下，按便于携带的物体重要程度分级。

（7）准备紧急情况下的对外通信联络，家庭成员之间的联络，特殊方式的联络。

（8）在突发灾害的紧急时刻保持镇定，判断危险并迅速做出正确的选择。

（9）被困时的生存策略：各种方式的求救，保存体力，鼓励家庭成员。

（10）以有效地保护家庭和自身为重；在需要和可能的条件下，协助亲友或邻居脱离险境。

六、 建立社区避难场所

城区的建筑密度大，人口众多，避难疏散的难度很大。为保证市民能够迅速、安全地撤离危险地区，应规划建设应急避难场所。社区应急避难场所建设包括设置避难场地和疏散通道，有条件的应设置指定避难所。

北京、西安等城市已率先开展应急避难场所的建设并取得了成功。2001 年 10 月 1 日，全国第一个应急避难所的试点建设在北京元大都城垣遗址公园的朝阳段完成。北京因此成为全国率先进行应急避难所建设和在社区设置应急避难标志牌的城市。

不久的未来，应急避难场所建设将逐步形成大—中—小型结合，呈层级配置的应急避难系统。社区应急避难场所是其中最基层的，也将是量多面广的。

1. 设置社区避难场所的原则

应急避难场所规划要与城市现状和长远规划相结合，要因地制宜，要坚持平灾结合，具备 2 种功能，要均衡布局、就近布置，要保证安全，保障快速畅通。

根据上述要求，针对社区的特点，设置社区应急避难所要遵守以下 3 点原则：

（1）社区应急避难场所是为社区居民或者主要社区居民使用的，是中小型的，其中多数为小型的。

（2）社区应急避难场所应强调就近的原则，要满足家庭的需要，要照顾到老年人和儿童、体弱者、病患者、残疾人的特殊需要。

（3）社区应急避难场所的设置，应强调因地制宜，充分对现有条件加以利用和改造，要保证安全，保障快速畅通。

2. 社区应急避难场所设置方法

（1）设置避难场地

1）场地划定：利用公园、绿地、广场、体育场、停车场、学校操场和其他空地，划定避难场地。在危房改造和新区规划建设中，应预留空地面积。

2）场地技术要求：避难场地有效面积人均应不少于2平方米；疏散半径以500米为宜；避难场所应远离高大建筑物、易爆物品等危险源，避开地下断层等危险场地，选择地势平坦、容易搭建帐篷的地方。

3）避难场地的管理：应当保持避难场地的完好，不得侵占；要按照规范设置明显标志。

（2）设置疏散通道

1）通道划定：在人员较集中的场所和地段，应当划定应急疏散通道；必要时应进行疏通和扩展。

2）通道技术要求：步行的紧急疏散通道有效宽度不少于2.5米；紧急疏散通道应远离高大建筑物、易燃易爆物品等危险源。

3）紧急疏散通道的管理：应当保持通道的完好与畅通，不得侵占；要按照规范设置明显的紧急疏散通道标志、通往附近避难场地的走向标志。

（3）指定避难所

避难所与避难场地的功能不同。避难场地是利用空旷地带躲避灾害，必要时可以搭建帐篷。避难所是利用大型坚固物，在灾难发生时接纳附近居民前来避难。避难所与避难场地应并行互为依托，互相补充。

1）选定建筑物：选择条件应是大型公共设施，如政府大厦、展览馆、体育馆等，建筑物必须坚固，具有抗震、耐燃烧的良好性能，拥有足够大的空间，远离危险源，交通便利。

2）赋以避难所的功能：利用原有设施，或视需要增加可供居民生活使用的备用设施；在急需时可迅速调集生活必需品和救灾物资。

3）合理分配避难所：按照就近的原则，并考虑避难所容纳能力。

七、建立社区自救互救组织

1. 自救互救是应对突发事件的主体

社区是各类突发事件的主要承受体，处于应对突发事件的第一线，是灾后第一时间投入灾害救助的主力军。救助的最佳时段是灾害发生当日，灾害发生 3 日后，生存的希望就很小了。“时间就是生命”这句话用在这里毫不夸张。而上级政府获知灾情后，要调派救援队伍才能展开正规的、大规模的救助行动，这需要一定时间。在这灾后救助的最佳时段里，唯有受灾人自救，唯有家人、邻居、灾害发生地的居民互救。

以唐山地震为例，地震共造成 60 万人被压埋，占当时唐山市总人口的 86%。其中，20 万～30 万人当即自救脱险，30 万～40 万人由邻里亲戚互救脱险，1 万人由解放军救助脱险。这说明，在救助的各种方式（包括自救、外部力量救援的各种方式）中，自救互救是最为重要的方式。因此，自救互救是应对突发事件的主体。

2. 社区自救互救组织的建立

灾害风险较大的地区，应考虑建立社区自救互救组织，作为社区主要的灾害准备措施。社区自救互救组织是由社区自主建立，基层政府有关部门给予必要指导和支持的社区志愿者组织。它作为应对突发事件的骨干力量，应能够进行及时的自救互救，大幅度减少伤亡。社区自救互救组织的建立应主要考虑以下 2 个方面：

(1) 社区自救互救组织的组成

社区自救互救组织主要由青壮年组成，并配备必要的救助工具和相关器材，传授应急救助基本知识，进行技能综合培训，必要时可适当开展救助演练，具备基本救助技能，使志愿者能够运用简易的救助工具。

(2) 社区自救互救组织的主要任务

社区自救互救组织的主要任务是，灾害发生后，立即自动开展自救互救活动，承担起灾害现场救助主体作用；必要和可能的情况下，支援邻近社区的救助行动；利用各种方式，及时上报灾情，以求救援；在救援队伍开进社区后，正规的搜索与营救活动成为主体，社区自救互救组织转为积极配合；介绍灾害现场的情况，提供幸存者的方位或线索，协助营救、救护和转运伤员，协助维护现场秩序。在搜索与营救活动基本结束后，社区自救互救组织的任务是协助政府建立救灾物资发放点，协助发放救灾物资，协助安置受灾居民。

第五节　绩 效 评 估

为了保持社区制定的安全促进项目、工作过程以及其他各项工作的适用性、充分性和有效性，标准要求社区组织相关人员定期对安全社区的整体绩效进行评估，反映安全促进效果，发现问题，总结经验。

评估安全促进项目的绩效是安全社区创建委员会的一项重要职责。为了充分了解安全促进项目的绩效，应建立科学的评价指标，使其能够反映安全促进项目的效果及其影响，为持续不断地开展安全促进项目提供依据，以便及时发现不足之处并改正，达到“持续改进”的目的。

一、 评估内容

评估内容应包括：安全目标和计划评估、安全促进项目及其实施过程评估、安全社区建设效果评估。

1. 对安全目标和计划的评估

安全目标是社区在安全绩效方面要达到的目的。如香港葵青安全社区 2000 年开始建设安全社区时的安全目标是 5 年内使受伤率降至 30%。应充分结合本社区的实际情况和事故与伤害风险辨识及其评价的结果，制定事故与伤害预防控制目标和计划。在实施安全促进项目的过程中，应经常分析未达到安全目标的可能原因，考虑原安全目标和计划的合理性，考虑新增社区内外因素（如工作时间增加、失业率变化、人口增加、环境变化等）对目标和计划的影响等，以便及时纠正，加以完善。评估可采用安全检查表法或专家经验法。

2. 安全促进项目及其实施过程评估

对安全促进项目的评估可分为纵向比较和横向比较 2 类。纵向比较是指社区建设安全社区不同阶段的伤害情况的对比，为自身与自身的对比；横向比较是指实施干预措施前后，社区与对照社区的比较。纵向比较和横向比较每类又可分为某一项干预措施和某一类干预措施的效果比较。

鉴于社区一般在针对某一安全指标时很少采用单一的干预措施，所以对干预措施的评估一般是指对某一类干预措施的评估。如为减少交通伤害朝阳区麦子店街道采取了几项干预措施：建立交通安全培训中心，增强安全意识，提高专业技能；改善社区内道路交通环境，把交通“三标”（标志、标牌、标线）引入社区；引入停车管理公司，对社区内车辆实行规范管理。这几项措施也可称为针对交通安全目标采取的一类措施。

下面介绍几种具体的评估方法：

（1）现场试验

现场试验是以尚未发生疾病或伤害（事故）的个体为单位进行分组实验的实验方法，常用于某种干预措施的效果评价。为了提高现场实验的效率，通常在高危人群中进行研究。如预防老年人跌倒的试验研究，以已经发生过跌倒并到医院就诊的老年人作为研究对象，因为他们是再次发生跌倒的高危人群。对试验组老人采取伤害干预措施，而对照组老人不采取特别措施，随访观察两组老人在一年中的伤害发生率。

（2）社区实验

社区实验是以人群为整体进行实验观察，常用于评价某种预防措施的效果。现场实验的基本观察单位是个体，而社区实验的基本观察单位是整个社区或某一人群的各个亚人群（如某学校的班级或某工厂的车间）。

（3）类实验

类实验，是指因为受实际条件所限，不能随机分组或不能设立平行的对照组的实验。应用于伤害研究的类实验是指以人群作为整体进行实验观察，实验社区和对照社区不是随机分配而定，但除干预措施不同外，社区之间其他有关影响实验效应的因素应尽量均衡。可以将类实验分为 2 类：

1）自身前后对照。自身前后对照，是指同一社区人群接受干预前后状况的比较，也称为时间序列研究。即在社区实施干预措施前后各做一次情况调查，并将调查结果进行对比分析，然后在此基础上，每间隔一定时间再做一次情况调查，如此连续地纵向调查，从一系列的调查结果来观察该项干预措施实施后一段时间的情况及其动态变化。

例如，为探讨降低学生伤害发生率的可行性方案，1998 年 7 月，对广东省江门市 9 所中小学 3 998 名学生进行伤害干预研究。采取的主要干预措施是：学校增开“安全卫生教育课”；以班为单位建立伤害登记报告制度；学生人手一册《预防青少年意外伤害》健康教育材料；每 2 个月编印 1 期《预防中小学意外伤害工作简报》张贴在各校宣传栏；每 2 个月召开 1 次校医和保健老师工作汇报会，以便分析存在的伤害问题。干预措施推行半年，学生每月的伤害发生率呈持续稳定的下降。

2）平行对照。平行对照，是指选择具有可比性的另一个社区作为对照，也称为社区比较研究。实验方法为，一个为实验社区，另一个为对照社区，前者采取某种干预措施，后者则不采取任何干预措施。实验社区在采取干预措施前后，分别做一次情况调查，对照社区也同时进行同样的调查，最后总结实验社区与对照社区在采取干预措施前后有何不同，对比分析效果，以评价该干预措施的优劣。

例如，对广东省茂名市中小学生伤害干预措施的效果进行观察研究。干预组为 1999 年开展伤害发生情况调查的 5 所中学的 1 733 名学生，采取以安全促进教育为主的综合干预措施；对照组为各方面条件基本相似而未采取任何干预措施的 2 所中小学的 610 名学生。1 年后 2 个组再次进行伤害调查，观察比较伤害发生率、严重程度等指标的变化。

3. 安全社区建设效果的评估

对安全社区建设效果的评估是对所有干预措施实施绩效的综合评估。可将自身前后对照法和平行对照两种方法结合起来应用，称为对照系列研究，用于中长期社区干预研究。对比社区建设安全社区前后的事故和伤害发生情况，可知道安全社区建设所取得的效果。

此外，安全绩效还可以通过居民满意度调查、工作总结、安全知识测试、安全技能比赛、安全检查等方式获得定量或者定性的评价结果。

以教育、防范和强制为主的安全促进项目，从提高安全观念和改变危险行为入手的主动预防投入少、收益大，但是效果不稳定，易反复；以立法、工程、技术等为主的被动预防，可从根本上消除伤害隐患、危险环境和危险因素，但其牵涉面广，而且受到政治、经济、文化等因素制约。因此，必须客观地评价每一项干预措施效果是否真实可信、可重复和有推广价值。

二、绩效评估的分类

通常，绩效评估可以分为 4 类：形成评估、过程评估、效果评估和结局评估。

1. 形成评估

形成评估一般在安全促进项目实施前或实施的前期进行，其目的是评估现行计划和目标是否明确合理、指标是否恰当。同时，形成评估还对项目承担机构组织项目的经验和条件、人力资源管理、信息管理等进行评估，以便及时发现问题、解决问题，保证干预方案能够顺利地实施下去。形成评估可以使计划更完善、更合理、更可行、更容易为群众所接受。

形成评估包括需求评估（又称社区诊断或社会需求评估），即评估社区的需求、愿望及生活质量，根据需求（如优先解决的伤害问题）制订计划目标和干预措施，即根据对目标人群的调查和了解，确定适应于该人群的最佳干预方案。

形成评估的内容包括以下几点：

（1）了解目标人群对于各种措施的看法。

（2）选择核心信息并做预试验。

（3）了解教育资料的发放和内容。

（4）通过调查获得有价值的信息，为制定评估问卷提供依据。

（5）问卷的内容条目通过预调查后做进一步修改。

（6）提供定性资料，为定量资料做解释或补充说明。

（7）计划实施早期阶段可能出现的问题。

形成评估的方法主要包括观察法、深入访谈法、调查法、小组讨论、分析法、报告法和参与者对话法。

2. 过程评估

过程评估是在安全促进项目实施过程中监测各项工作的进展情况，了解并保证计划的各项活动能够按计划进行，是对各项活动的一个跟进过程。过程评估重点是对干预程度和提供了多少干预而进行监测，同时也是对行政和组织方面的情况进行评价。

过程评估需要回答几个问题：

（1）干预计划的活动是否按计划在进行。

（2）实施计划需要做哪些调整。

（3）干预项目的优势在哪里？弱势又在哪里。

（4）是否有不在预期的效应产生。

（5）有没有问题。

（6）是否需要补充一些措施。

过程评估的方法：查阅资料、随机抽样调查（在所需评价的区域和范围随机抽取部分人员进行调查）、拦截访谈（在所需评估的区域和范围内的某些场所的出口处随机拦截人员进行访谈）、访谈法（组织召集权威人士、领导、主要执行人员，重要干预对象等进行访谈）、观察法（到项目实施现场实地考察）、专家评议法等。

3. 效果评估

效果评估主要是对干预项目近期和中期所产生的效果进行评估。效果评估主要包括4项内容：

（1）对影响安全、健康相关行为的倾向因素（知识、信念、态度、价值观）、促成因素（组织建立、经费到位、技术支持、政策落实）和强化因素（家庭、社会、上级领导等）的改变程度的评价。

（2）对行为改变情况的评价。

（3）对政策、法规制定情况的评价。

（4）伤害情况对比效果如何。

效果评估实际上是对干预项目完成后的即时效果进行评价，判断干预项目是否达到预期效果。

效果评估参与的方法一般有2种：

（1）采用重复横断面调查方法：在项目开始和结束时分别进行；两次调查需要使用相同的调查工具，这样可以对被干预对象干预前后的情况进行对比分析，并进行显著性的检验；有条件的话，可以设置对照表。

（2）建立伤害监测机制：将干预前后的数据进行统计分析。

4. 结局评估

结局评估是指远期效果评估，是评价伤害预防与控制项目的最终目的是否实现。结局评估可以分为2个方面：效果评估和效益评估。

（1）效果评估，是指伤害干预项目对与目标人群健康状况相关的指标的评价，如伤害的发生率、死亡率等。

（2）效益评估，是指伤害干预项目改变与目标人群健康直接相关的指标所带来的远期社会效益和经济效益，如劳动生产率等。

三、 需要解决的问题

在安全项目评估时，需要在总体上解决如下问题：

1. 哪种干预策略最有效

策略是为了实现计划目标而采取的一系列措施的原则。在制定策略时，应分析安全问题发生的原因，并根据原因制定项目实施的策略。针对每一个原因，都有可能提出多种达到目标的策略。在确定策略时，应考虑社区的资源和条件，使提出的策略既能够符合社区的实际情况，又能够实现计划目标。

2. 项目实施条件是否合适

明确实施项目的环境、资源等条件是否具备。

3. 最有效的干预措施是什么

确定干预措施是安全社区建设项目的关键。措施是在策略的指导下所制定的一系列为实现目标而进行的活动。活动计划要注明活动的具体时间、地点、对象和人数，应选择客观、可测量的指标来反应活动的效果。在确定干预措施时，应考虑社区的人力、物力、财力等问题，也应注重成本效益，选择最佳方案，使有效的资源发挥最大的效能。

4. 最适宜的人群是什么

一个项目要选择最为适宜的人群作为干预对象，人群的覆盖率要尽量最大化，这样才能充分发挥项目的作用。

5. 干预措施是否按计划实施

原则上，项目计划是项目实施的指南，任何项目活动都必须严格按照预先确定的计划执行，否则项目就可能失去方向，目标难以实现。

6. 项目设计是否紧扣目标

项目的目标是要解决存在的主要安全问题，是指导项目的设计、实施和评估的指南。只有在具体、明确的目标下，才能进行项目设计，项目的设计、实施必须紧扣目标，否则无法保证目标的实现。

7. 干预措施是否有效

一个安全促进项目是否成功，最关键的是项目实施效果是否达到了其所期望的效果，即项目计划的目标。将项目实施效果与原先制定的目标进行比较，以判断目标的完成程度，即干预措施是否有效。

一个好的项目，不仅需要具有良好的效果和效益，同时也应该具备良好的效率，即用最小的投入和时间来获得期望的效果和效益。因此，要评估干预措施是否符合项目的管理原则，项目是否发挥了较大的效能。

四、 绩效评估的步骤

一般来说，绩效评估由确定期望值、确定评估人员、确定评估标准、统计和分析数据、报告结果 5 个步骤组成，如图 6—4 所示。

1. 确定期望值

（1）确定利益相关者

利益相关者是指与项目设计、实施与效果有一定关联的机构、组织、人群等。他们的期望和态度对项目效果的扩展等有一定的影响。项目的主要利益相关者包括社区居民、有关职能部门、精神文明建设指导委员会办公室、工会、卫生部门、环境部门、企业管理部门、财务部门、教育部门、社区等。

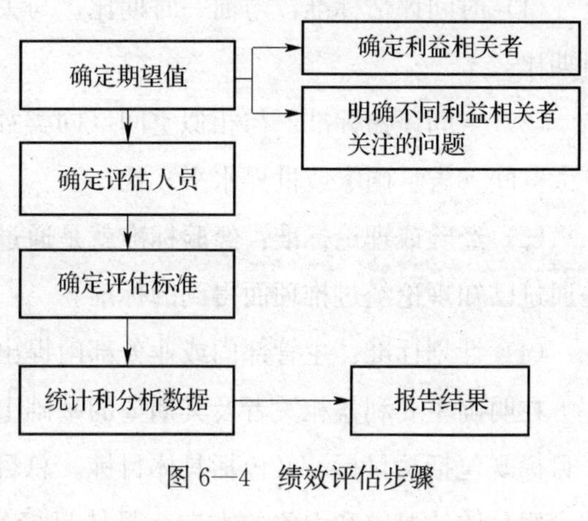

图 6—4　绩效评估步骤

（2）明确不同利益相关者关注的问题

对于同一个安全促进项目，不同的利益相关者所关注的问题是不同的，有时甚至是相反的。评估者必须首先明确他们要研究的主要问题，从而确定最重要的利益相关者，并根据其主要的期望值来设计评估方案。

2. 确定评估人员

评估工作既可以由第一方——实施安全促进项目的内部人员来做，也可以由第三方——外部专家来做。

（1）第一方评估

第一方评估是社区自行组织并进行的评估，也称为自评。自评可以针对某一方面（如安全社区档案建设情况、交通安全状况、居民满意度情况）进行，也可以按照标准的所有条款进行。自评是社区实现自我检查、自我评估、自我纠正、自我完善的有效机制，可为安全社区良性运作和持续改进提供有价值的信息。

（2）第三方评估

第三方评估是由与社区既无行政上的隶属关系、又无经济利益关系的第三方机构，依据相应的准则、规定的程序和方法对安全社区进行的评估。第三方评估是一种客观的、公正的评定，具有很强的可信度。

以上两种方法各有优缺点。第一方评估的优点：评估人员对项目比较熟悉，较短时间就能完成评估，能提高安全促进项目实施的质量。但是，如果评估的目的是向投资者报告项目的结果，则可采用第三方评估。采用内外结合的方法并吸收有代表性社区成员共同参与，评估效果最佳。

3. 确定评估标准

评估标准主要有以下几种：

(1) 时间评估标准：与前一时期比，与去年同期比，与历史最好水平或特定的历史时期比。

(2) 空间评估标准：与相似空间（同类社区）比，与先进空间（先进社区）比，与扩大空间（省、国家或世界水平）比。

(3) 经验或理论标准：经验标准就是通过历史资料归纳总结出的标准，理论标准则是通过已知理论经过推理而得到的标准。

(4) 计划标准：主管部门或业务部门提出的计划数、达标数。

在明确主要利益相关者及其期望的基础上，评估者就可以确立项目的评估目标。这个目标既包括总目标，又包括具体目标。总目标是总体上项目工作应该达到的目的，能够说明总体的要求和大致的方向；具体目标是总体目标分解到各个主要环节上的目标，是对总目标的具体说明。具体目标一般是明确的、具体的、可测量的指标。

目前，我国卫生及工矿企业（包括商贸流通企业）和道路交通、火灾、水上交通、铁路交通等行业主管部门针对本行业特点，制定了各自的事故伤害统计报表制度和统计指标体系，以反映本行业事故伤害情况。

指标通常分为绝对指标和相对指标。绝对指标，是指反映伤亡事故全面情况的绝对数值，如事故和伤害次数、死亡人数、重伤人数、轻伤人数、损失工作日等；相对指标，是伤亡事故的两个相联系的绝对指标之比，表示事故的比例关系，如千人死亡率、千人重伤率等。

1) 综合类伤亡事故统计指标体系。综合类伤亡事故统计指标体系包括各级别（一般、重大、较大、特别重大）事故起数、死亡起数、死亡人数、受伤人数、直接经济损失、各级别事故率等。

2) 工矿企业类伤亡事故统计指标体系。工矿企业类伤亡事故统计指标体系包括煤矿企业伤亡事故统计指标、金属和非金属矿企业伤亡事故统计指标、工商企业伤亡事故统计指标、建筑业伤亡事故统计指标、危险化学品伤亡事故统计指标、烟花爆竹伤亡事故统计指标。

3) 行业类统计指标体系。行业类统计指标体系包括道路交通事故统计指标、火灾事故统计指标、航空飞行事故统计指标、水上交通事故统计指标、铁路交通事故统计指标、触电事故统计指标。

4）地区安全评价类统计指标体系，见表 6—17。

表 6—17　　地区安全评价类统计指标体系

指标名称	计算公式	备　注
千人重伤率	$千人重伤率=\frac{重伤人数}{从业人员数}\times 10^3$	一定时期内，平均每千名从业人员，因伤亡事故造成的重伤人数
百万工时死亡率	$百万工时死亡率=\frac{死亡人数}{实际总工时}\times 10^6$	一定时期内，平均每百万工时，因事故造成的死亡人数
百万吨死亡率	$百万吨死亡率=\frac{死亡人数}{实际产量（t）}\times 10^6$	一定时期内，平均每百万吨产量，因事故造成的死亡人数
重大事故率	$重大事故率=\frac{重大事故起数}{事故总起数}\times 100\%$	一定时期内，重大事故占事故的百分比
特大事故率	$特大事故率=\frac{特大事故起数}{事故总起数}\times 100\%$	一定时期内，特大事故占事故的百分比
百万人火灾发生率	$百万人火灾发生率=\frac{火灾发生次数}{地区总人口}\times 10^6$	一定时期内，某地区平均每 100 万人中，火灾发生的次数
白力人火灾死亡率	$百万人火灾死亡率=\frac{火灾造成的死亡人数}{地区总人口}\times 10^6$	一定时期内，某地区平均每 100 万人中，火灾造成的死亡人数
万车死亡率	$万车死亡率=\frac{机动车造成的死亡人数}{机动车数}\times 10^4$	一定时期内，平均每一万辆机动车造成的死亡人数
10 万人死亡率	$10万人死亡率=\frac{死亡人数}{地区总人口}\times 10^5$	一定时期内，某地区平均每 10 万人中，因事故造成的死亡人数

5）伤害频率测量指标

①发生率：指某一特定人群一年中伤害的发生频率。

$$计算公式：发生率=\frac{某人群一年中伤害发生人数}{某人群的总人数}\times 100\%$$

②致死率：指某一特定人群一年中因伤害而死亡者的比例。

$$计算公式：致死率=\frac{某人群一年中因伤害而死亡的人数}{某人群同期伤害发生人数}\times 100\%$$

③死因构成比和死因顺位：死因构成比是某一特定人群伤害死亡人数占同期同一人

群总死亡人数的百分比；死因构成比从大到小的排列顺序就是死因顺位。死因构成比和死因顺位表示伤害在全部死亡中所占的比例和位次，可以为疾病控制重点与优先顺序的确定提供依据。

各类伤害死亡人数在伤害总死亡人数中的构成比和顺位则能够表示每一类伤害在伤害死亡中的地位和严重程度。例如，自杀死亡在伤害死亡中所占的比例如下所示。

$$\frac{\text{某人群某时期因自杀死亡人数}}{\text{同一人群同期伤害死亡总数}}\times 100\%$$

④时间趋势：表示伤害随时间变动的趋势，可以反映伤害长期的变化规律，也称长期趋势。伤害的发生率、死亡率、致死率、死因顺位和潜在损失都应该做时间趋势分析，除了可以清楚地表示伤害在一个时间段中的变动情况，还可以估计伤害今后发展的趋势。

⑤年龄发生率：指某特定年龄组的伤害发生率、死亡率等。例如，1～44 岁年龄段的伤害发生率如下所示。

$$\frac{\text{1～44 岁年龄段一年中伤害发生人数}}{\text{1～44 岁同一人群平均人口数}}\times 100\%$$

4. 统计和分析数据

安全社区的主要功能就是预防伤害的发生，因此准确、有效的事故与伤害统计将会有助于掌握区内事故与伤害发生的情况及其成因。

为了收集事故与伤害的数据，社区应成立一个隶属于安全社区创建委员会的工作小组——伤害数据统计分析工作小组。工作小组主要以社区卫生服务中心为核心，由安全生产监督管理部门、交通部门、公安部门、消防部门、学校等单位组成。伤害数据统计分析工作小组的主要职责就是负责搜集和监测社区内事故与伤害的数据，分析、分类并向有关单位反馈，以便检查安全促进项目的实施效果，为安全社区创建委员会和各工作小组制定有效的预防措施提供依据。伤害数据统计分析工作小组应建立一个完善的工作机制，小组内部应明确分工，可由某部门专门负责某项工作。

（1）事故与伤害统计分析的基本任务

1）对每起事故与伤害进行统计调查，弄清其发生的情况和原因。

2）对一定时间内、一定范围内事故发生的情况进行测定。

3）根据大量统计资料，借助数理统计手段，对一定时间内、一定范围内事故与伤害发生的情况、趋势以及事故参数的分布进行分析、归纳和推断。

事故与伤害统计的任务和社区诊断的任务是一致的。统计建立在事故调查的基础上，没有成功的事故调查，就没有正确的统计。调查要反映有关事故和伤害发生的全部详细信息，统计则抽取那些能反映事故情况和原因的最主要的参数。

(2) 事故与伤害统计分析的目的

事故与伤害统计分析的目的，是通过收集与事故有关的资料和数据，并应用科学的统计方法，对大量重复显现的数字特征进行整理、加工、分析和推断，找出事故和伤害发生的规律和事故发生的原因，为制定法规、工作决策、采取预防措施、防止事故和伤害的重复发生，起到重要的指导作用。

(3) 事故与伤害统计分析工作的步骤

事故与伤害统计分析工作一般分为3个步骤：

1) 资料搜集。资料搜集又称统计调查，是根据统计分析的目的，对大量零星的原始材料进行分组，是整个事故与伤害统计分析工作的前提和基础。

2) 资料整理。资料整理又称统计汇总，是将搜集的事故与伤害资料进行审核、汇总，并根据统计的目的和要求计算有关数值。汇总的关键是统计分组，就是按一定的统计标准，将分组研究的对象划分为性质相同的组（如按事故与伤害类别、伤害原因等分组），然后按组进行统计计算。

3) 数据分析。事故统计分析方法是以伤亡事故统计为基础的分析方法，是将研究对象具体化为统计指标或指标体系来进行研究。数据分析根据事故统计的原始数据，从大量事故分析中探索事故发生规律，利用各种图表直观而形象地反映事故发生情况，对于寻找主要矛盾、评价安全水平、确定安全工作的中心，能够提供确切的数据依据。

数据分析法包括：

①综合分析法：将大量的事故伤害资料进行总结分类，将汇总整理的资料以及有关数值形成书面分析材料、填入统计表或绘制成统计图，使大量的零星资料系统化、条理化、科学化，从各种变化的影响中找出事故和伤害发生的规律。

②分组分析法：按事故与伤害的有关特征（如事故与伤害发生企业的经济类型、所在行业、发生原因、发生所在地区、发生时间、伤害部位等）进行分类汇总和统计分析，研究事故与伤害发生的有关情况。

③算数平均法。

④相对指标比较法：各个地区之间由于情况不同，用绝对指标很难比较，但采用相对指标（如万人死亡率）就可以相互比较，并可在一定程度上说明情况。

⑤统计图表法。常用的事故统计图有：

a. 趋势图，即折线图，如图6—5所示。该图可以直观地表示伤亡事故的发生趋势。

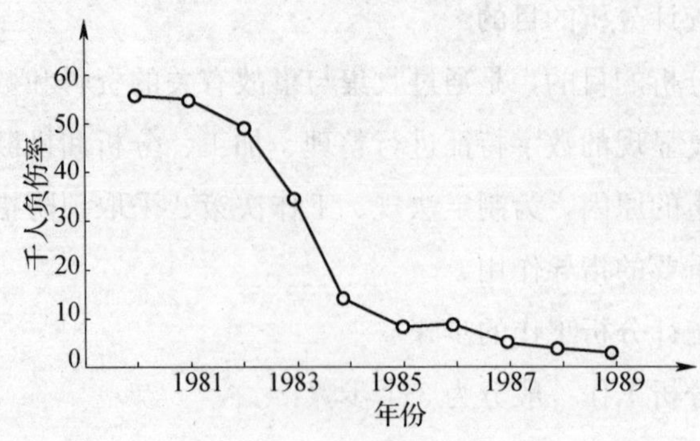

图 6—5　事故发生趋势图

b. 柱状图，如图 6—6 所示。该图能够直观地反映事故伤害指标大小。

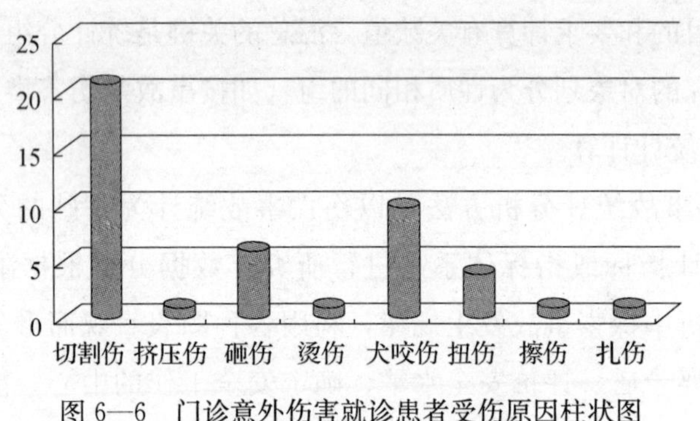

图 6—6　门诊意外伤害就诊患者受伤原因柱状图

c. 饼图，即比例图，如图 6—7 所示。该图可以形象地反映不同分类项目所占的百分比。

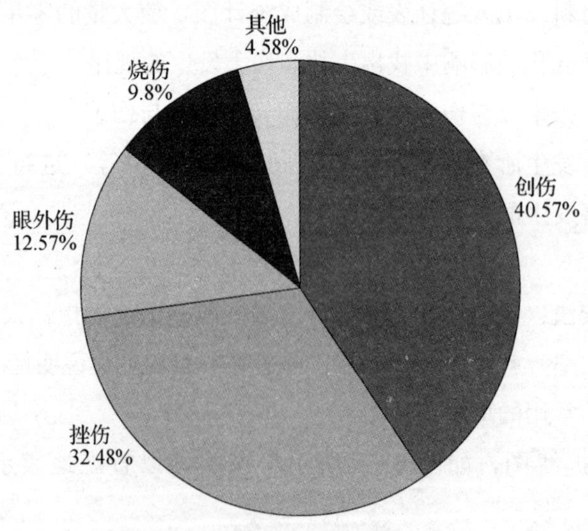

图 6—7　某市机械工业生产外伤分类

d. 排列图，也称主次图，是直方图和折线图的结合，直方图用来表示属于某项目分类的频次，而折线图则表示某个分类的累积相对频次。排列图可以直观地显示出属于各分类的频数的大小及其占累积总数的百分比。

⑥SPSS操作方法。随着计算机技术的发展，统计软件亦随之发展，过去用计算器或手工计算需要几天、几个月的工作，现在用统计软件瞬间就能完成，且准确性大大提高。

目前，国际公认的权威统计软件只有SPSS和SAS。SPSS（Statistical Product and Service Solutions，统计产品与服务解决方案）创建于20世纪60年代末。Windows的出现使软件的易操作性被推进到了史无前例的高度，而SPSS统计软件是这方面最成功的一个，其功能更加完善，界面更加友好，使用也更加方便。

医学统计学（Medical Statistics）是在医学领域中应用概率论和数理统计的基本原理和方法研究数据的收集、整理和分析的一门学科。当代科技迅猛发展，使计算机及其计算软件迅速普及。这为大量数据和信息贮存、整理和分析提供了优越条件。SPSS、SAS统计软件包含了较完整的统计设计、数据整理、分析方法，使用者既可使用常用统计方法解决实际问题，又能使用极为复杂的统计方法解决实际问题，因此广泛应用于基础、预防、临床医学、卫生事业管理等各个领域。

对于社区伤害调查、伤害监测的结果进行分析，进而对社区事故与伤害预防效果进行评估，如果采用人工方法，工作量是很大的。建议聘请专业人员来设计调查和监测方案，采用SPSS统计软件进行数据处理。

第六节　申请安全社区方法

一、申请安全社区的条件

按照AQ/T 9001—2006《安全社区建设基本要求》对“社区”一词的定义，城市区域（例如北京市朝阳区）、街道办事处、社区（居委会）或企业主导型社区、开发区、工业园区、县、乡镇、村等均是社区。在已命名的216家“全国安全社区”中，有18家是以社区居民委员会为载体开展安全社区创建的，这都是较早开展创建的单位。但是，《国家安全监管总局关于深入开展安全社区建设工作的指导意见》（安监总政法〔2009〕11号）规定，城市一般应以街道为单位开展安全社区创建工作，农村地区一般应以乡、镇为单位开展安全社区创建工作。因此，全国安全社区促进中心（以下简称促进中心）原则上不再接受以社区为载体的创建申请，这里也不把其纳入评估范围。

在命名的安全社区中，有12家是区、县整建制开展创建的，只要辖区内80%以上街道或乡镇命名为全国安全社区的，那么整区、县就可以申请全国安全社区，而不需要利用《安全社区评定指标表》进行评定赋分（该政策正在计划调整）；第一批“全国安全社区”（山东济南青年公园、北京朝阳区望京街道等 8 家单位）是先创建“国际安全社区”后再被命名为“全国安全社区”的，当时没有组织现场评定，评估分析中也不包括这 8 家。

凡是符合上述条件的社区，均可向全国安全社区促进中心（中国职业安全健康协会）提出申请。此外，申请全国安全社区还必须满足以下 2 个条件：

1. 按照国家安全生产监督管理总局颁布的 AQ/T 9001—2006《安全社区建设基本要求》，持续开展安全社区建设工作 2 年以上。

2 年以上，是指自申请之日起倒推 2 年，或者说，自启动安全社区建设之日起至申请之日，已满 2 周年。例如，2005 年 7 月 28 日启动安全社区建设，则至 2007 年 7 月 28 日方才有资格递交申请。应有相关证据证明安全社区建设的启动日期，例如文件、启动仪式照片、媒体报道等。同时，社区还应该有证据表明，在这两年中，安全社区建设在持续、有效地进行，没有中断。如果某社区的安全社区建设在举行启动仪式后停滞，又在 1 年后开始实施，那么，总时间应减去 1 年。

2. 社区能够有效地预防、减少事故和伤害的发生，并且生产安全事故及其他各类事故与伤害连续 2 年控制在当地政府下达的考核指标内。

我国政府和相关主管部门对于各类事故都有具体的管理规定，有些事故采取了指标管理方法，社区应遵守其规定，凡是有控制指标的，必须满足其指标要求。同时，社区还应当提供能有效地预防、减少事故和伤害发生的证据，证明社区在持续地改进安全绩效。

此外，启动安全社区建设工作的社区应在启动后 20 日内到促进中心备案，填写建设“全国安全社区”备案表。

二、 安全社区评定

1. 安全社区评定的概念

安全社区创建的过程是否符合安全社区标准的要求，是否符合社区的实际情况，是否实现了社区的安全计划和目标，需要有一个客观的评价。通过获取社区安全促进工作策划和实施的情况，收集、分析相关数据，对照国家相关法律法规要求和安全社区标准要求，判定该社区与安全社区建设标准的符合程度和安全促进工作的有效程度，这个过程称为安全社区评定。

2. 安全社区评定的特点

（1）评定对象：社区创建安全社区的过程与结果，也就是判定社区的安全社区建设是否符合 AQ/T 9001—2006《安全社区建设基本要求》。

（2）评定依据：AQ/T 9001—2006《安全社区建设基本要求》。申请评定的社区应以此标准为指导实施创建，评定机构则按照该标准的要求对社区的安全社区创建情况进行评定。

（3）评定方法：由评定机构派遣审核人员对申请评定的社区进行评定，提交评定报告，提出评定结论。

（4）获得评定的结果：申请评定的社区通过评定，最终取得经国家安全生产监督管理总局授权中国职业安全健康协会（全国安全社区促进中心）颁发的“全国安全社区”证书和标牌。

（5）认证性质：安全社区评定是第三方进行的活动，要由第三方实施，是为了确保评定活动的公正性。

3. 安全社区评定的程序

为了规范安全社区建设方法，避免安全社区建设形式化和运动化，国家安全生产监督管理总局授权全国安全社区促进中心，在总局的领导和监督下，负责指导、协调安全社区评定与管理工作。安全社区评定管理工作的具体实施由全国安全社区促进中心办公室负责。2006 年，中国职业安全健康协会起草了《安全社区评定管理办法》，该办法对安全社区评定的组织、实施、管理作了详细的规定。

安全社区评定实施程序如图 6—8 所示。

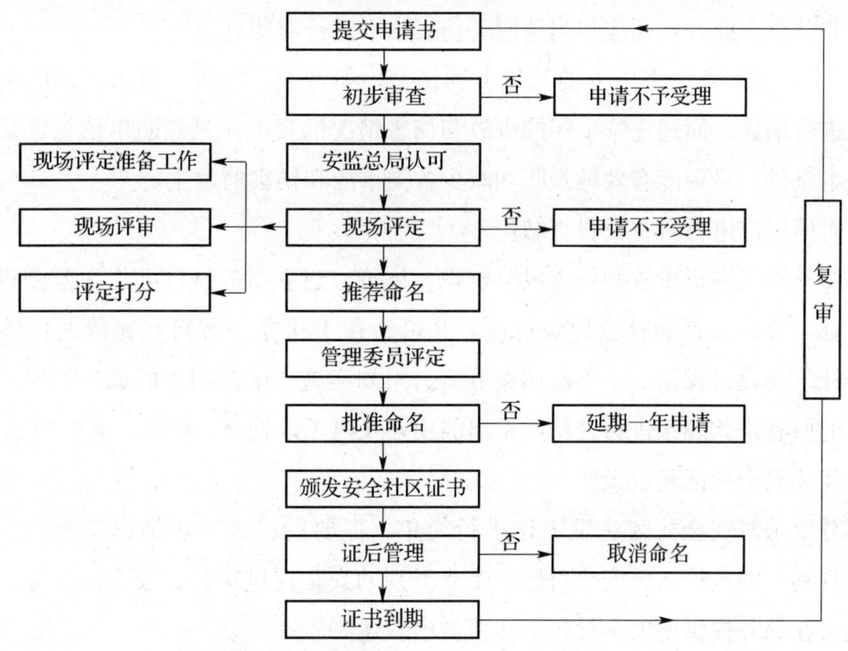

图 6—8　安全社区评定实施程序流程图

三、 申请及初审

1.《安全社区评定申请书》

符合申请全国安全社区评定基本条件的社区，应以书面形式向促进中心办公室提出申请（一式两份），按要求填写《安全社区评定申请书》，经社区所在地上级政府综合安全监督管理部门或上级行政主管部门审核、确认、同意并盖章后，寄送到促进中心。《安全社区评定申请书》包括7个方面的内容：

（1）社区的基本情况。

（2）连续2年的事故和伤害统计数据

连续2年的事故和伤害统计数据，指启动当年起至今的事故和伤害情况。本年度的，以自年初至申请日实际发生情况填写；除本年度外其他年度的，应以年终结果填写。例如，若2005年7月28日启动、2007年10月申请，则应填写2005年度、2006年度、2007年1月至10月的事故和伤害情况。

1）对于生产、交通、火灾、社会治安4类事故和伤害情况，应从2个方面考虑：

①对于有指标的，应如实填写指标数和实际发生数，实际发生数应以政府主管部门掌握的数字为准。对于已经建立了伤害监测机制的社区，伤害日常监测或者社区调查的结果可能会与指标数不同，应分别描述并说明原因。

②对于指标没有分解到本级社区的，应将不同年度的伤害日常监测结果或调查结果进行描述并分析。此外，还应与当地同类伤害水平进行对照。

2）对于上述4类伤害以外的其他类别伤害，如淹溺、触电、自杀等，应按监测和调查结果进行描述。简述连续2年的事故和伤害情况的目的，是判断申请社区是否具备申请的基本条件，是否能有效地预防和减少各类事故和伤害的发生。

（3）对照标准进行自查及自查结论

标准要求社区进行事故和伤害风险辨识、评价，建立事故统计和伤害监测机制，建立行政监督、公共监督和社会监督机制，其目的在于建立一种自我完善的良性运作机制。安全社区建设过程是一个不断调查分析、策划实施、坚持纠正的循环程序。社区应对照标准的所有条款逐条进行分析，找出弱项，及时予以补充、调整，有把握地申报。

（4）简述安全社区建设工作

此部分要求对安全社区建设工作进行简单、扼要的描述，包括组织机构、工作机制、安全规划、安全投入、安全目标、主要类别的安全促进项目、安全绩效等。详尽的工作情况可在另外提供的安全社区工作报告中叙述。

（5）持续改进承诺

安全社区的建设是一项有起点无终点的工作，持续改进是安全社区建设的持续性和有效性的根本保证，社区绝不能单纯为获取一份荣誉而进行安全社区建设。所以，要求在申请时就申明态度，承诺无论何时都坚持事故与伤害预防，坚持持续改进，积极参与安全社区交流活动，互相学习，共同提高，努力创建安全、健康、和谐的社区。

（6）保证声明

本部分是对配合全国安全社区促进中心的承诺，包括 2 个方面：一是要提供真实、充分的资料，资料应尽量完整，使现场评定组在进行现场考察前就能对社区情况有一个充分的了解，以便提高工作效率和工作质量；二是要为现场组提供工作上和生活上的便利。

（7）上级意见

促进中心充分尊重社区上级相关部门的意见，在申请书中专门设计了一栏，请其根据对社区的了解，负责任地提出自己的意见，尤其是社区是否满足申请“全国安全社区”的 2 个基本条件，要认真填写，并加盖公章。

一般来说，社区上级有关部门应该是负责安全社区建设的上级部门，每个地方上级部门都有所不同。不过，大多数地方是安全监管部门，也有的地方是政府办、民政部门或综合治理部门，对于企业主导型社区，可以是上级行政主管部门。但是，不管是谁来签字盖章，都必须对社区的安全情况尤其是安全社区建设情况比较了解，负责任地阐述社区相关情况。

2. 工作报告的主要内容

在递交申请书的同时，社区应向促进中心提交工作报告（一式 3 份）并提交电子版。工作报告的主要内容有：

（1）社区概况，包括地域特点、社区特点、人口及构成、安全现状、已获得的各级部门授予的与安全相关的称号及授予时间等。

（2）有证据的安全社区启动时间。

（3）按照 AQ/T 9001—2006《安全社区建设基本要求》进行的各项工作的具体情况。这一部分是报告的核心内容，要求逐一介绍实施安全社区 12 个要素的情况，重点描述各类事故和伤害危险源的辨识、控制措施以及控制效果。控制措施可以从安全宣传教育与培训、安全管理、安全服务、安全环境建设和安全设施等方面按照生产安全、交通安全、老年人安全等分别进行描述，并阐明安全促进项目的策划意见、计划与方法，效果及对比等。

（4）社区联系方式

社区联系方式指地址、电话、网址、电子信箱、联系人等。

3. 初步审查

促进中心收到社区提交的申请材料后，于 20 个工作日内对申请材料进行初步审查。

初步审查又被称作文件审查，包括对申请书内容和工作报告内容的审查。工作报告部分主要审查文件描述的要素是否完整、有无缺项、是否符合标准要求。促进中心如有修改意见，将及时反馈给社区，修改后再递交。对于初审不合格的社区，将通知申请不予受理，并说明理由；对于初审合格的社区，将安排现场评定。初步审查意见形成后，要先报国家安全监管总局认可。具体安全社区工作报告的编写方法见有关全国安全社区现场评定申请报告要求，主体内容如下：

（1）第一部分：社区简介

1）社区简介：简要介绍社区的历史沿革、地理位置、辖区面积及区域特点，明确社区的定位（如大学城、居住型社区、城郊接合部等）。

2）社区人口信息：人口总数、性别和年龄分布、职业分布、学历及特殊群体（如残疾人、外来人口、低保人员等）信息。

3）社区结构及单位分布：介绍社区构成，包括村居、驻区政府机关、各类社会单位、生产经营单位及商贸服务业。

4）生产经营单位及商贸服务业分布：按照不同规模、行业分类及数量描述。

5）安全管理机构及安全管理队伍：介绍社区办事机构（乡镇政府、街道办事处）构成，尤其是生产、交通、消防、治安等安全管理机构及队伍情况。如果社区自身没有专门机构，则描述相应负责机构。如各村居配备了专职人员，也需进行说明。

6）区域安全风险特点：描述由于自然条件、建筑、人口、产业结构等因素影响，社区现存或可能的主要安全风险。可以按领域、事故种类、按人群等分类描述。描述时，尽量用关键数据或具体事例体现风险。

7）安全相关荣誉：创建工作启动以来所获得的各类安全及相关荣誉。

（2）安全社区建设概况

1）安全社区理念导入：介绍决策开展安全社区建设的初衷，接受的途径（如按照上级安排、通过某渠道获得信息等），明确需要通过安全社区建设解决的主要问题、建设工作愿景（与地区定位、风险特点等应一致）。

2）启动安全社区建设：描述启动时间与方式，包括当时所发文件、实施方案及主要内容。

3）安全社区建设主要阶段：简要描述开展安全社区建设的主要阶段，如成立机构、开展诊断等。需注明每一阶段的开始时间，安全社区建设主要阶段应和建设关键环节相对应。

4）安全促进项目概述：列出项目目录表，表格内容应包括项目名称、针对的对象及问题、主要内容、目标人群或场所数量、覆盖人群或场所数量、开始时间、目前状况

（结束/持续）、实施单位等信息。

(3) 安全社区建设要素与指标实施情况

1) 要素一：安全社区建设机构与职责

①跨界跨部门合作的安全社区促进委员会（或领导小组）：介绍安全社区建设组织机构，包括促进委员会（或领导小组）成员及单位名单、职责；重点描述社区党政领导推进安全社区所起的作用（领导对安全社区的理解及其理念、主要负责人在建设中发挥的作用等）。

②安全促进工作（项目）组：介绍安全促进工作（项目）组的构成、牵头单位的名单和职责。

③安全社区建设机构工作制度：描述安全社区建设机构工作制度的主要内容。

④安全社区工作总目标和工作计划：描述社区安全总目标或事故与伤害控制目标。

⑤安全社区建设机构工作情况：描述安全社区建设机构工作制度执行情况，如何整合资源、开展工作，以及已开展的主要工作。

⑥安全社区建设保障条件：描述为安全社区建设提供的保障条件，包括人员、条件、资金投入。

2) 要素二：信息交流和全员参与

①收集、交流、沟通、传递、反馈安全信息的渠道：描述信息交流沟通的形式和内容，如举报/倾诉热线、民情日记、信息员在网上论坛收集社区成员安全方面的意见和建议、经验交流推广，通过社区报纸、公告台、信息通报等传递本社区或外来的安全相关信息等。多种方法时需分别列出并简述工作结果（对各类需求的响应情况）。

②社会组织和志愿者组织参与安全社区建设工作：描述社会组织和志愿者组织持续参与或承担安全促进工作，包括参与时间、参与形式、承担/参与项目名称、工作量及所起作用。对于非安全类社会组织和志愿者组织，应介绍如何发挥其载体作用，与安全不相关的不必叙述。

③辖区社会单位参与建设工作：描述通过何种形式组织和引导辖区单位参与、辖区单位如何参与建设工作。

④社区公众参与安全社区建设工作：描述组织和吸引公众参与建设工作和公众安全监督的形式，如知识竞赛、安全大篷车、有奖答题、趣味安全运动会、邻里守望、市民安全巡防团等。

⑤积极组织和参与安全社区活动：描述组织或参加的社区内外的安全社区活动，包括活动时间、地点、主题等。

3）要素三：安全诊断与安全促进

安全促进项目的实施要与各领域确定安全重点难点问题和重点安全需求相对应。第一层是类别/领域（如居家、生产安全、交通、消防等），第二层是安全促进项目（项目可以有1个或多个，若有多个，则分别描述）名称，第三层是本项目背景和依据（项目实施前基本状况），第四层是项目实施过程及措施（如管理、服务、宣传、设施、环境、产品等），第五层是项目实施结果和效果，第六层是安全类别/领域促进效果分析。

建议通过图表形式对安全促进项目策划及实施过程进行描述。图旨在体现项目设计的流程、项目内容板块、持续改进思路等；表旨在体现对应干预目标、实施具体内容、时间进度等。

4）要素四：宣传教育与培训

①本社区安全宣传教育与培训资源：包括社区宣传教育机构、人员、组织，以及固定的宣传培训教育资源（如居民学校、设施设备、教具、广播、网络、宣传栏等）。

②能够整合的辖区宣传教育与培训资源：包括能够利用的辖区内外的宣传教育与培训资源，如专家、教师、场地、设施设备、合作机构等。

③安全宣传教育与培训实施情况：可列表简述安全宣传教育与培训活动的时间、方式、内容、参加范围与人数等，详细情况可在项目中叙述。

④安全社区建设骨干人员培训情况：描述外出参加安全社区取证培训的时间及人员（包括姓名和职务），社区自行组织的安全社区培训的时间、参加范围及人员、授课人及授课内容。

⑤对从业人员职业安全健康教育情况：描述社区管理的生产经营单位的从业人员培训及持证情况，描述不属社区管理的生产经营单位的从业人员培训及持证情况，以及社区如何进行监督。

5）要素五：应急准备与救援处置

①辖区可能发生的紧急情况：简单描述辖区特点导致或可能发生的突发事件，如山林火灾、危化品泄漏、人员踩踏等。

②应急预案制定情况：列出目录即可，包括社区及下属单位、辖区重要单位的应急预案制定情况。

③应急队伍建设情况：按照专职/兼职应急队伍或社区/辖区单位的应急队伍进行分类描述，描述的内容包括应急队伍的训练活动情况。

④应急设施配备情况：描述按照应急预案要求配备的应急设施情况，描述辖区重要单位、各场所应急设施配备管理状况。

⑤应急培训与演练情况：描述已经开展的自救互救知识技能的培训和应急演练情况。

6）要素六：建设过程信息记录

①事故与伤害记录：描述 a. 已经进行规范记录的事故与伤害信息，如生产、交通、火灾、学校、就诊伤害信息等；b. 事故与伤害数据记录责任单位；c. 使用的记录格式、记录的信息内容。

②事故与伤害记录的管理：描述 a. 记录的开始时间、负责人、间隔时间、收集整理方式；b. 事故与伤害数据的分析负责人；c. 分析结果的反馈、应用；d. 目前保存的事故与伤害记录。

③其他建设过程信息记录：描述其他建设过程信息记录的内容及查询线索，包括社区安全诊断材料、跨界组织机构工作记录、工作制度实施记录、项目评估和年度评估材料、必要的日常工作记录等。

7）要素七：评估与持续改进

①评估的方法和形式：a. 评估的对象和方法，如年度事故与伤害统计分析、目标评估、项目效果评估、环境和场所监测、满意度调查、专家评估等；b. 评估方法实施的要求和形式。

②评估的组织与实施：描述上述评估方法的实施情况，如实施人员、时间、方法等。

③评估结果与安全绩效：a. 描述各种评估得到的结论性的量结果，如环境安全度增加、事故减少、人员伤害减少、社区盗窃案件减少、居民安全知晓率、提高率、隐患整改率等；b. 安全社区建设给社区带来的生产安全、交通安全、消防、社会治安等方面的变化；c. 列表描述启动安全社区建设前一年至申请评定前（当年的情况描述到上一季度）的各类事故情况：按生产事故、交通事故、火灾事故、刑事案件、治安案件、其他伤害划分，分别描述事故起数、死亡和伤害人数，并注明数据来源。

④安全社区建设整体持续改进计划：描述根据评估结果制订的整体持续改进计划，如下一步的重点工作、工作目标和计划、措施等。

4. 撰写工作报告的注意事项

（1）安全促进项目应能够体现重点针对社区内高危人群、高风险环境和脆弱群体，并能够覆盖到各种环境和各种年龄。

（2）安全促进项目应是长期、持续、有效且实现持续改进。

（3）明确事故与伤害控制效果及对比的方法与机制。

（4）杜绝与安全促进项目无关的空洞内容。

（5）报告所提供的各类项目、数据应客观、真实、准确。

四、 现场评定

1. 现场评定准备工作

经初步审查合格的社区，促进中心将着手进行评定前的准备工作，主要包括组建评定组、制订评定计划、编制评定工作文件等。

（1）组建评定组

促进中心根据社区规模、社区构成、分散程度等初步确定工作量，并根据工作量的大小组建评定组、指定评定组长。

评定组长负责组织编制与评定有关的工作文件、主持首末次会议和评定会议、代表促进中心与被评定社区领导进行沟通。评定组组员在组长指导下完成评定组分工范围内的现场评定任务，并记录在现场评定过程中的所有情况，如被评定方的文件、各方人员谈话要点、现场存在的问题、群众反映的情况等。

评定组组员在整个现场评定过程中起到了至关重要的作用，必须具备从事安全社区相关工作的经验；在现场评定工作开展之前，必须进行相关的教育培训，充分了解安全和公共卫生方面的专业知识、安全社区相关标准的内容、相关法律法规知识、风险控制知识、事故与伤害预防法规的知识，熟悉安全社区评定程序和评定方法。同时，评定组组员还应具备相应的职业素质和能力：能对评定现场的各种现象和文件记录做出整体判断，给出合理的分析；善于把握问题的实质，能够避免评定的主观性和片面性；有分寸地应对和处理现场出现的情况，排除各种干扰因素；有较好的文字能力与语言表达能力；客观公正、严谨务实、清廉自律。

（2）制订评定计划

评定计划，是指现场评定人员具体分工、时间安排等内容的确定。评定计划通常包括：评定目的、评定准则、评定组成员、评定日期、评定日程安排。

评定计划应在现场评定开始之前制订，并传真至被评审方。被评审方可以对评定计划提出异议或建议，如时间安排、评定组成员安排等。经协商修改后的计划，应在评定双方签字、盖章后执行。具体的评定路线不需要在评定计划中体现，可在首次会议或现场评定过程中，根据情况或按照随机抽样的原则临时确定。

（3）编制评定工作文件

安全社区评定是依据评定准则对社区的安全社区创建过程和结果进行检查和认可的过程。要以文件的形式对评定过程加以记录，因此要在实施评定之前认真编制评定工作文件。现场评定中用到的评定工作文件主要包括：评定计划、首末次会议签到表、首末次会议记录表、现场评定检查表、现场评定不符合报告表、安全社区指标评定汇总表、现场评定报告等。

2. 现场评定

现场评定是判断被评定社区的安全社区创建工作是否符合要求，验证被评定方是否有效地实施了安全社区创建计划，是否符合安全社区标准的要求，主要侧重于安全社区创建的运行机制和持续改进绩效的证据。评定组对被评定方实施安全社区标准的有效性和符合性做出评价，并得出结论。

（1）首次会议

首次会议拉开了现场评定的序幕，是评定组与被评定社区领导人员及相关工作人员见面的第一次会议。会议由评定组组长主持，参加人员为评定组全体人员、被评定方的相关领导、安全社区创建机构负责人及工作人员。

会议开始前，到会人员应填写签到表。首先，会议介绍双方人员，评定组组长介绍评定计划安排、现场评定方法及要求。然后，由被评定方代表向评定组介绍安全社区创建过程，安全促进计划及项目的实施结果。随后，将进行现场考察。此时，被评定方应确定现场考察陪同人员，其主要作用是联络、向导和见证。现场考察陪同人员必须对社区情况和项目具体实施情况有较全面的了解，每个评定组的现场考察陪同人员有 1～2 人即可。

（2）现场考察

现场考察时，评定组通过直接接触被评定方安全社区建设文件、安全促进项目、社区居民，掌握第一手资料。

1）现场考察包括以下 4 项工作：

①听取各部门具体情况介绍。

②查阅安全社区建设档案，其中以施工伤害发生情况、安全计划、安全促进工作方案和实施效果为重点。

③现场人员访谈和问卷调查。

④随机抽样评估现场安全管理、安全环境和其他安全绩效。

这 4 项工作应该视现场情况而定，可以单独进行，也可以同时进行。例如，在听取安全促进项目介绍时，可以选定某一个项目进行现场验证，也可以向现场人员或居民求证或查阅该项目实施过程或结果的记录。

2）现场考察大致可以采用以下 4 种方式：

①自上而下和自下而上的方式。所谓自上而下的方式，是指先到信息比较集中的部门了解总的情况，然后随机选取一批样本进行调查。例如，要了解消防设施的管理情况，先到消防管理部门了解、查阅灭火器材配置和定位情况，再选取代表性样本，到对应位置查证灭火器材是否定位、类型是否一致、灭火器材的定期检查和更换情况等。

自下而上的方式，是指先在许多部门调查研究，选择一批样本进行考察，然后到集中管理的部门去审核考察。例如，要了解居民接受培训的情况，先到基层部门查询居民接受培训的情况，然后查询选取的样板是否有培训记录。

②正向考察和逆向考察。正向考察，是指依据安全社区标准运作程序进行考察，如从社区诊断到安全计划和目标、安全促进项目、安全评估、持续改进。逆向考察则与正向考察的思路正好相反。

③以风险因素为主线的考察。这种方法以某些可导致事故和伤害的重点风险因素作为考察线索，贯穿了全部安全社区要素，综合考察安全社区并做出总体评价。例如，某社区交通安全问题比较多，那么要考察交通事故和伤害情况如何，通过什么途径得到的改善，造成这种情况的原因是什么，有无认真的分析，是否制定了安全目标和安全计划，是否策划和实施了有针对性的安全促进项目，实施过程、效果及评估方法，还存在的问题及持续改进计划。

④按部门或工作组考察和要素考察。安全社区执行机构往往分为若干个安全促进项目工作组，如交通安全工作组、儿童安全工作组、生产安全工作组等；每个工作组往往又涉及多个安全社区要素；如交通安全组会涉及小组构成、培训、安全促进项目、应急救援、记录、监测、档案等。按部门或工作组考察时，要对其涉及的各个要素逐一考察，最后还要按要素把对各工作组的考察结果集中整理，得出总的结论。这种方法效率高，比较实用。

按要素考察是以要素为中心，一个要素往往要涉及多个工作组或部门，因此需要到不同工作组或部门进行考察。同时，每个工作组或部门针对不同要素要重复接受多次考察。这种方法的优点是目标集中，更易体现安全社区建设与安全社区标准的符合性，其缺点是工作量大，效率较低。

以上几种方法中最常用的是按部门或工作组考察。但是事实上，以上几种方法在实际中往往采取 2 种或 2 种以上结合使用。例如，按部门或工作组考察时，使用正向考察的方式进行。

现场考察时，在考察过程中和考察结束时，评定组要对现场情况及时进行整理、汇总和分析。

（3）末次会议

末次会议的目的是向被评定方汇报现场考察的结果。末次会议应由评定组长主持，评定组长向被评定方报告评定过程、判断方法，评价被评定方安全社区建设的优点和成绩，总结现场发现的问题和差距，要求被评定方能够举一反三，不断改进和完善安全绩效并宣布现场评定综合意见。评定组长应对被评定方做出客观公正的评价，使被评定方了解存在的问题，指出与安全社区标准要求的差距。

3. 评定打分

为了对安全社区建设进行评定打分，中国职业安全健康协会设计了《安全社区现场评定指标》，作为《安全社区评定管理办法》的配套准则，据此对申请社区的安全社区建设总体情况作总体评价。

《安全社区现场评定指标》前后修订了 3 次，在实践中不断完善，每次修订都对部分条款做了调整，增删了部分二级指标。《安全社区现场评定指标》的每个版本对安全社区的判定标准都不相同：前两个版本主要是以二级指标 A 等级的个数为判断依据；现用版本主要是对二级指标逐个赋分后求和并根据总分的分值情况进行判断。具体情况见表 6—18。

现场评定结束后，评定组组长组织评定组人员结合现场评定情况，对照《安全社区现场评定指标》，认真分析被评定方安全社区建设情况与指标的符合程度。安全社区评定指标共设有 12 个一级评定指标，50 个二级评定指标，共赋 150 分。每个二级指标赋分时要考虑 3 项内容：是否有此项内容、是否有可以验证的证据（痕迹）、效果 3 部分，每部分再依据具体情况分为 A、B、C、D 4 个等级。评定合格与否应按表 6—18 的标准执行：

在此基础上，评定组长安排撰写评定报告。评定报告通常包括：简述评定过程、评定方法、评定的项目、查阅的资料、随机调查结果、指标评定结果、存在的问题、整改要求以及对申请社区总体情况的评定。

表 6—18　《安全社区评定指标》三个版本的比较

版本	指标情况	二级指标评定	综合评定	实施范围
一	12 个一级指标，45 个二级指标	每一个二级评定指标评定结果分为 A、B、C 3 级： A：该指标制度化或实施过程符合要求，实施情况良好 B：该指标制度化或实施与指标要求存在部分缺陷，但不影响整体安全 C：该指标制度化或实施方面属空白或存在严重缺陷	45 个二级指标中： (1) A 级指标个数≥30 个的，评定为合格 (2) B级指标经整改并经专家组 2 个月复审达到A级后，满足A级指标个数≥30 个的，评定为合格 (3) 出现 C 级指标，评定为不合格；若某一级指标下的二级指标评定均为 B，则安全社区评定视为不合格	第 9～35 个全国安全社区

续表

版本	指标情况	二级指标评定	综合评定	实施范围
二	12 个一级指标，43 个二级指标	每一个二级评定指标评定结果分为 A、B、C 3 级： A：该指标制度化或实施过程符合要求，实施情况好 B：该指标制度化或实施与指标要求存在距离，但不影响整体安全 C：该指标制度化或实施方面属空白或与指标存在较大距离	43 个二级指标中： (1) A 级指标个数≥28 个的，评定为合格 (2) B 级指标经整改，并经专家组 2 个月复审达到 A 级后，满足 A 级指标个数≥28 个的，评定为合格 (3) 出现 C 级指标，评定为不合格；若某一级指标下的二级指标评定均为 B，则安全社区评定视为不合格	第 36～139 个全国安全社区
三	12 个一级指标，50 个二级指标	每项二级指标满分为 3 分，分别是是否有此项内容、是否有可以验证的证据（痕迹）和效果 3 部分。其中，内容有无占 0.8 分，可验证的证据（痕迹）占 1.0 分，效果占 1.2 分 每一个二级评定指标评定结果分为 A、B、C、D 4 级： A：该部分内容符合要求程度较好，赋该项分值的 100% B：该部分存在部分缺陷，但不影响整体效果，赋该项总分值的 70% C：该部分存在较大缺陷，赋该项总分值的 30% D：该部分空白或作假，赋 0 分	(1) 总分 100 分及以上（含 100 分）且各项二级指标均不为 0 分的，该次评定通过 (2) 总分 75 分以上（含 75 分）100 以下且各二级指标均不为 0 分的，可申请在要求的时间内整改而延续该次评定 (3) 总分低于 75 分，某二级指标为 0 分的，该次评定不通过	第 140～216 个全国安全社区

应注意，通过了现场评定，只是可以获得评定组推荐命名，想要获得“全国安全社区”的命名，最终还需通过综合评定委员会的评定。

五、 总评与证后管理

现场评定结束后，评定组将评定报告报送至促进中心，促进中心在 20 个工作日内根据审查材料和现场评定情况进行总评，并将总评结果以“综合评定会专家意见表”的形式上报综合评定委员会评定。综合评定委员会的专家们将听取现场评定组现场评定工作情况介绍，审查评定报告，并综合考虑其他情况，确定是否同意评定组的推荐意见。总评合格的社区，将被授予“全国安全社区”称号，并颁发证书和标牌，证书有效期为 5 年。

获得“全国安全社区”称号并不是安全社区建设工作的结束，这只是安全社区建设的一个阶段性成果，意味着另一个阶段的开始。在此期间，社区除坚持持续改进外，还要接受促进中心的监督与管理，具体包括：

1. 工作报告

获得“全国安全社区”称号的单位，应于每年 1 月 30 日前向促进中心递交工作报告，内容包括上年度安全促进工作情况和本年度持续改进计划。连续 2 年未提交工作报告者，促进中心将进行调查，根据情况确定其是否取消其称号。

2. 抽样调查

对于保持“全国安全社区”称号的社区，促进中心每年将不定期地进行抽检，抽检对象按照随机抽样的方法确定。抽检程序与现场评定程序基本相同，但评定组规模和时间会有一定程度的减少。抽样检查的目的是验证获证社区是否持续符合安全社区标准的要求。

3. 复评

获证社区在证书有效期满 6 个月前，应向促进中心重新提出评定申请并提交自上次评定以来的安全促进工作情况。促进中心受理申请后，组建评定组进行现场评定，此过程称为复评。

复评的程序和方法与初次评定基本相同。促进中心根据复评结果，做出是否换发证书的决定。

4. 称号取消

对于以下几种情况，将取消“全国安全社区”称号：

（1）证书有效期满后未提出申请。

（2）连续 2 年未提交工作报告，经促进中心调查，有足够理由撤销其称号。

（3）经促进中心抽检，认为其已不具备保持“全国安全社区”称号的资格。

（4）发生重大事故或影响特别恶劣的事件，经促进中心研究，不宜保持称号。

凡被取消称号的社区，促进中心将在相关媒体和场合予以公布，并收回其“全国安全社区”证书及标牌。

总评未获通过的社区，整改后可在 1 年以后重新提出申请。

六、 国际安全社区网络成员的认定

设在瑞典卡罗林斯卡大学公共卫生系社会医学部的社区安全促进合作中心是负责“国际安全社区”评估及命名的机构。2006 年，社区安全促进合作中心又认定了南非、韩国、澳大利亚、新西兰等认证中心，具体实施国际安全社区认证工作。通过认证的社区，有资格成为国际安全社区网络的正式成员。

1. 申请

要加入国际安全社区网络，首先要向社区安全促进合作中心或某个认证中心递交申请书。申请书要纸质版一式5份、光盘一式5份，寄往认证中心，同时要以电子邮件的形式将电子版申请书发至认证中心。认证中心申请受理后，将组建专家组进行现场考察。

2. 现场认证

申请书获受理后，社区要与认证中心及时沟通，协商现场考察时间并邀请认证专家组进行1～2天的现场认证考察工作。现场认证考察程序一般为：

(1) 会见社区负责人。

(2) 听取创建安全社区工作汇报（约1小时）。

(3) 现场考察，主要内容为：

1) 重点人群的覆盖情况，包括儿童、青少年、老年人等高危人群。

2) 根据国际安全社区7项准则进行的工作，项目完成情况，效果及持续改进情况。

(4) 双方交流现场与报告、现场与准则的符合性，认证中心做出报告修改要求。

(5) 社区及时修改申请工作报告，编写网络报告并发送给现场认证人员，经认证中心认可后出具现场认证报告。

3. 确认和命名

现场认证考察结束1个月以后，认证小组将通过电子邮件的形式正式通知社区是否通过认证。若通过认证，则双方协商命名的相关事宜。

国际安全社区的命名一般通过举行命名仪式来完成。命名仪式可在每年一度的国际安全社区大会期间举行，也可以在社区当地举行。

命名仪式前，要向认证中心订购安全社区旗帜和牌匾。

在命名仪式上，要与认证中心签订协议，承诺将持续改进社区安全状况，并将安全社区建设经验与其他社区分享。

4. 复评

社区安全促进合作中心规定，自2005年11月起，国际安全社区网络成员正式有效期为5年，满5年的安全社区可向社区安全促进合作中心或认证中心提出复评申请报告，申请继续保留其国际安全社区网络成员的资格。申请报告格式、认证考察程序等相关情况，与初次认证考察基本相同。

WHO安全社区导则要求：自2009年起，已获得命名的国际安全社区网络成员需要在每年的2月1日前向当时提出申请的安全社区认证中心递交年度报告。

第七章 安全社区建设实践

中国的社区目前主要有政府管理的社会型社区和企业主导型社区 2 种类型，社会型社区又包括城市社区和农村社区。以下几节将分别就城市社区、农村社区以及企业主导型社区的安全社区建设实践过程进行介绍，以后各地区在进行安全社区建设工作时，可以充分借鉴这几个社区的经验。

第一节 城市型安全社区

一、 青年公园街道

青年公园街道是山东省济南市槐荫区所属的 8 个城区街道办事处之一，该街道地处济南市槐荫区的东部，面积 0.78 平方公里，有住户 6 787 户，常住人口 19 091 人，驻区大单位 36 家。2006 年 1 月 3 日，该街道成为中国大陆第一个、世界第 97 个“WHO 安全社区”。2007 年 9 月，该街道又被中国职业安全健康协会命名为“全国安全社区”，是我国建设安全社区的典型代表。

下面从组织结构、安全推广计划、事故统计与分析、社区交流 4 方面对其建设的形式、内容、特点进行全面分析，进而了解我国城市型安全社区建设的具体内容。

1. 组织机构

济南市槐荫区青年公园街道以社区的文明社区共建委员会为核心，成立了由街道办事处、社区居委会、卫生服务中心、派出所、交警大队和社区单位组成的青年公园街道安全社区推进委员会。推进委员会下设安全教育推广、社会稳定、消防安全、居家安全、卫生健康安全、安全生产、环境安全、道路交通安全、监视报告、考核评价组 10 个小组，负责记录和分析社区的意外伤害状况，制定、发展、协调和评价跨部门的公共健康推广计划，为公共安全健康推广活动创造机会。济南市槐荫区青年公园街道安全社区组织机构具体如图 7—1 所示。

各小组由有关职能部门或专业机构牵头，由社区专职工作者、企事业单位人员、专业技术人员、社区居民、社区志愿者共同组成，具体要求如下：

(1) 领导机构成员由街道办事处主要负责人担任，执行机构成员由社区各主要单位

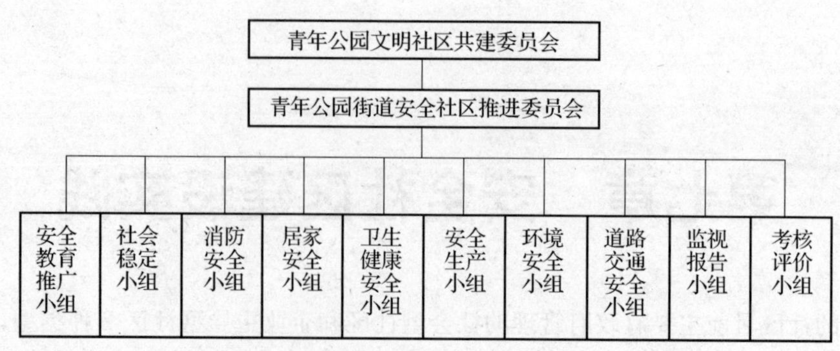

图 7—1 济南市槐荫区青年公园街道安全社区组织机构

负责人组成。领导机构通过制定章程、发展规划、项目方案和评估制度，并定期开展各方面工作考核评价，在槐荫区党委、政府的领导下，实施对建设工作的统一领导和协调。

（2）社区内参与创建工作的所有单位，不分隶属，不分级别，共同遵循“四个一”的要求，即由一个组织协调、一个章程约束、一个计划落实、一个标准考核，并对安全创建工作考核实行一票否决制。

（3）在资金保障方面，采取街道、有关部门和社会团体共同投入的方式，确保各项建设工作顺利开展。

组织机构的创建模式充分发挥了街道办事处在安全社区建设工作中的主导地位。

2. 社区伤害调查

社区伤害调查是开展有效的安全促进项目的前提。从 2004 年起，济南市槐荫区青年公园街道的安全社区推进委员会一直在登记各类意外伤害事件。对这些数据的分析和整理，为社区的伤害预防工作提供了重要的参考信息。例如，通过对事故进行分类整理，我们可以发现社区的伤害重点是治安事件和交通事故，儿童多见头部受伤、骨折、内脏出血等。该社区可以根据这些统计分析，制定有针对性的安全促进项目。

3. 安全促进项目

（1）社区稳定促进项目

目前，社会总体来说是稳定的，但是，影响社会稳定的因素一直都没有消失。社区是社会的有效组成部分，社区稳定是社会稳定的前提。为了维护社区的持续和谐稳定，青年公园街道采取了如下措施：

1）发挥社区矛盾纠纷排除调查中心和社区警务室的作用，建立健全群防群治网络。

2）通过普及法律知识，与政法部门加强联系，定期排查不安定因素，做好刑事解教人员的帮教安置工作和预防未成年人、流动人口犯罪的教育管理工作。

3）完善最低生活保障制度，认真做好特困群体救助工作，努力做到下岗职工再就业率达到90%、有劳动能力的残疾人就业率达到80%。在残疾人集中的五罩牌坊社区，开展对近300名残疾人的帮扶工作，并成立全国首支由有文艺特长的聋哑人组成的“我的兄弟姐妹”聋哑人文艺演出队。

4）举办“安全社区关注外来务工人员”论坛，设立外来务工人员求助热线，组建外来务工人员安全监督检查队和紧急医疗救助队伍，与交警中队联合举办“外来务工人员交通安全知识讲座”。

（2）工作场所安全促进项目

青年公园街道把安全生产工作作为在安全网络中的一项重要工作来抓，制定了突发事件应急预案和一系列安全生产制度。在工厂中使安全生产教育进车间，在建筑工地提出了“珍惜生命”的口号，并宣传安全施工知识，每年定期开展“安全生产宣传月”活动，制作安全生产知识展板，深入到工厂、企业、建筑工地的生产一线，有针对性地进行现场宣传，增强劳动者的安全意识，开展“创安全生产零事故”活动。

（3）交通安全促进项目

交通安全作为安全社区的众多标准之一，便利性、快捷性和可及性已远远满足不了人们的要求，安全性、保障性更成为现代交通建设中的重点。因此，交通安全促进项目势在必行。

青年公园街道对重点路段的路面进行硬化，设置不同的警示标志，提醒居民注意自身安全，还联系市政部门对周边的道路进行改善，保障残疾人正常的出行安全。

（4）家居安全促进项目

青年公园街道坚持以人为本，在社区居民中倡导家居安全，开展家庭防跌伤教育、心理咨询、家庭急救知识和常见病防治知识宣传、老年人疾病防治知识宣传、家庭安全用电知识宣传等一系列活动，为人们自救和互救提供充足的条件。

同时，为消除妇女在家庭中遭受人身伤害的隐患，青年公园街道开展“反家庭暴力”特色工作，进一步完善了由社区卫生服务中心、心理咨询门诊、社区警务室、维权志愿者服务站等组成的反家庭暴力工作网络，对社区内出现的家庭暴力苗头积极干预。

（5）学校安全促进项目

针对未成年人这一安全社区建设的重点人群，积极推进校园安全文化建设，依托社区幼儿园、中小学校开展了不间断的安全知识教育，实施了有效的安全保护措施。为实现“当有识成长伴侣，当无忧成长少年”的教育目的，配套成立青少年成长“心理驿站”，开设了专家访谈室，帮助青少年树立正确的学习观、健康的心理观，指导家长形成科学的教育观。

4. 交流

作为诞生了中国大陆首家“国际安全社区”的济南市槐荫区，积极利用安全社区这一有力平台进行国际间的经验交流和宣传工作，在多年的实践工作中形成了信息周报制度，及时向世界卫生组织社区安全推广促进中心上报工作情况和经验做法。他们还与世界卫生组织社区安全推广促进中心的工作人员进行广泛的接触，利用一切机会积极宣传、推荐青年公园街道安全社区建设工作。

在安全社区建设工作期间，坦桑尼亚总统夫人安娜·姆卡帕、澳大利亚友人帕斯·摩尔、国际红十字会工作人员等诸多国际友人前来参观考察。世界卫生组织社区安全推广促进中心主席温斯朗教授先后 2 次来到槐荫区，就安全促进项目各项工作提出了许多宝贵的建议，使全区的安全社区建设工作水平得到不断提高。另外，通过各种媒体形式，安全社区理念还传播到了周边的国家，如日本的《中日新报》于 2006 年 12 月 1 日整版介绍了青年公园街道安全社区创建工作，将安全社区理念和创建经验传入了日本。

5. 成果

济南市槐荫区广泛动员社会力量参与到安全社区建设中来，努力加强安全社区创建工作的推动力、执行力和渗透力，确保组织落实、责任明确、措施到位，形成了推进创建工作的强大合力，并取得了丰硕的成果。

街道安全社区创建后与创建前相比，居民懂得安全用电者从 48.3%上升至 95.7%；懂得安全用气者从 44.7%上升至 82.3%；消防知识知晓率由 44.5%上升至 93.8%；不懂或不遵守交通法规的比例由 50.6%下降至 21.1%。

总之，在青年公园街道安全社区的创建和完善过程中，推进委员会统筹方方面面的力量和资源，突破了现行的专业组织、行业组织和其他社会组织的界限，实现管理主体社会化，使区属管理转变为区域管理、行政管理转变为社会管理，整体上实现了防止事故和伤害发生的目的。

二、 西罗园街道

西罗园街道位于北京市丰台区东北部，辖区面积 2.86 平方公里，常住居民 20 184 户，常住人口 9.9 万人，流动人口 1 万人，人口密度为每平方公里 39 669 人，是北京市建筑面积超过百万平方米的大型居住区之一。

1. 西罗园“全国安全社区”建设工作思路和工作目标

（1）工作思路

西罗园街道按照 AQ/T 9001—2006《安全社区建设基本要求》，以西罗园街道安全社区理念——“同心同德创安全社区、群策群力建和谐西罗园”“人人参与安全社区建设、人人享有平安健康快乐”为指导，按照“资源整合、全员参与、持续改进”的创建模式，查找引发事故与伤害的原因，对引发事故的中间环节采取干预措施，切断事故链，达到防止事故与伤害发生的目的。

（2）工作目标

1）积极推进安全社区创建活动，广泛宣传安全社区建设的理念，营造全民关注、全员参与的安全氛围，逐步提高社区安全水平。

2）治安防控和消防安全事故在创建工作开展 1 年后，事故与伤害发生数量减少 10%；3 年内，治安案件数量减少 20%，消防安全事故数量减少 30%。

3）交通安全、生产安全、居家安全等方面在继续保持无事故与伤害发生的基础上，提高居民安全意识，全民提高安全生产“双基”工作，降低和减少社区事故与伤害，打造“平安社区、文化社区、和谐社区、宜居社区”四位一体的发展型安全社区。

2. 安全社区创建亮点项目

安全社区致力于提高社区各类人群的安全意识，增强预防伤害与事故发生的能力，实现人人安全。安全社区强调以人为本，因此，区域的构成特点决定了安全社区创建的特色。在安全社区创建初期，西罗园街道结合社区特点，制定安全社区创建理念——“同心同德创安全社区、群策群力建和谐西罗园”“人人参与安全社区建设、人人享有平安健康快乐”，策划开展了一系列有针对性的项目。

（1）有效整合社区资源，形成构建和谐社会的合力

安全社区创建工作涉及面广，工作难度大，关系到社会的方方面面和广大居民的切身利益。为了搞好安全社区创建工作，街道成立安全社区推进委员会，由工委书记和主任领导，街道办事处各科室、地区职能部门、医疗机构、教育机构、商业团体和志愿者组成的跨界组织。按照安全社区创建理念，统一协调安全社区建设，实现资源合理配置，形成以街道办事处为创建主体、政府各有关职能部门通力协作、居民广泛参与、社会大力支持的工作格局，全力推动安全社区创建工作扎实开展，为社区居民创造安全和谐的生产生活环境。

（2）建立伤害记录分析制度，不断完善创建工作机制

有效记录社区内伤害发生的频率及其原因是创建安全社区和落实安全促进项目最基础的工作。为此，西罗园街道由街道牵头，通过职能部门的事故统计、社区卫生服务中心的伤害记录、入户伤害调查、向辖区内的其他单位收集伤害信息 4 个渠道来获得事故与伤害信息。目前，已实现了对治安防控、消防火灾事故、安全生产事故、交通事故、居民伤害情况的监测。

（3）建立良好的沟通渠道，实现全员参与

在安全社区的创建过程中，利用“安全园地”、社区活动信息网等媒体工具，为西罗园街道安全社区的建设做出宣传，扩大影响范围；通过流动人口培训学校、老年活动站、西罗园街道安全文化馆、社区科普广场、电瓶车宣传、楼门文化等多种方式，对居

民进行宣传教育，增强社区居民的安全意识，预防伤害的发生；充分发挥楼宇文化阵地的作用，利用社区公示栏、宣传橱窗、板报等设施，发布有关危险源及社区安全规划的信息，公示西罗园街道安全社区创建工作的进展及取得的成效，扩大安全社区的影响力；广泛宣传安全社区的重要意义，呼吁更多的人参与到安全活动中来，真正做到人人参与，共同推动安全社区的建设及持续改进工作。

(4) 入户民情图

西罗园街道工作组开展入户“民情图”工作，采用“分楼包片”的方式，将辖区居民楼分为 9 个管片，进行入户联系群众活动，每个管片人员对自己管片范围内的居民和各项事务负责；充分发动管片内党员、居民代表、楼门长、志愿者等社区建设的积极力量，与管片人员一起入户，组成一个强大的入户互助网络，共同管理楼门楼院事务；推进“四化入户”工作职责，做到随时入户与“入户日”相结合、本片入户与交叉入户相结合、居民入户与单位入户相结合、正常入户与错时入户相结合，形成更加紧密细致的入户网络。

在社区民情图上用各种符号把整栋楼的居民家庭情况标示出来，具体指出这楼里有多少户，谁家住楼上谁家住楼下，谁家是空巢老人，谁家有党员，谁家有居民代表，谁家有楼门长，谁家有 0～6 岁的小孩，谁家是残疾人或低保家庭，谁家的房子在出租等情况。一翻开民情图，就知道哪里是工作重点，一目了然，有利于各组成员工作的开展。在民情图后面，附上了本栋楼的基本情况、党员名单、居民代表名单、楼门长名单、残疾人名单、低保家庭名单、空巢老人名单、60 岁以上老人名单、重点监控部位等信息，根据入户情况随时更改居民信息。

在社区民情图的基础上绘制了社情图，将社区综合治理、消防安全、环境卫生工作一一标示在图上，将社区一草一木纳入管理，专人负责，实现管理全覆盖、零缝隙；还将民情图与网格有机结合，划管片为网格，配齐力量，了解社情民意、维护安全稳定、开展环境监督、整治治安重点、做好群众工作等；还要建立服务民生的监督评价体系，形成发现问题—搜集问题—问题立案—问题处理—民心反馈—结案打分的工作流程，如图 7—2 所示。通过深入推进网格化建设，实现社区管理的分类化、网格化、精细化。

为配合现代化办公需求，还开发了民情图软件模块，打开电脑，输入姓名和楼门号，该户居民的信息就会清楚地显示出来，而且更新起来也非常方便。

(5)“社区微循环”项目

西罗园街道老旧小区多，通过对社区居民进行走访了解到，有 10.2%的居民反映公交线路不能满足居民出行需求。同时，有 35.4%的居民认为社区黑摩的数量较多，成为居民出行的安全隐患。为切实解决辖区居民出行不便以及黑摩的猖獗等问题，2009 年 4

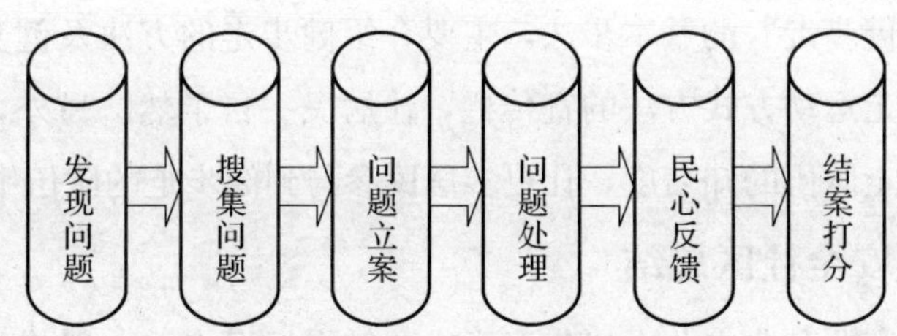

图 7—2　监督评价体系的工作流程

月，西罗园街道与电动汽车示范运营有限公司北京分公司合作，共同开展“社区微循环”项目，共引进 13 辆电瓶小巴，开通 2 条公交线路，在三环里一区、二区、三区、四区，花椒树社区、洋西社区、洋东社区、四路通社区 8 个社区内运营，使居民在社区间畅行无阻，实现居民一出家门就有车坐，解决居民最后一公里出行难的问题。工作组还以电瓶车为载体，在电瓶车上投放安全宣传折页、居民意见征集卡，向乘坐电瓶车的居民宣传安全知识。自电瓶车开通运营以来，共投放安全折页 2 000 余份，征集居民建议千余条。

现在，在各方面的努力下，西罗园街道已经基本解决交通问题，地铁、公交等交通工具已经走进人们的生活和工作，基本解决了人们的出行问题。

(6)“健步走”志愿者宣讲演示服务队项目

西罗园街道辖区内有丰富的体育运动资源，辖区有西罗园体育场和万芳亭公园，每天都有 7 000 多人前来健身。据西罗园体育场管理人员反映，有不少居民健步走方法不正确，达不到健身效果，反而会对身体造成损伤。据此，为减少居民运动伤害、避免各类事故与伤害的发生，工作组实施了“健步走”技术指导与宣讲演示志愿者活动。通过志愿者服务，更多的居民参与到健步走活动中，正确掌握了健步走的方法。

工作组成立西罗园体育馆健步走安全项目领导组，在社区内招募志愿者 16 名，组织和动员社区体育爱好者以志愿服务的形式参与进来。志愿者以社区中热爱体育运动的退休老年人为主，并在寒暑假期间招募部分学生参与其中，也吸收一部分志在义务劳动的个体商户等社会人群。同时，对志愿者实行分组管理，每组 4 人，设组长 1 名。邀请西罗园卫生服务站的专家提供技术指导，定期对志愿者进行培训，并将培训内容及参加人员记录下来，以便后期进行工作总结。

志愿者服务内容分为提供技术指导和宣讲演示 2 部分：

首先，志愿者根据前来锻炼的居民的身体状况提供健步走的技术指导，有效地减少居民运动伤害。同时，当居民在活动中发生伤害时，采取恰当的急救措施，减小伤害程度。

其次，进行宣讲演示表演。通过讲解人员的语言表述及生动形象的现场演示表演，从不同角度展示“健步走”的基本步法，主要介绍健步走的方法及健身效果。在体育馆入口设置介绍健步走运动方式方法的宣传栏，让居民一目了然。另外，适当地举办健步走活动，扩大健步走队伍的知名度，让更多居民参与到健步走的队伍中来。

三、 城市型安全社区总结

城市是非农业产业和非农业人口集聚形成的较大居民点。一般将人口较稠密的地区称为城市，包括住宅区、工业区和商业区，并且具备行政管辖功能。我国的城市社区工作始于 1986 年。

1. 现阶段我国城市的主要特征

城市不仅在国家经济社会和文化教育发展中发挥着举足轻重的作用，而且是我国安全社区建设的先驱者和榜样，所以，分析城市特征对我国安全社区建设具有十分重要的意义。

(1) 城市是人类居住地的一种形态，即城市是在一定范围内多数人类集中生活的人口密度较高的地区，这同人口密度较低的广大农村地区是有区别的。一方面，众多的人口为城市的发展提供了充足的劳动力，保障城市中正常生活和生产的进行；另一方面，不同人混杂在一起给社区的治安带来了一定的威胁，增加了就业压力，给城市的安定带来了很大挑战。

(2) 从产业结构上来看，城市的主要生产部门是非农业部门（第二、三产业），这就需要大量农副产品的输入。

(3) 从社会角度来看，城市是不同人群的聚集地，不同的生活习惯、职业、宗教信仰很可能导致社会矛盾激化，不便于统一管理。

(4) 随着科学技术的进步和工业的发展，城市中交通压力激增，原始的交通方式已不能满足要求。由于城市交通工具越来越多，在加速城市交通事业发展的同时，交通事故频发，给人们的生活带来极大的不安全因素。

(5) 老城区原有的规划布局已经明显落后于时代发展的迫切需要，于是城市新区建设已经成为时代发展的必然要求。但是，在新城区的建设过程中，一些在建或已建成的新区存在着盲目扩张、占用耕地、规划失当等隐忧。

2. 我国城市型安全社区的建设方法

随着我国城市化进程的加快，工业和人口集中社区的范围不断的扩张，使得当今的城市比过去更易受到灾害的侵袭，并且由社区风险造成的经济损失随之迅速增加，这些都需要安全社区建设才能得到解决。虽然我国安全社区的建设还处于起步阶段，但具有良好的发展前景。我国安全社区将在以下几个方面得到发展：

(1) 形成符合我国国情的社区防灾基础理论和方法

1）规范烟花爆竹经营和燃放活动。要全面加强“禁放”改“限放”过程中的烟花爆竹运输、储存、销售、燃放工作；集中燃放烟花爆竹的地区，要制定燃放安全方案和应急预案，严格实施现场安全管理，加强交通管制疏导，确保公众安全。

2）规范危险物品安全管理。城镇液化气充装站要合理布局、统一充装，严禁私自倒罐充装液化气；高层建筑或者居民楼内的餐饮单位不得使用瓶装液化石油气；对危险物品的生产、储存、运输、销售、使用要依法管理，防止泄漏、中毒等事故发生；危险物品的生产、经营、储存单位，应当设置安全生产管理机构或者配备专职安全生产管理人员，应当由有关主管部门对主要负责人和安全生产管理人员安全生产知识和管理能力进行考核，经考核合格后方可任职。

3）规范人员密集场所安全管理。商场、网吧、影剧院、歌舞厅等人员密集场所必须严格执行消防安全规定，按要求配备应急人员和应急器材，制定应急预案并定期演练；严禁人员密集场所在营业期间关闭、堵塞安全出口和安全通道。

4）规范机动车辆安全管理。加强对危险物品运输车辆进入城区的管制，严厉查处危险物品运输车辆超载、超速、不按规定线路行驶等违章行为；加强机动车辆检修和驾驶人员管理，严肃查处车辆带“病”上路和酒后驾驶等违法行为。

5）加强社区供电用电安全管理。规范社区供电设施的规划、设计、建设工作，加强社区供电用电设施的安装、维修、试验、进网作业管理，指导居民加强对自有电器的安全检查，消除供电用电安全隐患。

（2）加强安全社区的宣传教育工作，深化社区防灾技术研究

1）开展全民安全宣传，普及基本安全常识。每个社区要有固定的安全宣传教育活动场地，有必要的宣传教育设施和用品。

2）加强安全培训。加强基层安全管理人员业务培训，开展城市街道办事处、社区安全管理人员业务培训，增强安全管理人员责任意识，提高安全管理人员发现问题和解决问题的能力；督促检查辖区生产经营单位负责人、安全管理人员和特种作业人员依法参加安全初训和复训，提高从业人员持证上岗率。

3）加强学生安全教育。深入开展“安全进校园”活动，在中小学生中普及安全常识，动员学生参与学校、社区、楼院和家庭的安全宣传活动，努力做到“教育一个学生，带动一个家庭，影响一片群众”，确保辖区中小学生安全生产受教育率达100%。

（3）建立完善的安全社区管理体系

1）建立社区应急救援体系。制定适合各种环境及状况的社区安全事故应急救援预案，建设专群结合的应急救援队伍；加强社区安全与社会治安、医疗救护等工作的协调，实现险情预警、社会动员、快速反应、应急处理的整体联动。

2）建立社区安全信息网络。城市街道办事处、社区要建立安全信息网络，全面掌握辖区生产经营单位状况，建立基础资料数据库，将辖区重点生产经营单位、重大危险源、重大安全隐患分布情况制作成精确的社区安全管理网络图。

3）建立社区安全防控体系。积极发挥社区监控平台作用，加强对社区安全的在线监控和巡回检查；大力培育社区安全咨询服务等中介组织，加强社区安全技术指导；社区民间组织、物业管理机构等单位应当在各自职责范围内为社区安全提供服务；公布安全举报电话，鼓励居民举报安全生产违法行为、隐患和事故，引导居民自防互助。

4）建立社区安全标准体系。结合城市社区安全实际，出台城市社区安全规范性文件，制定社区安全生产管理责任制、安全工作领导小组工作制度、安全检查制度、安全宣传教育培训制度、事故隐患报告整改制度、安全事故隐患举报奖励制度、社区安全公约、公共安全规则、企业安全生产管理制度、班组安全员制度等，建立城市社区安全工作标准、社区企业安全工作标准，组织社区生产经营单位开展安全质量标准化活动。

5）加强城市发展安全规划。城市街道办事处、社区规划应当符合有关安全要求，严格城市功能分区，严禁违章占压天然气、煤气、原油、成品油等危险物品配送管线；在重大危险源和易燃易爆场所，严禁在安全距离内建设公众聚集场所和居住区，同时，不得在居住区及其周边建设易燃易爆等危险物品生产、经营和储存单位；街道和楼院道路建设应当满足消防车辆通过等安全要求，保证安全通道畅通；企业在城市社区新建、改建、扩建工程项目中，必须将安全设施与主体工程同时设计、同时施工、同时投入生产和使用，严格按照“三同时”的要求进行施工；加强城中村安全管理，坚决遏制安全领域违法行为，打通消防通道和安全抢险通道，搞好消防安全改造等安全规划，确保城中村安全。

第二节　农村型安全社区

一、广饶县

广饶县位于黄河三角洲高效生态经济区核心位置，总面积 1 138 平方公里，辖 9 个乡镇（街道）、1 个省级经济开发区，总人口 50 万。

近年来，广饶县坚持以科学发展观为指导，加快转变经济发展方式，积极构筑以造纸、化工、橡胶轮胎、汽车配件、纺织、食品加工等六大产业集群为主导的现代化产业体系，成为全球重要的新闻纸生产基地、全国汽车零部件出口和摩擦材料研发制造基地、全国重要的橡胶轮胎生产和出口基地。全县综合发展水平在全国县域经济基本竞争力百强中列第 59 位，县域居民满意度列全国百强第 4 位，并跻身中国最具区域带动力中小城市百强县市。

1. 安全社区理念引入

2008年8月，广饶县围绕“创建安全社区”“构建和谐社会和人人享受安全健康”两大主题，整县启动“全国安全社区”创建工作。

安全社区“跨界合作、资源整合、全员参与、持续推进”的理念，为他们找到了保安全、促发展的治本之策和固本之源：“跨界合作”解决了安全生产监督管理局单打独斗、“手大捂不过天”的难题；“资源整合”“全员参与”解决了基层乡镇街道对安全工作认识不到位、不重视，独自承担责任的难题；“持续推进”是将安全社区创建作为贯彻落实科学发展观、保障人民安全健康权益、促进经济社会又好又快发展的重要手段。

2. 完善安全社区创建工作机制

安全社区建设是一项庞大、复杂的系统工程。工作中，他们按照“制度化培训教育，提高全员安全意识；规范化组织实施，不断干预持续推进”的思路，加强组织领导，强化责任落实，不断健全完善安全社区创建工作长效机制。

（1）充分整合资源，健全组织机构

在县级这个层面上，成立了广饶县全国安全社区创建工作促进委员会，先后制定了《关于认真开展全国安全社区创建工作的实施意见》和《关于进一步推进全国安全社区创建工作的实施方案》等文件，建立健全安全发展“控制指标、责任追究、考核监督”3个体系。县政府每年与各乡镇、街道及有关部门和重点企业签订《安全社区创建目标责任书》，将创建工作任务层层分解并落实到具体单位、人员和岗位，同时，将安全社区创建列入了县政府工作报告，成为年度专项督查重点。县政府督查局每月调度乡镇创建和部门指导工作进展情况并刊发通报，确保社区创建各项工作扎实开展。

在乡镇层面上，各乡镇、街道、开发区也都成立了以政府主要领导任组长、相关部门主要负责人为成员的创建工作领导小组，下设办公室、工作组和项目组，具体负责本辖区各安全促进项目的策划实施。各创建单位通过调查表、座谈会、协调县有关部门等多种方式，认真汇总梳理辖区所有伤害记录，为各安全促进项目科学设立提供依据。广饶县全国安全社区创建工作网络图如图7—3所示。

（2）抓好学习培训，提高创建认识

先后组织乡镇及有关部门业务骨干参加了全国、全省安全社区工作会议，到北京、大连、济南、青岛、威海、菏泽等地进行参观学习，共开展了28次不同层次的交流活动。中国职业安全健康协会理事长张宝明、副理事长杨中、安全社区办公室主任欧阳梅和全国安全社区工作委员会副主任委员、济南支持中心主任郭元林先后多次到大王镇、丁庄镇、开发区、广饶街道等安全社区创建单位进行现场指导，并就下一步持续推进提

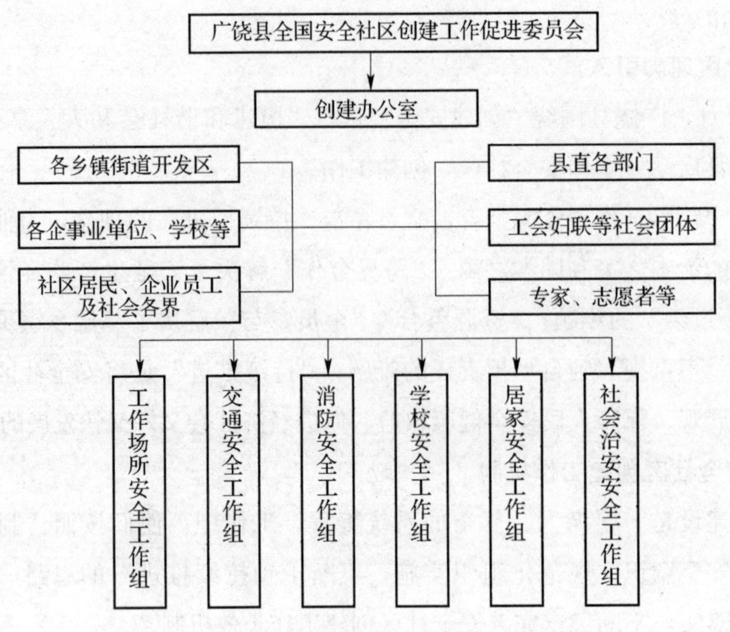

图 7—3　广饶县全国安全社区创建工作网络图

出了具体指导意见，保证了社区创建工作的顺利推进。

广饶县制定了全县《安全社区创建宣传工作实施方案》，积极开展安全社区创建宣传活动；县应急办组织了 30 辆宣传车开展集中巡回宣传活动，并印制应急手册 5 万本，下发到辖区每家每户；县安全促进办公室在县电视台开辟了“安全时空”栏目，在《广饶大众报》设立了“安全视窗”栏目，并通过安全社区知识讲座、企业安全宣讲团、庄户吕剧剧团、巾帼安全宣传队等形式，进一步加大安全社区创建宣传力度；同时，邀请安全专家组成“安全社区知识巡回宣讲团”，积极开展安全“进企业、进社区、进学校、进农村、进家庭”五进活动，指导督促各乡镇、社区充分发挥宣传栏、远程教育、农家书屋、电子阅览室、活动中心、文艺队伍等宣传教育作用，营造了“关注安全、关爱生命”的浓厚氛围。

(3) 完善保障机制，扎实推进创建工作

对县政府安全委员会进行了调整充实，成立了 17 个专业委员会；积极推行督导检查制度，建立了部门联动工作机制，组织由公安、消防、安监、交通、教育、卫生、电力等多部门及专家、志愿者等组成的指导组，依托全国安全社区济南支持中心，对各创建单位进行人员培训、中期评估、预评定验收等技术指导和服务，帮助解决项目策划推进过程中存在的疑惑和问题；并按照政府主导、社会参与的原则，进一步完善“一主多元、共建共享”的良性投入机制。县政府专门列支了安全社区专项基金，对各创建单位实行“以奖代补”制度，对在每年中期评估中成绩优秀的创建单位给予重奖，提高了各乡镇创建安全社区工作的积极性，掀起安全社区创建热潮。

(4) 策划实施符合广饶特点的安全促进项目

广饶县是工业带动型经济强县，安全生产是县域安全的决定性因素。广饶县结合山东特点和自身实际，将安全社区创建的重点放在工作场所安全方面，积极开展社区诊断和群众安全需求调查，科学策划并实施了一系列安全促进项目，实现了“以创促建、整体提升”的目标。

1）安全生产综合监管“网络工程”促进项目。为进一步落实安全监管责任，广饶县坚持重心下移、关口前移，不断强化乡镇、村居的安全监管能力。各乡镇均建立了执法中队，配备了执法 PDA，规范了执法程序；在 553 个村居全部建立了安全管理工作站，根据村居常住人口规模，按照农村人口年人均 8 元、城镇人口年人均 13 元的标准，配备了专兼职安监员，落实了县乡两级财政资金，统一配备服装、设备，并开展安全生产政策法规、应急管理和业务技能培训，提高其履职技能；各居民小区均建立了由楼道长、治安员、志愿者等人员参加的社区安全队伍，建立健全了各项安全管理规章制度，实现了“全员参与、跨界合作”。

2）安全生产述职促进项目。为严格落实政府监管和企业安全生产主体责任，积极推行安全生产工作述职，成立了由各级党委、政府领导、人大代表、政协委员、工会、县政府各专业委员会相关人员、安全专家及企业安全负责人组成的述职评议委员会；各乡镇、各专业委员会成员、单位和企业每季度开展一次书面述职，每半年开展一次会议述职；实行述职前检查与述职评议“双百考核”，对述职综合得分情况、述职后整改情况进行“双公示”，进一步强化各级负责人的安全法律意识和社会责任意识，积极构建起“党委领导、政府监管、行业管理、企业负责、社会监督”的安全生产新格局。

3）企业等级评定促进项目。在县内化工（含危险化学品）、烟花爆竹、民爆器材、公众聚集场所、燃气、轻工、纺织、机械制造、建筑施工、电力、交通、渔业等限额以上企业中开展安全生产等级评定，把对企业的行政许可、融资、评先树优、项目审批、保险费率等与企业安全等级评定工作紧密结合；采取“企业自查自评—乡镇（县经济开发区）初审—县级行业主管部门复核确认—县安委会办公室公布”的评定程序。

按照《广饶县限额以上企业安全生产等级评定标准》，将企业安全等级划分为 A、B、C、D 4 个等级，严格落实企业主体、当地政府属地管理和县级行业管理部门的监管责任。目前，全县限额以上企业 256 家，已复核确认企业 127 家，评定 A 级企业 37 家、B 级企业 64 家、C 级企业 16 家、D 级企业 10 家；对完成等级评定的企业结合日常安全检查和年度安全生产考核进行动态管理，有 14 家 B 级企业晋升为 A 级，9 家企业由 C 级晋升为 B 级，5 家企业由 D 级晋升为 C 级。等级评定成果的运用是等级评定工作发挥作用的重要一环，全县已推荐 62 家企业参加著名商标、守合同重信用单位、名牌产品推选活动。金融部门优先为 97 家企业提供贷款 287 亿元，10 家 D 级企业被取消年度金融机构授信资格。中国人民财产保险股份有限公司对 45 家 A、B 级企业安全生产责任保险费率在基准费率的基础上，分别降低了 10％和 5％，为企业节省资金 12.4 万元，激发了企业落实安全责任、提升安全水平的内在活力。

4）消防资源整合促进项目。建立了由气象、公安、安监、海洋渔业等部门参加的预警反应联动机制，利用短信平台、互联网等形式，及时向各单位及企业有关负责人发送安全监管、预警预报信息，为有效避免事故灾难赢得了主动权；对县消防大队、3 个乡镇级消防中队及华泰集团、华星集团、金岭集团、华龙集团、大海集团等大型企业应急消防力量进行资源整合。全县消防安全累计投入已达上亿元，各种消防车辆 32 台，由县消防大队统一调度，就近出警，集中救援；与各中小企业、村居、学校签署消防安全救援协议，每年组织 6 次合兵模拟演练，大大提高了应急救援处置能力；同时，还义务承担所在辖区各社区居家消防应急救援的社会责任，真正做到了力量整合、资源共享，构筑起基层消防安全防火墙。

5）企业安全文化促进项目。按照“政府推动，企业主动，双向互动”的思路，启动了安全文化建设工程，大力开展“三个一”培训，建成了一大批安全文化示范企业，其中，华星集团、金岭集团、金宇集团等已成功创建为省级安全文化建设示范企业；通过开展“百千万培训工程”“五进”等活动，督促企业进一步加强对从业人员的全员、全过程、全方位安全教育和管理培训，极大提高了广大员工的操作技能和安全意识。县金宇集团结合安全社区创建，提出“伤者无过错，责任在管理”的安全管理理念，率先在同行业中推行了以改善设备安全与管理为主的 TPM 管理活动，先后实施了安全防护等国内首创的安全改造 120 余项，其中有 23 项安全技术改造成果荣获国家专利。

6）“打非治违”促进项目。非法生产、违法生产历来是事故产生的温床，也是安全生产综合监管的难点。因此，将“打非治违”工作作为安全社区创建工作的重要组成部分，以责任制的形式分解到各乡镇、各部门，纳入年度目标责任制考核，并建立了动态监管机制和部门联动机制，长期开展各领域的“打非”专项巡回督导行动。在烟花爆竹“打非”行动中，各乡镇制定了五户联保、有奖举报等制度，成立了专项整治小组、驻村工作组，进行逐村、逐户拉网式排查，共排查农户 4.3 万余户，收缴烟花爆竹成品、半成品 6.2 万余头。同时，县公安、安监、环保、国土部门及各乡镇联合组织开展取缔“土小化工”专项行动，对违法建设的土小污染企业厂房进行强行拆除，对生产设备予以没收，共清理非法土小企业 116 家、非法加油站点 134 户，使基层安全环境不断优化。

(5) 安全社区建设持续推进

经过2年时间的集中创建，2010年11月，在重庆市召开的全国安全社区创建工作会议上，广饶县被国家安监总局、中国职业安全健康协会授予“全国安全社区”称号，并作为唯一的县级代表作了发言。但安全社区创建是一项“只有起点，没有终点”的工作。2011年，广饶县围绕预防和减少各类伤害事故的发生，进一步指导各乡镇（街道）针对高危行业、高风险环境，不断策划实施新的安全促进项目；县有关部门继续积极发挥单位专业优势，对各创建单位安全促进项目、事故伤害风险辨识与预防目标计划、监督与监测等各项工作提供帮助和指导，不断完善上下联动、齐抓共管、全民参与的社区建设工作机制。具体包括：

1）以实施“网格化”工程为载体，扎实推进安全社区建设。乡镇（街道）是最基层的组织，加强乡镇（街道）的安全生产是做好整个安全生产工作的基础和支撑。以社区（居委会）、村为基点，结合全县基层综治队伍建设，设立安全协管员，调整充实村级安监队伍；对各社区重点部位开展不间断巡逻、值班备勤，建立“责任到人、职能到位、全面覆盖”的安全监管网络；实现属地管理、行业管理、层级管理的有机结合，确保安全监管不留盲区、隐患排查不留死角、应急救援及时有效。

2）以推行岗位精细化管理和科技兴安为载体，积极推进安全社区建设。

①以岗位精细化管理作为落实企业安全生产主体责任、深化企业基层安全生产工作的突破口，分行业细化岗位精细化管理标准，加强对从业人员全员、全过程、全方位的安全教育和管理培训，使岗位、班组、车间各项工作有制可守、有章可循，实现日常作业和特殊作业的标准化、规范化，推进企业的安全达标升级，不断提高广大职工的安全操作技能和安全生产意识，有效降低企业事故和职工伤害的发生率。

②继续大力实施“科技兴安”战略，督促企业积极采用先进、适用、安全的技术装备，对重大危险源、生产过程、重要生产装置等各个环节实施全过程监控，改变过去单一的“人防”模式，逐步实现执法人员现场检查与远程监管，实现“人防”与“机防”相结合的安全生产动态监管防范体系，不断提升企业安全管理水平。

3）以深入开展隐患排查整改和“打非治违”为载体，稳步推进全国安全社区建设。隐患是安全生产各种矛盾问题的集中表现，是滋生事故的土壤。全县各级有关部门按照“全、细、实、严”的四字方针，对各个行业、企业、场所、村、户逐个进行拉网式安全检查，对安全隐患多、专业性强的企业，通过专家会诊、自查互检、联合检查等方式，确保隐患排查到位，不留死角。对于查出的隐患，按照“属地管理”和“行业管理”的原则，严格落实整改责任、人员、资金、时间和措施，确保整改到位。另外，“打非治违”是扎实组织开展“安全生产基层基础深化年”活动的重要组成部分。通过定期组织召开部门联席会议，进一步明确部门职责，建立健全动态监管机制和部门联动机制，长期开展联合执法和巡回督导检查，发现一处，打击一处，努力构建起“打非”工作长效机制，不断夯实安全生产基层基础。

开展安全社区建设意义重大，影响深远。必须在巩固深化已有安全促进项目的基础上，不断策划实施新的项目，持续推动社区建设的深入开展，积极争创“国际安全社区”，为黄蓝经济区建设、实现全县经济又好又快发展和人民安居乐业而不懈努力。

二、 菏泽市牡丹区吴店镇

菏泽市牡丹区吴店镇是2000年山东省人民政府批准成立的中心镇，资源丰富，环境优良，辖38个行政村、88个自然村，总面积58.3平方公里，现有人口5.4万人、耕地5.2万亩。该镇围绕板块经济，已形成绿色瓜菜、优质杂果、畜牧养殖三大主导产业。目前，绿色瓜菜种植面积达12 000亩，优质杂果种植面积8 000亩，形成以“三元猪”为主的特色养殖小区8个、专业村10个。该镇全面按照“税赋从轻、优惠从宽、手续从简”的原则，在项目建设服务上实行“一条龙”跟踪服务，对企业实行封闭式管理，为企业全力创造优良的发展环境。因此，“安全社区”作为预防和控制各种安全事故的有效管理模式，便成了吴店镇安全生产工作的需要。

作为一个以农业为主的乡镇，吴店镇曾面临着农药安全使用、农机安全使用、农民工安全等诸多问题的困扰。2006年，吴店镇辖区内受伤农民工有148人，其中遭受农机伤害的有88人，农药中毒的有12人，各类事故隐患已成为吴店镇推进新农村建设的制约因素。吴店镇在安全社区创建过程中，充分关注农民的切身利益，让农民远离各类事故和伤害。针对农村普遍存在的家庭用电线路乱拉乱扯、农用三轮车混乱使用、农药乱丢乱放等安全问题，吴店镇创造性地开展了农村用电安全、农机安全、农药中毒等一系列富有农村特色的安全促进项目，为农村安全社区创建工作提供了典型经验，对推动农村安全社区建设起到了示范作用。

1. 基本情况调查

吴店镇创建“全国安全社区”时，虽然全国当时不少城市有成功创建安全社区的经验，但是农村面临的安全问题与城市社区面临的安全问题有一定的差异。因此，吴店镇编制了“社区安全状况调查表”和“事故与伤害调查表”，采取入户走访、发放调查问卷、召开座谈会等形式，确定了重点危险源、意外伤害类别、易受伤害群体等，为制定伤害预防计划和安全促进项目提供了有力依据。吴店镇确定的伤害干预的重点如图7—4所示。

2. 安全促进项目的农村样本

安全促进是为了达到和保持理想的安全水平，策划、组织活动以向村民提供必需的

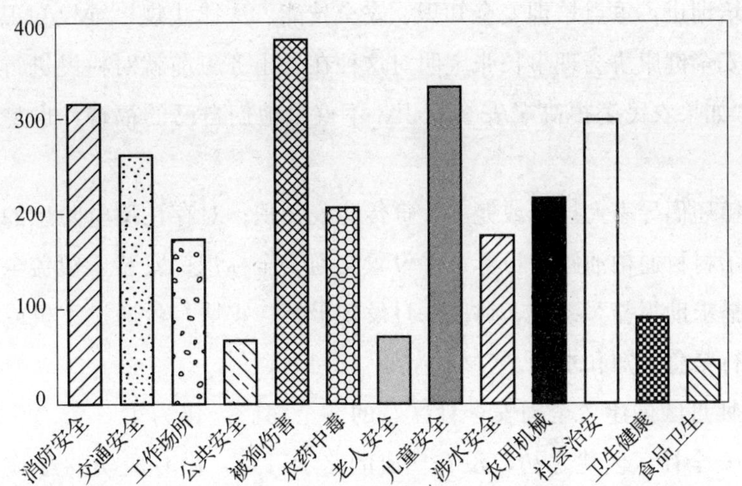

图 7—4　伤害干预的重点

保障条件的过程。吴店镇在对辖区安全状况进行调查的基础上，确定了消防安全、防农药中毒、农用机械安全、农民工安全等 10 个安全促进项目。

(1) 2003 年 3 月，吴店镇建立了消防站。他们购置了 2 辆适合乡村道路的小型消防车，并从退伍军人中招聘了消防员，组建了派出所、消防站一体化的专职消防队伍。此外，吴店镇还在各行政村建立了村级消防点，配备了干粉灭火器、消防锨、消防桶等器材，成立了由村干部带头、群众轮流值班的义务消防队。吴店镇消防站共有 15 名专职消防员，如果仍无法控制火势，可以向菏泽市牡丹区消防大队请求增援。

(2) 在农村，农药使用量大面广。由于农民的安全意识淡薄，农药乱丢乱放现象很普遍。由于缺乏保护措施，儿童和老人容易误食农药。因此，吴店镇专门制作了方形的小木箱，农药不用时就锁进去，杜绝了农药乱丢乱放的现象。为了避免喷洒农药时发生中毒事故，吴店镇还借鉴交警防护服的样式，制作了防毒隔膜，前后各有一片，供村民在喷洒农药时佩戴。吴店镇免费发放的农药储存箱和防毒隔膜，被群众亲切地称为农药的“保险柜”与“隔离衣”。

(3) 随着农业机械化程度的不断提高，农用机械安全问题日益突出。吴店镇成立了顺发农机专业合作社，推广农用机械使用培训、故障排查、维修服务的合作化机制。在农忙季节，吴店镇农机站还联合各行政村，对机动三轮车、拖拉机开展安全性能检查，安装防火罩等防护设施。

(4) 外出务工人员的自我安全防范意识差，缺乏维权的意识和能力，且在外从事的多是危险性的工作。因此，吴店镇利用春节外出务工人员返乡之际，组织劳保所、司法所等部门开设培训班，重点培训安全知识、安全技能、法律法规、维权知识等方面的内容。中国职业安全健康协会理事长张宝明对这种在外出务工前就对村民进行安全培训的方法称赞道："如果农民工提高了安全意识，不仅是他们自己的福音，也是整个家庭的福音。"

（5）吴店镇还倡导家犬拴养或笼养，宣传防疫知识；对存在用电隐患的家庭进行线路改造；实现了村村通柏油路的目标，并设置交通安全标识；安装了覆盖全镇的"村民户户联防、广播求助报警"系统，村民一旦发现警情、灾情，可通过手机或固定电话在村大喇叭上进行紧急通知和求援。

吴店镇是牡丹区创建"全国安全社区"的一个缩影。作为第一个"吃螃蟹"的乡镇，吴店镇在安全社区创建之初，没有现成的路子可走，没有成功的经验可借鉴，也不能完全照搬城市安全社区创建的模式，必须开创出一条具有自己特色的新路子。吴店镇的经验对今后推动农村安全社区建设工作有很大的指导作用，具有十分重要的里程碑意义，国家安全监管总局甚至将吴店镇的安全社区创建经验写进了《关于深入开展安全社区建设工作的指导意见》，作为农村安全社区创建工作的样板向全国推广。

三、 农村型安全社区总结

通过分析广饶县和吴店镇建设安全社区的方法，总结出农村型安全社区的建设方法。

1. 农村社区存在的主要问题

农村不同于城市，是从事农业生产的农民的聚居地。跟人口集中的城市相比，农村地区人口呈散落居住。这类社区存在的主要问题有：

（1）农村基础设施不完善，远远低于城市平均水平，道路、水、电、煤气、采暖、下水管网等基础设施缺乏统一规划、统一建设、统一管理。同时，村民用水、用电需求不能得到满足，交通不发达，这给人们的生活带来了极大的不便。

（2）人口成分单一，便于管理，但是人口素质普遍较低；许多农村青壮年外出打工，有的甚至举家外出，留守的老人、儿童偏多，生活自理能力差，极易发生各种伤害事故，生活状况急需改善；同时，农村社会治安防控在一定程度上存在着"真空地带"。

（3）产业层次低，粗放型、劳动密集型产业占据主要部分。农村是废品回收等行业的集中区，缺少规模效益；技术、管理落后，生产安全隐患众多，能耗、污染严重。

（4）农民安全意识和法律常识淡薄，违章搭建现象十分严重，环境卫生条件恶化，社会治安形势严峻。

（5）居民主要从事农业生产和养殖工作，但是缺乏系统的农业知识培训，农药中毒事件和家禽伤人事件频发。

以上问题的普遍存在，说明了农村社区进行安全社区建设的必要性。由第二章可知，我国农村安全社区的建设仍处于较低的水平，必须加快步伐，借鉴其他各种社区建设安全社区的经验，走出一条符合农村发展需要的农村型安全社区建设道路。

2. 干预措施

（1）加强农村安全政策调控

运用市场准入、行政许可、价格调节等政策，加大政府对农业公共安全设施的投入，督促农村生产单位改善安全条件，依次关闭、取缔达不到基本安全条件的生产经营单位，防止严重危及安全的落后工艺和技术从城市转移到农村。企业在农村的新建、改建、扩建工程项目必须将安全设施与主体工程同时设计、同时施工、同时投入生产和使用，即严格按照“三同时”的要求进行。

（2）完善农村安全隐患排查报告制度

镇、各街道办事处、社区（村）、企业应当开展经常性的安全检查，查找、整改事故隐患，实现事故隐患排查整改工作的制度化、规范化和经常化。发现隐患要立即进行整改；不能立即整改消除隐患时，应当及时向上级政府或者有关主管部门报告。村民委员会发现其辖区存在事故隐患或者安全生产违法行为，应当向所在乡镇政府或有关部门报告。对于辖区发生的事故，应按照国务院《生产安全事故报告和调查处理条例》的规定，及时向当地政府和有关部门报告。

（3）规范农村道路交通安全管理

农村道路要建设配套的交通安全设施并保证其完整有效。学校附近、人口密集的路段，应当设置警示标志和必要的减速设施；交通干道应当设置必要的人车分流设施；道路、枯井、易滑坡的山体、危桥、沟河等事故多发点，应当设置必要的安全警示标志。

（4）规范农村用电安全管理

供电单位应当加强对农村供电设施安装、维修、调整、试验、进网作业的管理，定期组织针对供电线路的安全巡查，指导村民加强对自有电器的安全检查，及时消除用电隐患。

（5）规范农业机械和农用车辆安全管理

加强对农业机械、农村车辆的年检，加强对驾驶人员的资格年审和管理，严肃查处无证驾驶、无证车上路、农用车载客等违章行为，严肃查处非法改装车辆行为。

第三节　企业主导型安全社区

作为企业主导型社区，安全社区建设本身就是企业安全文化建设的一项重要内容。

一切工作都是致力于降低事故与伤害，保障人的安全与健康，服务企业一线的安全生产，提高员工、家属的生产生活环境安全度，致力于加强和推动社会管理创新，促进社会和谐和职工、家属安居乐业。

一、 潞安集团

潞安集团是一个以煤为主，煤、电、油、化、硅五大产业综合发展的大型企业集团，并于2013年跻身世界500强之列。潞安集团在国际安全社区“五有一参与”准则的基础上，根据煤矿行业特色和企业主导型社区创建特点，探索形成了有中国特色的安全社区创建模式，并于2007年被命名为全球第124个“国际安全社区”和首批“全国安全社区”。

1. 组织机构

潞安集团凝聚各方力量，共同创建国际安全社区，建立并完善了安全社区组织机构，加强了对创建工作的集中领导，形成了集团上下齐抓共管的三级网络（即领导层、推进层和执行层），形成了各司其职、各方力量广泛参与的工作格局。

（1）在领导层，成立了安全社区建设推广促进委员会，由党政一把手亲自挂帅，把相关单位和部门统一纳入安全社区组织网络之中；在此基础上，专门设立安全社区建设考核评价委员会，由其具体负责安全社区建设考核评价工作；同时，专门出台了考核评价标准，建立了各项例会制度，实行了对工作绩效通报和考核排名的公布，强化了对工作的监督，保证了工作顺利开展；安全社区建设推广促进委员会下设办公室，负责处理创建推进中的日常工作。

（2）在推进层，根据职能部门管理属性，设立安全理念推广、生产安全、公共场所安全、学校安全、家居安全、老年人安全、儿童安全、伤害监测等10个安全社区专业推广促进组，主要负责本专业组推广工作，根据实际情况制定专项预防计划并督促实施。

（3）在执行层，由社区所在单位按照总体部署，具体负责安全社区各项活动的实施。

2. 交流培训

（1）交流

交流活动分为对内交流和对外交流。对内交流主要是各个社区、各个专业组之间的交流；对外交流主要是针对安全社区的模式、特色、方法、内容等与国内乃至国际安全社区方面的专家学者、安全社区协会等组织之间的交流学习。所有的这些活动都是为了促进整体的安全社区建设工作，是一个相互学习、共同提高的过程。

（2）培训

培训主要是指对安全社区建设推广促进委员会成员及相关部门负责人和安全促进与伤害预防计划组织、执行人员的培训。培训的主要内容是：

1）基本知识：包括安全社区的由来及发展，国内外概况，建设安全社区的目的和意义等。

2）计划项目：将计划项目的实施目标、工作要点、工作内容、要完成的指标展开，详细介绍每一条款的内涵和要求，并结合实际情况，探讨如何正确应用。

3）调查与观察：讲解如何进行知、信、行及环境设施、管理等影响因素的调查，如何进行危险源辨识和风险评价，调查方法及调查表的设计与填写。

4）策划与实施：讲解如何制订活动计划、活动目标、确定伤害预防控制措施与工作重点、策划组织开展活动；如何记录活动过程，进行质量控制和预算编制、评价活动效果。

3. 规章制度与工作评价标准

安全社区建设离不开各项规章制度和工作评价标准。规章制度用于规范安全社区建设过程，使之行之有效、行之有序，如例会制度、安全检查及通报制度、档案管理制度、安全促进工作效果评估会议制度等；工作评价标准用于指导安全社区的总体建设发展，完成既定目标，从而达到总体建设标准，促进安全社区建设总体目标实现，如安全考核评价标准、危险源辨识及风险评价表、伤害预防项目交流机制等。

4. 危险源的辨识与评价

危险源辨识与评价来源于风险管理的思想，是安全社区建设的重要内容，也可称之为社区危害因素辨识。

（1）辨识目的

为了准确地辨识出危险源，进行风险评价，以便采取控制措施。

（2）危险源辨识、风险评价和风险控制策划步骤

1）划分辨识单元。根据实际情况，将社区、场所划分为若干个单元。划分时要包括所有人员、所有活动和所有设施，做到横向到边、纵向到底、不留死角。

2）辨识危险源。辨识各种可能导致伤害的行为和状态，分析其发生事故的条件，重点从人的行为、物的状态、环境和管理等方面进行考虑。

3）确定风险程度。考虑在现有控制措施下，发生伤害的可能性及伤害可能导致的后果的严重程度，并据此确定其风险程度。

4）制定风险控制措施。编制计划以控制需要重视的风险，提出重点控制的危险源、高风险环境、高危人群及脆弱群体清单，尤其是针对不可承受的风险提出控制目标。根

据控制目标的要求，制定相应的控制措施或管理方案。

5. 社区诊断

社区诊断具体流程如图 7—5 所示。

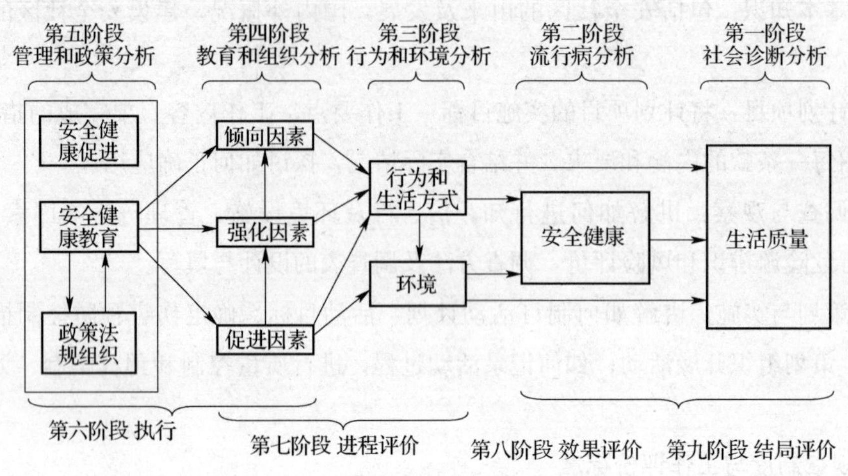

图 7—5　社区诊断流程图

社区诊断的结果就是编制《现状调查报告》，现状调查报告的内容由基本情况调查、伤害调查两部分构成。

（1）基本情况调查主要包括：

1）现有安全健康组织机构设置、职责划分及其适用性。

2）现有安全管理制度、其适用程度和有效性。

3）以往事故、事件、存在的主要问题、纠正和预防措施的有效性。

4）安全健康现状与相关法律、法规、标准及上级要求的符合程度。

5）以往开展的各类安全相关活动的信息及相关资料。

6）社区单位和社区居民的安全需求。

7）居民对安全知识的知晓情况及防灾避灾能力。

（2）伤害调查

伤害调查的主要目的，是通过调查，掌握各种导致伤害发生的原因的第一手资料。

潞安集团编制调查问卷，采取普查和重点案例追踪调查方法，对生产安全、家居、学校、公共场所、交通治安、老年人、儿童 7 个方面的事故伤害进行调查统计。共发放调查问卷 31 000 多份，调查覆盖率为 95%、回收率为 93.5%，最终得到的潞安集团 2002—2004 年各类伤害统计表见表 7—1。

通过社区现状调查，潞安集团确定了需要重点控制的危险源，清楚了社区人群伤害发生的趋势与分布特点，明确了高危人群、高风险环境、脆弱群体和伤害干预的重点人群，同时考虑了国家法律法规的相关要求，考虑了可选技术方案、自身经济能力及可实现性，制订了相关安全计划，确定了实现目标的途径和方案。

表 7—1　　潞安集团 2002—2004 年各类伤害统计表

	2002 年	2003 年	2004 年	合计	数字来源
生产安全	60	74	84	218	安全生产监察局
家具	166	206	273	645	后勤中心
学校	581	511	603	1 695	普教处
公共场所	98	136	208	442	工会
交通治安	42	64	79	185	长潞公安分局交通保卫处
老年人	9	14	25	48	老干部处
儿童	31	23	14	68	幼教
总计	987	1 028	1 286	3 301	

6. 制定安全促进目标和计划

潞安集团的伤害预防项目策划主要以《现状调查报告》为基础，围绕社区存在的主要安全问题，确立整体目标，编制《伤害预防项目的计划》。伤害预防项目的策划可分为以下 2 个步骤：

（1）分解整体目标，确立分支目标

安全社区建设在明确决策目标即安全促进项目的目的以后，根据一定的方法对目标进行分解，并在分解的基础上确定分支计划的目标。计划的目标应该是实现决策目标的前提和步骤，这些目标的实现能够带来整体目标的实现。

（2）拟定具体行动方案

拟定具体行动方案就是确定实施计划的具体方法、手段和措施。完成同一计划会有多种备选方案，选择具体的实施方案时要考虑方案的投入与产出的比例关系，争取以最小的资源投入获得较大的产出，提高计划的经济社会效益。

7. 策划实施安全促进项目

安全促进项目的过程管理是按照计划去实现目标、获得结果的过程，也可以称为项目实施。项目实施工作主要包括 3 个环节：

（1）制定实施时间表

按照计划完成目标，首先要制定一个科学合理的时间表，按照时间表的要求，有条不紊地进行计划目标的实施。同时，时间表也是一个对照表，用来进行目标管理，对照检查各项工作的进展速度和完成情况。

（2）实施质量控制

在行动计划的实施过程中，运用过程评估的方法和手段对实施过程进行监测和评估，了解实施进程和实施效果，发现和解决实施工作存在的问题，及时调整实施策略和工作方法，调整人力、财力和物力的分配，控制实施质量，保证计划顺利实施。

（3）编制《伤害预防项目实施报告》。

8. 伤害监测

建设安全社区的主要目的是预防各类伤害的发生，及时准确地记录、统计与监测伤害，有助于掌握社区内各类伤害发生的情况及其原因。

（1）伤害监测的组织网络

潞安集团的伤害监测网络主要依靠企业、居民和社会 3 支力量。伤害监测体系具体可概括为：1 个中心、3 个网络、重复覆盖。

1）1 个中心，是指在集团公司安全社区建设推广促进委员会直接领导下，由集团社区牵头，相关部门参与组成了安全社区办公室，具体负责伤害监测，是伤害监测数据的最终汇总中心。

2）3 个网络，是指医院伤害监测网络、社区伤害监测网络和专业伤害监测网络。

①医院伤害监测网络，由集团公司总医院为总站，隶属的 5 个分医院和 2 个医务所为分站组成，对日常的伤害信息进行登记。

②社区伤害监测网络，是由集团公司的 7 个社区组成，分 3 级进行监测，社区为站，小区为点，楼道、单元长为哨。

③专业组伤害监测网络，由各专业组组成，以公司专业组为站，以基层专业组为点，队组为哨。

（2）伤害监测的对象

凡是集团所属机关、单位、企业、学校等单位的所有从业人员，在社区居住的不同年龄、性别的各类人群，均属于监测对象。监测对象符合以下 4 种情况的任何一项，则需要进行伤害登记：

1）首次到医疗机构单位诊治并诊断为损伤的情况。

2）由家人、老师或同事对受伤者做紧急处置或看护。

3）因伤害请假（休工、休学、休息）半日以上。

4）因伤行为受限半日以上。

（3）伤害统计

集团公司安全社区建设推广促进委员会的伤害数据汇总主要有 3 个渠道：

1）以集团总医院为主，汇总 5 个医院、4 个医务所区域的伤害情况。

2）公司 9 个专业组系统统计 7 个社区伤害情况。

3）8 个社区统计基层公众和员工的伤害情况，最后综合二者的统计分析汇总并上报有关领导。

（4）伤害原因分析方法

坚持“日日伤害登记，月月统计分析”，潞安集团安全社区建设推广促进委员会伤害统计主要以医院伤害监测网络为主，社区网络、系统网络为辅，进行数据统计。统计分析时应做到：

1）遵循国际疾病分类和伤害外部原因分类标准。一方面，使潞安集团的安全社区建设工作符合国际惯例；另一方面，方便进行国内外的比较。例如，伤害监测最基本的内容包括性别、年龄、职业、教育程度、伤害地点、伤害场景、伤害部位、伤害严重程度、是否就诊或住院、愈合情况等。

2）采用合理的统计报表，图表的格式符合行业性标准。其优点是易看、易懂。

3）用统计分析软件对伤害数据进行录入和分析，大大减少了数据分析的工作量，提高了准确性。

4）伤害统计分析结束后，进行原因分析，根据事故惯例，从人、倾向因素、强化因素、促进因素查找不足（实际上是从安全四大要素——人、物、环境、管理的角度进行分析）。

5）必须针对存在的问题提出措施和建议，指导下一步安全促进工作。

6）不同性质伤害发生类型的分布、伤害类型、地点、部位、时间、结果。

9. 评估

评估，是指运用科学的研究方法和技术，系统地评价促进工作的干预结果，总结整个干预过程，考察伤害预防工作的干预是否有效、是否达到了预期目的与目标的过程。评估小组要根据项目实施进展情况，采取定量与定性评估、纵向比较与横向比较等方法，开展各类项目绩效评价工作，并编制《伤害预防项目评估报告》。

10. 应急管理

社区应急管理工作是安全社区建设工作的基石。社区应急管理，主要从预防、准备、响应和恢复 4 个阶段开展工作。同时，要不断推进应急管理工作的延伸，提高人民群众的安全防范意识和突发事件发生时的自救互救能力。

11. 资料存档

安全社区档案管理，要加强对计划实施过程中形成的各种记录、调查问卷、宣传教育活动及安全检查、危险源管理、隐患整改的资料，伤害、事故登记和统计表格，经费投入记录和凭证复印件，以及项目设施过程图片、影像等资料的收集登记、保存建档，为反映工作变化、评价工作绩效提供依据。

12. 持续改进

通过对基础管理、伤害监测、项目管理、应急管理、全员参与、资料归档和持续改进7方面的评价，根据工作进展状况、上一阶段计划的有效性、工作中存在的不足等方面，做好安全社区工作的持续改进。

（1）基础管理

主要从组织机构、工作制度、工作调研、项目交流、人员管理5方面进行评价。

（2）伤害监测

主要从监测网络、监测制度、质量控制、分析评估4方面进行评价。

（3）项目管理

主要从现状调查、工作计划、项目方案、项目实施、项目评估5方面进行评价。

（4）应急管理

主要从管理网络、管理制度、风险控制、应急响应4方面进行评价。

（5）全员参与

主要从建立平台、共建活动、居民参与3方面进行评价。

（6）资料归档

主要从管理制度和基本要求2方面进行评价。

（7）持续改进

主要从工作改进、工作汇报、工作创新3方面进行评价。

潞安集团通过国际安全社区的创建，在企业内部形成了一个“大安全”的管理格局。几个安全推广促进专业组的协调互动有效整合了社区内方方面面的资源，从井下到井上，从生产场所到生活区，从公共场所到居民家庭，用社区的大和谐促进了企业的大发展，用企业的大发展造就了社区的大和谐。

自2002年国家安全生产监督管理局召开安全社区研讨会以来，中国的安全社区建设从调研论证、试点起步、逐步铺开，到现在健全组织、规范制度、完善标准、创新提高，已进入深入发展和持续推广阶段。安全社区建设已由北京、上海、大连、山东等大城市和东部经济发达地区，延伸至四川、重庆、宁夏等中西部地区，已由单一的城区街道型扩展到企业主导型、农村乡镇型、工业园区等。由此可见，我国安全社区建设工作正稳步前进。

但是，我国正处于并将长期处于社会主义初级阶段，人们的安全感指数还有待提升。同时，十八大明确要求：“强化公共安全体系和企业安全生产基础建设，遏制重特大安全事故”“深化平安建设”。这些重大决策部署和明确要求，都对发挥社会组织作用、加强包括安全社区建设在内的公共安全体系建设、推进安全生产工作、实施安全社区建设，具有重大指导作用和实践意义。因此，必须充分认识到安全社区建设工作的长期性、复杂性和艰巨性，以更加坚定的信念、更加强有力的措施、更加扎实的工作，调动社会各方面力量，为安全社区建设工作做出不懈努力。

二、 燕山石化

安全社区建设侧重于安全方面的建设与管理，但安全社区倡导的是大安全理念。下面主要介绍燕山石化所进行的政企联合机制的建立、信息资源的整合、管理体系的搭建、考核机制的建立、社区志愿者的成立等工作。

1. 燕山石化社区现状

燕山地区人口总计 97 416 人，其中常住人口 84 296 人、暂住人口 13 120 人；多层住宅楼 688 栋，高层住宅楼 25 栋；住户 31 693 户，其中平房住户 2 411 户。燕山石化将居民生活区域与生产区域分离，实现了“一个中心、两个生产区、三个生活区”的科学布局，改善了生产生活环境。3 个生活区由迎风社区、东风社区、富燕社区、星城社区 4 个社区共 30 个小区组成。其中，东风社区和迎风社区是建成较早，设施较陈旧的非封闭社区；星城社区是建成较晚、设备设施比较健全的封闭社区；富燕社区是近年来建造的全新封闭小区。

2. 燕山石化公司安全社区建设的实践

（1）确立企业主导型社区建设目标

燕山地区已经实现“一个中心、两个生产区、三个生活区”的合理布局，其安全社区建设的主要目标是：

1）进一步改善区域环境，使社区内干净整洁、绿化环保。提高服务保障能力，为职工群众提供安全、健康的工作和生活环境。

2）社区秩序井然，居民安居乐业，邻里团结和睦，社区成员遵纪守法；倡导和推行健康、科学、文明的生活方式，建设“环境优美、生态良好、现代文明、社会安定、社区和谐”的宜居燕山。

（2）组织机构和运行机制

燕山石化公司为建立安全社区建设长效机制，成立了以燕山石化公司和燕山办事处为领导，由燕山石化相关部门和单位、燕山办事处相关政府和职能部门 36 名主要负责人组成的燕山地区全国安全社区建设推进委员会，主要负责领导和协调安全社区建设过程的相关事宜；设立了以燕山石化企业管理部为牵头部门的委员会办公室，办公室下设宣传教育、生产安全、综合考核等 10 个专项工作组，为日常工作管理和专业策划指导机构；建立了由分布于燕山地区东风、迎风、星城、富燕 4 个社区的相关单位组成的 4 个促进中心，为安全社区建设的执行机构；形成了政企联合、优势互补、跨部门合作、多元化参与、整体规划的安全社区建设体系；将企业主导、政府引领、社会协同、公民参与的建设格局固定化、规范化，使其各司其职、协调联动，最大限度地发挥整体合力。

（3）政企联动制度和管理体系

为了保证安全社区建设规范有序和持续开展，建立了全国安全社区建设推进委员会、专项工作组和促进中心安全社区建设管理制度，明确了各级各类人员工作职责；建立和完善了各专业安全管理制度和应急预案，建立了针对不同人群的安全管理制度和应急预案；建立了全国安全社区建设推进委员会、专项工作组和促进中心三级管理档案，内容涉及一级类目 10 个、二级类目 24 个；建立了安全社区建设工作评价标准和考核办法，考核结果纳入燕山石化和燕山办事处管理工作评价考核体系，作为本系统所属单位和个人的考核依据之一。制度建设和管理体系的逐步完善为不断推进安全社区建设提供了有力保障。

（4）营造安全文化氛围，畅通社区安全信息交流

1）充分利用现有燕化电视台、燕山油化报、《企业文化杂志》等内部专业媒体，积极宣传安全文化，提高人们的安全意识，努力做到人人皆知，人人支持和参与，营造良好安全社区建设环境和氛围；在《燕山油化报》、燕山石化电视台设立了“建设安全社区、造福燕山人民”宣传教育专栏，做到报纸期期有报道、电视天天有新闻，并利用燕山石化电视台《一方平安》专栏对安全社区建设进行深度报道；建立了安全社区网页，创办了安全社区简报，建立了社区安全教育培训室，整合并完善了 4 个社区宣传橱窗、LED 显示屏、楼道温馨提示栏、广告机等宣传设施，基本形成了燕山地区安全社区建设多渠道、全覆盖的宣传教育阵地。

2）充分整合燕山地区政府和企业资源，以提高居民安全社区理念、安全知识及技能为目的，广泛开展宣传教育培训活动。每年制订详细的年度建设全国安全社区宣传教育培训计划，宣传教育工作组具体负责指导、协调、组织、推动各工作组和促进中心宣传教育工作的开展。

街道相关科室、政府相关职能部门、辖区单位的宣教工作根据培训对象的需求、季节变换、伤害频发时段及项目开展的情况，分不同主题，以独立或联合的形式开展。例如，对全民的安全宣传教育和培训注重广泛性，对职工的安全宣传教育和培训注重专业性，对老年人的安全宣传教育和培训注重简单性，对学生和儿童的安全宣传教育和培训注重趣味性。

3）为保障安全社区建设各类安全信息收集、交流、沟通、传递和反馈渠道畅通，更好地保持社区内纵向各层级和横向各部门以及安全社区网络的沟通及时、顺畅，制定了《信息交流制度》，规范了安全社区建设内外部交流的责任、程序和方法。各工作组的职责如下：

①生产安全工作组负责收集来自燕山石化公司安全监察部和燕山办事处安监分局的生产安全的相关信息。

②消防安全工作组负责收集来自燕山石化公司消防支队、燕山消防科等部门的消防安全信息，形成《消防月报》。

③治安交通安全工作组负责收集燕山公安分局、燕山交通大队有关治安交通安全的信息。

④公共场所安全工作组负责收集燕山治安大队、文化执法队、卫生监督所、城管中队、工商分局等行业主管部门的安全检查信息。

⑤卫生健康安全工作组负责收集突发公共卫生事件信息、医疗机构监测的居民意外伤害数据等，形成《居民意外伤害监测月报》。

⑥学校儿童安全工作组收集燕山地区各学校学生、各幼儿园儿童的伤害监测数据，形成《学生儿童伤害信息月报》。

⑦老年人安全工作组收集燕山地区各老年人活动站老年人伤害监测数据，形成《老年人伤害信息月报》。

⑧居家安全工作组通过 1966 服务热线，收集有关社区安全隐患、举报等信息，并随时向全国安全社区建设推进委员会进行汇报。

各工作组严格按照燕山地区全国安全社区建设推进委员会的领导，依据《信息交流制度》的规定，及时准确地收集各类安全信息，努力使信息收集、交流、沟通、传递和反馈渠道畅通。

(5) 培育共建共享理念，建立多渠道投资机制

为保障安全社区建设惠及于民、落到实处，按照业务分工由相关管理单位组织实施。对于投资性项目，由业务主管部门报送全国安全社区建设推进委员会相应专项工作组，并经全国安全社区建设推进委员会审核后，按照项目归属，分别由燕山石化公司和燕山办事处列支，分别纳入相应年度财务预算。同时，鼓励吸纳社会各界资金，支持安全社区建设，形成燕山石化公司、燕山办事处、社区各界等多元化投入机制，确保安全社区建设工作顺利进行。2009 年 1 月至 2011 年 6 月，燕山石化公司和燕山办事处用于社区建设的资金达 24 454 万元。

(6) 以安全促进项目为载体，整合资源，集聚优势

依据基本调查、事故与伤害风险辨识和评价结果，确定了 3 年各类事故与伤害降低 30％的总体目标，从生产安全、治安交通安全、消防安全、居家安全、卫生健康安全、学校儿童安全、公共场所安全、老年人安全 8 个方面制定了明确的事故与伤害预防控制目标和计划。3 年内计划开展生产、治安交通、消防等 9 类 81 个安全促进项目。

(7) 全员参与，组建志愿者队伍

全员参与是实现安全社区理念的根本保证。通过举办安全社区建设启动仪式、社区居民座谈会、入户访谈、安全促进项目意见征询会、发放安全社区建设宣传品、文艺演出等多种形式的活动，建立了与居民群众沟通的渠道，提高了广大社区居民的参与意识，形成了人人知晓、人人关心、人人参与建设安全社区的良好氛围。

社区志愿者队伍是安全社区建设的一支重要力量。燕山石化根据自身的需要，成立治安志愿队 10 支、卫生健康类志愿队伍 7 支、邻里守望志愿队伍 2 支、文体活动志愿队伍 2 支、科教活动志愿队伍 16 支、禁毒志愿队伍 3 支、交通志愿队伍和老年人消防志愿队伍各 1 支。同时，为便于志愿队伍的管理、保障志愿队伍工作的顺利进行，制定了《安全社区建设志愿者管理制度》，规范了各类志愿者组织及其活动。

(8) 强化安全管理，完善基础设施

在充分进行问卷调查、社区隐患排查、专家分析等调研基础上，努力解决居民最关心、影响面最大的安全问题，开展了对区域民用燃气系统、电气系统、水暖外线系统的隐患治理工作，对道路交通秩序、消防通道等综合整治工作，为单元楼配备灭火器材的工作，完善主要道路、家属区、学校、幼儿园交通标志、标线设施的工作。

强化政府行业管理职能，以社区内大型活动场所、体育运动场所、娱乐餐饮场所、消费购物场所安全为工作重点，定期进行检查，促进公共场所安全隐患消除；完善公共场所设备设施，完善“九小场所”监管体系，强化“九小场所”监管力度；加强校园监控网络设施建设，为 20 所中小学、幼儿园、少年宫和职业高中学校安装视频监控设备；关注弱势群体，爱老敬老，为 60 岁以上老年人和四级以上残疾人家中安装卫生间扶手，为 75 岁以上老年人和四级以上残疾人家中安装呼叫系统，建立涵盖老年人基本信息和亲人联系电话的老年人援助卡。

3. 安全社区建设取得的成效

(1) 通过安全社区建设工作，安全社区理念被越来越多的居民认可和接受，居民安全意识和自我防范意识普遍提高，支持和参与安全社区建设的自觉性和主动性明显增强，建设安全社区的氛围已经形成，群众基础也已经全面建立起来。

(2) 社区的基础设施、安全环境、社区功能得到了进一步完善，社区安全监测网络对社区安全进行全方位监测；社区安全志愿者队伍和老年人帮困队伍作用愈加明显，及时处理和化解居民各类纠纷和矛盾；居民的安全技能普遍提高，居民幸福指数稳步提升，居民对企业自豪感和归属感更加增强，为保证企业安全稳定生产起到大后方服务保障作用。

企业主导政企联合，积极推进社区建设，实现优势互补、资源整合、效能提升，实现了员工、企业和社会三者利益的统一，推动了企业与社会共同发展、和谐发展和可持续发展，全员全方位、全过程重视安全的良好局面、大安全观念和大安全格局逐步形成。

燕山石化安全社区建设工作在一定程度上破解了企业在安全社区建设管理中的现实难题，其运行方式及工作开展的形式，对于探索新型高效的社区管理模式具有实践意义。

三、 企业主导型安全社区总结

1. 企业主导型社区的特点

（1）社区居民成分单一，安全素质较高

企业主导型社区一般是随着企业的发展逐步建成的，大部分社区远离城市，居住区相对独立，社区成员主要为企业职工，具有一定的安全知识和技能，安全责任意识较强，安全素质较高。

（2）在社区建设投资上，渠道单一

企业主导型社区大部分是在“先生产、后生活”的历史背景下，随企业的发展逐步建成的，社区建成时间早，基础设施不够完善，存在安全隐患。同时，由于各类行业规范标准的变化，社区基础设施需要完善、改造的任务加重，随着我国安全社区建设速度的加快，单纯依靠企业进行安全社区建设，负担过重。

（3）在居民参与上，渠道不畅，机制不健全

长期形成的“政府控制单位、单位管理社会成员”的体制及其他已形成的固化观念，影响了居民对所居住社区建设参与的主动性和自觉性。社区居民对所居住区的环境、治安及其他社区公共事务的处理有参与的愿望，但没有明确规范的参与渠道。社区建设关系到每个社区成员的切身利益，社区成员的共同参与和努力才能使社区建设有不竭之源。

2. 企业主导型安全社区建设的要点

（1）依据社区情况确立目标

安全社区建设是一个长期的活动，社区应该根据有关法律、法规及自身特点，按照“人人平等享有健康和安全的权利”的原则和“以人为本”的思想，结合当地地区实际，确定安全社区建设总体目标。只有设定明确的目标，才能使社区的成员团结起来，精诚协作，为实现目标而努力工作。

（2）调查分析、辨识评价

安全社区建设之初，首先要对社区内的事故与伤害风险进行系统、全面的调查分析和评价，有针对性地实施相应的事故预防措施和伤害干预措施，为建设安全社区提供基

础支持。开展社区安全情况调查，可以采取问卷调查、社区隐患排查、专项调查等多种形式，主要包括3个方面的调查：

1）对社区环境安全状况、现有安全管理制度及执行情况、各类安全设备设施情况、危险物品管理情况、重大危险源及风险程度等进行排查。

2）对生产、治安、交通、消防等进行专项调查，收集整理各类事故及伤害情况。

3）设计《居民问卷调查表》《老年人问卷调查表》《学生问卷调查表》《职工问卷调查表》等，对社区居民进行问卷调查。

通过调查和分析，掌握社区和居民的安全现状、事故与伤害发生的类型和原因，为制定安全促进目标、策划安全促进项目、组织实施各项干预措施奠定坚实的基础。

（3）组织建设健全完善的组织机构

健全完善的组织机构是安全社区建设工作有序开展的强力支撑。基层社区、基层居委会存在人员短缺、资源匮乏等先天不足，难以独自担当推进安全社区建设工作的重任，必须有健全、完善的组织机构作支撑，有“强势”的职能部门共同参与，整合资源，形成合力，才能取得成效。这是安全社区建设工作的前提和先决条件。

首先，建设企业主导型安全社区要加强领导，领导的重视程度直接决定安全社区建设工作的推进力度，反映安全社区建设的整体效果。企业主导型安全社区是企业的一部分，直接接受企业的领导和支配，其安全社区建设主要的资金来源也是企业，必须引起企业领导的高度重视。

其次，企业主导型社区虽然由企业自办并管理，但离不开地方政府的大力支持。“资源共享、全员参与、持续改进”的安全社区理念，需要政、企强强联合，才能得以充分的体现。并明确了各层面的工作职责，形成了政企联合、优势互补、共建共享的安全社区建设工作运行机制。

最后，必须制定相关制度文件，进一步规范了领导层、推进层、执行层的工作流程、工作职责和制度要求，为安全社区建设的稳步推进提供组织保障。

（4）开展全员安全教育培训

安全社区建设是一项惠民工程，是企业改革发展成果普惠员工、家属的重要举措，所有职工、家属不仅是受益者，还是参与者、建设者。全员安全教育培训能为安全社区建设工作营造浓厚的宣传氛围。

在安全社区建设工作中，可以组织从事安全社区建设的骨干工作人员参加全国安全社区建设培训，积极开展集团公司内部专业知识培训，邀请全国安全社区促进中心等相关专家亲临讲授相关专业知识，培养一批明白人、实干家，为安全社区建设工作有效开展提供了人才保证。

在宣传引导和理念渗透方面，可以充分利用电视、网站、报纸、宣传海报、社区宣传栏、可视化广播系统、各种内部刊物等，提高居民对安全社区建设的知晓率和参与度，全面推广普及安全健康理念和安全知识，增强职工、家属的安全意识和自我防护能力，实现从“要我安全”到“我要安全”的转变。

(5) 独具特色的安全促进项目

成功的安全促进项目可以有效地降低事故与伤害风险，是安全社区良性运作的关键。应根据当地安全社区基本调查、事故与伤害风险辨识和评价结果策划实施安全促进项目，以预防和减少伤害事故的发生。策划安全促进项目，应始终坚持从细节入手，鼓励各基层社区大胆创新，形成亮点、特色，全方位推动安全社区建设。

企业主导型社区在人力和财力上相对独立，这是企业主导型得天独厚的有利条件，为安全社区促进项目的实施提供人、财、物等方面的保障。

在策划实施安全促进项目过程中，每个项目实施方案都必须有明确的目标、具体的措施、详细的进度安排和组织、制度、人员、经费保障，做到“责任到人，措施到位，统筹协调，上下联动”。

第四节　中转型城区的安全社区

城市化是乡村人口向城市人口转化以及城市不断发展和完善的历史过程，既包括人口结构、产业结构的重大调整，也引发了社会生活、收入结构乃至观念意识的巨大改变。

这些变化不可避免地带来了大量经济、社会的矛盾和冲突，而这些矛盾和冲突也制约着城市化进程，威胁着社会的安全和稳定。因此，通过安全社区建设等干预手段化解城市化进程中的矛盾和冲突，具有重要的现实意义。

一、大连市甘井子区

大连市甘井子区位于大连市城乡接合部，南衔中山、西岗、沙河口 3 个主城区，西接旅顺口区（郊区），北接金州区（郊区），管辖面积 455 平方公里，下辖 14 个街道（42 个村委会、122 个社区居委会），其中涉农街道 5 个。全区常住人口 98 万，流动人口 30 余万。

随着大连市全域城市化的推进，甘井子区成为全市城市化的先行区、示范区，并被定位为未来的现代化国际化中心城区。在这一转型过程中，甘井子区遇到了大量前所未有的新矛盾、新问题，安全隐患和事故量都呈现高发态势。

随着我国引入安全社区的理念和方法并逐步实施，2005 年，甘井子区委、区政府在部分街道尝试通过安全社区创建工作，不断解决城市化进程中出现的危害城区居民安全健康的各类突出问题。2008 年，甘井子区在全区范围内全面启动了安全社区创建工作，各个街道因地制宜，结合城市化进程中出现的各类问题，围绕各自辖区的特点和突出矛盾，设置项目、加强干预、持续改进，实践了一系列特色明显、成效明显的干预措施。通过安全社区创建，落实干预措施，为城市化的顺利有序推进提供重要保障。

以下是甘井子区面临的具体问题及相应的安全促进项目。

1. 人口结构复杂、外来劳务人员群体庞大、居民安全素质相对较低

随着城市化建设的深入推进，外来务工人员、乡村转型人口、问题人口也逐渐增多。甘井子区针对人口结构出现的新情况、新问题，设置了一系列相关项目：

(1) 针对外来务工人员急剧增多和大量农村劳动力转型为第二、第三产业劳动力的情况，自 2007 年起，区政府充分整合区内职业教育资源，每年投入 60 余万元，面向 1 万余名农民工开展包括安全知识、安全技能等内容的免费培训，2010 年完成固定农民工的全员培训。

(2) 针对外来劳务人员零散租住民房，居住条件差、通勤交通不便、治安管理难度大、意外伤害发生频率高的情况，地处临海装备制造业聚集区的大连湾街道，通过与用工数量多的中远船务工程集团有限公司、中国第一重型机械集团公司等企业合作，由街道财政出资，企业参与管理，兴建了 2 个封闭式服务区。服务区内公寓式宿舍、餐厅、商店、洗浴间、图书室、心理咨询室、运动设施等一应俱全，还配备了专业的物业公司与企业共同管理，定期对各宿舍开展安全检查，及时消除违规用电、床上吸烟等安全隐患。

通过对 2 个服务区的建设与管理，解决了 1 万多名劳务人员的居住与生活问题，降低了企业和社会治安管理难度，有效减少了交通、触电、煤气中毒、火灾、治安案件、生产安全事故等意外伤害。

(3) 甘井子街道仅两劳释放人员累计就有 800 余人，曾多次发生两劳释放人员再次犯罪现象。为解决这一问题，该街道发动社区内的党员和群众骨干，与两劳释放人员结成对子，跟踪了解他们的动态情况，对他们进行心理疏导，解决他们生活中存在的实际困难。为从根本上解决两劳释放人员的就业问题，街道定期组织岗前技能培训，通过社区就业机构介绍就业岗位，对实在无法正常就业的人员，将他们安排在街道自行创办的爱心超市、膳食指导店内工作，从根本上解决了他们的生活来源问题。2008 年至今，该街道两劳释放人员未再次犯罪。

2. 道桥工程迅速增加，交通事故集中发生

甘井子区是大连市的交通枢纽，大连国际机场、新火车站、高速公路出口、大连港客滚码头、散货码头等重大交通基础设施均坐落于此，连接大连与东北的两条高速公路和两条国道、城区内的交通骨干道路、修建中的地铁线路，在甘井子区域内形成放射性交叉。大量的道桥修建工程和汽车保有量的激增，给交通安全造成了大量隐患，使交通事故发生频繁。

在安全社区创建过程中，区创建办整合相关资源，加大交通管理力度。区创建办要求相关街道围绕交通安全策划干预项目，切实解决一些严重问题。辖区街道纷纷协调警力，向正在施工和车流量大的路段倾斜，组织志愿者队伍协助管理，提高检查频次、加大执法力度，增加和完善交通安全设施。

椒金山街道针对 2008 年 10 月至 2009 年 4 月 2 条城市主干路和立交桥同时施工导致辖区路段发生交通事故 4 起、死亡 4 人的情况，协调交警部门增设警力 4 人，组织协警 5 人、志愿者 108 人，设置交通安全警示标志 100 余个，使交通安全状况迅速好转，自 2009 年 4 月至 2010 年 10 月的 18 个月内，该路段再未发生交通死亡事故。

地处大连北部商业区的中华路街道等几个街道，发挥辖区内汽车 4S 店集中的优势，整合 3 条汽车产业带、82 家汽车 4S 店的宣传教育资源，发动客户经理担当义务交通安全宣传员，对购车驾驶员进行安全提示，发放宣传资料，教授安全驾驶常识；采用短信方式，定期进行车辆保养提示、儿童乘车安全提示、雨雪天气行车安全提示；通过组织建立 QQ 群、车友会、客户沙龙等购车驾驶员联谊团体，经常组织活动，开展以提高安全意识和驾驶技能为内容的交流活动。

3. 老城区设施陈旧、管理失位

大连市建市之初，甘井子区最早开发的区域被定位为工业区，如今，甘井子的老城区呈现给人们的更多是陈旧与落后。全区进入城市化进程之后，这些状况并没有得到及时改善。相反，由于即将拆迁改造，全区各级机构减少甚至放弃了对老城区的投入，这使得其落后状况进一步加剧。许多未能马上列入改造计划的棚户区环境更加恶劣，大量原公有住房因产权单位的变更、灭失而沦为失管、失修的“弃管房”。这些城市中最落后的区域不可避免地成为安全隐患和事故伤害的集中区和多发区。以甘井子街道为例，其辖区内企业家属区一直使用无味的管道液化气，加之管道及燃气设施陈旧、管理失位，曾多次发生燃气泄漏、爆炸事故，2006 年“11·17”事故曾造成 9 人死亡的惨剧。

自 2007 年起，一方面，甘井子街道与燃气供应单位协商，对液化气管道进行加臭处理，一旦发生泄漏，居民可迅速发现并及时报修；另一方面，大力加强入户干预力度，组织社区工作队伍入户检查，发现问题立即整改，并为低收入家庭、“空巢”老人随时免费更换胶管、安全阀、报警器等。自此之后，该街道再未发生燃气燃爆伤亡事故。

周水子街道也地处老城区，目前仍残留几处棚户区。启动安全社区创建工作后，该街道开展了棚户区消防安全干预项目，在各棚户区设立消防中心户，为其配备一定数量的消防器材。平时由消防中心负责消防安全检查和消防宣传，如发生火灾则立即组织扑救，尽量减少人员伤亡和财产损失，变“弃管”为“严管”，改善居家安全条件。这一做法已在全区其他街道进行推广。

4. 处于搬迁准备和搬迁过程中的高危行业企业存在大量安全隐患

城区进入城市化进程后，产业结构调整成为城区经济发展的重要主题，一大批生产落后、经营粗放、污染严重的企业逐步被淘汰，原本聚集在甘井子区的危险化学品行业企业也陆续转移到市政府重新规划的化工园区。然而，在搬迁准备和搬迁过程中，部分企业放松了安全生产管理，减少了安全投入，设备拆卸缺乏专业指导，拆迁后的原厂区疏于管理，存在大量安全隐患。因此，工业企业相对集中的革镇堡、甘井子、大连湾等街道纷纷围绕工业企业搬迁改造的安全监管设置安全社区干预项目。

大化集团坐落于甘井子街道，成立于 1933 年，是国内最大、最早的基本化工原料、化学化肥生产基地。2005 年，该企业开始制订并实施搬迁改造计划，整体迁往大连松木岛化工园区和开发区大孤山石化基地。甘井子街道对其搬迁过程及搬迁后的原厂区的管理进行了全程干预，竭力避免安全事故的发生。甘井子街道采取的主要措施包括：

（1）参与搬迁方案的制定，结合辖区居民和厂矿企业分布、道路交通状况，提出合理化建议，共同制定应急预案。

（2）会同市区安监部门一道，加强对搬迁过程的监督检查力度，促进企业聘请专业施工单位，并在监理机构和监察人员现场指导监管下拆除危险工艺设备。

（3）督促企业强化管理队伍，制定监管措施，对拆迁后的原厂区加强监管。

（4）协调辖区公安部门派出警力，街道也组织起志愿者队伍和企业一道进行监管。

大化厂区搬迁过程的安全干预也为同类企业提供了可借鉴的范例。

5. 农民转变身份后的生活保障和安全保障

农民向市民的身份转化只是相对简单的行政过程，农民失去土地后的生活保障、进入城市生活后的心理调适、生活习惯与生活方式的顺利转变及生活环境与安全环境的真正改善，才是城市化的难点。

2008 年，甘井子辖区内 13 万农民全部转为城市户口，区政府立即着手将他们全部纳入城市社会保障体系，取消了合作医疗制度，完善了基本医疗卫生制度，实现了农村医疗体系向城市医疗卫生体系的过渡；完成了“三级办学两级管理”向“二级办学两级管理”的转变；城市基础设施迅速向农村覆盖，城乡基础设施配套差距缩小，全区统一的基础设施网络开始形成。

与此同时，创造性地推进了“三新”（新社区、新市民、新生活）工程建设，探索实行了经济补偿、社会保障、就业服务、安全保障“四位一体”的新模式，3 年内总计投资 48.5 亿元，已建成总建筑面积 130.8 万平方米的农民回迁新区，极大地改善了村民的居住、生活和安全条件。5 个涉农街道还纷纷围绕“三新”工程建设策划安全社区干预项目，针对失地农民关爱、和谐拆迁及与农民回迁新区同步建立健康安全体系的问题做了大量有益的尝试。

辛寨子街道大东沟村是该街道基础条件、经济实力最弱的自然村，住房和公用设施陈旧，存在大量安全隐患。2008 年 4 月，大东沟村启动“三新”工程建设，辛寨子街道以此作为安全社区创建的重点项目，在“三新”工程建设完工、村民完成回迁的同时，同步建立起社区安全和健康保障体系。2010 年 6 月，大东沟村 606 户、1 470 人全部住上安全舒适、宽敞明亮的新楼房，危房、险房带来的安全隐患得到彻底根除，70 岁以上老人优先安排一楼，减少了老人跌倒损伤的可能；投资 1 500 万元，修建了 8.5 公里柏油道路，安装了 86 盏路灯，引进了公交线路，减少了村民因交通出行造成的伤害；引入了城市自来水，村民们喝上了干净、卫生的放心水、安全水；小区内加强了治安管理，治安巡逻 24 小时不间断，安装了 71 个摄像头，进行实时监控；由物业公司对居民装修的施工安全、材料选配、工作人员登记等环节进行把关，确保施工安全和装修材料安全环保；村委会通过预留 1.5 万平方米公建，将新区物业岗位用于优先安排村民就业，解决了失地村民的生活保障问题。

“三新”工程的实施不仅从根本上改善了村民的生产、生活、生存条件，还有效降低了伤害发生率。由于从源头上引入了安全理念和管理体系，大东沟村“三新工程”建设过程中共动迁村民 600 余户、企业 50 余家，没有发生一例由拆迁引发的恶性事件和上访事件；建设过程中没有发生一例安全生产事故；村民入住半年以来，基本未发生意外伤害事件。他们的成功做法，为城市化过程中转型农民生活新区的安全社区建设提供了典型案例。

综上所述，全面铺开、因地制宜、重点突出的安全社区建设使甘井子区全区事故与伤害情况得到明显好转，生产安全事故起数和死亡人数连年下降。2010 年前 10 个月生产安全事故仅 1 起，为历史同期最低；刑事案件由 2007 年的死亡 16 人下降到 2009 年的死亡 10 人；交通事故由 2007 年死亡 69 人下降到 2009 年 56 人；其他伤害数量也实现了不同程度的下降。安全社区创建所取得的成果在很大程度上化解了城市化过程中的一些突出矛盾，消除了大量安全隐患，减少了事故伤害的发生，为城市化的顺利推进创造了有利条件。

二、 马连洼街

马连洼街道位于海淀区中部，处在连接南部城区和山后地区的连接带，面积 10.1

平方公里，是典型的城乡接合部地区。辖区流动人口多，治安和安全隐患比较突出。辖区常住人口 93 689 人，其中本地人口 38 602 人，流动人口 55 087 人，流动人口占总人口的比例接近 60%。在肖家河地区，本地人口 4 000 余人，流动人口 30 000 多人，呈现了 1∶8 的严重倒挂现象。

辖区处于城乡接合部，辖区内科研院所、文教卫生机构相对少，大中型企业、大型文化娱乐和商业服务设施、公共基础设施建设比较薄弱。由于属于纯居民区街道，老年人、残疾人等弱势群体对于安全健康方面的诉求十分迫切。流动人口聚居产生流动人口子女无人看管、外来务工人员权益受损等诸多问题。

马连洼街道针对自身的问题，经过多方面的探索和借鉴，形成了“马连洼模式”安全社区建设方法，主要包括：

1. 贯彻“安全社区”理念，整合区域资源

2006 年，我国颁布了安全社区建设的基本标准《安全社区建设基本要求》。当年，该区启动“安全社区”工作试点，按照区委区政府的部署，结合实际、认真落实，严格遵循安全社区“资源整合、全员参与、持续改进”的理念。

（1）全方位构筑安全体系

建立了社会治安、交通安全、消防安全、工作场所安全、居家安全、老年人安全、残疾人安全、儿童安全、学校安全、流动人口安全、防灾减灾与环境安全 11 个工作组，开展专项安全治理，做到安全社区建设范围全面覆盖。

（2）广泛宣传发动

2008 年以来，街道和社区共召开安全促进会议 35 次，开展各类安全、健康促进活动 357 次，参与达 119 579 人次，发放各类宣传品 100 多种，共计 264 860 份。“人人享有安全、人人享有健康”的理念逐步深入人心，形成了浓厚的舆论氛围。

（3）充分整合属地资源

街道成立由书记主任牵头的安全社区推进委员会及办公室，按照“优势互补、资源共享、同创共建”的原则，将地区学校、医院、大单位、职能部门等全部纳入安全社区推进委员会，从组织上、机制上真正实现跨界合作，突破“条块分割，互不归属”的传统管理形式，多渠道推进安全投入和设施建设。

2. 加强综合整治，消除安全隐患

（1）建立地区社会面防控数据库

将辖区的重点人、重点区域、重点单位、重点部位和社区全部建档、上账，进行数据库管理，针对防控要求启动相应防控等级。对流动人口实行金字塔式管理，即由社区民警管协管员、协管员管房主、房主管房客的逐级管理模式。经过努力，该地区治安环境面貌得到很大改善，违法建筑得到有效遏制。

（2）加强物防技防建设

2007 年以来，共投入 440 多万元建成街道城市管理与科技创安分中心建设系统，对地区实行了全天候、全覆盖监控；投资 200 万元建设肖家河、兴隆庄、梅园、兰园、竹园、菊园等小区监控并联网。之后，又根据辖区实际，建立了地区综合指挥中心，整合公安、交通、城管和街道等资源，实现监控指挥一体化。

（3）消除基础设施安全隐患

针对梅、兰、竹、菊 4 个小区硬件设施相对落后、公共设施老化甚至严重缺失、存在严重安全隐患的情况，投资 1 000 多万元对梅、兰、竹、菊 4 个老旧小区进行线路管道改造，并进行梅园电改、农科社区三角地改造、垃圾山整治等工作，对农大路沿线进行环境整治。

（4）抓好肖家河地区综合整治

肖家河社区 2007 年被北京市定为 50 个治安案件高发区之一。为此实施了街道、派出所、社区三级网格化的综合整治，街道投资近 100 万元在肖家河社区周边安装了 40 个摄像头并联网，同时为肖家河社区居民安装防撬锁 5 850 把、防盗门窗 315 个。通过上述措施，肖家河地区治安环境得到很大改善，违法案件得到有效遏制。2008 年发案 90 件，2009 年发案 50 件，2010 年截至 5 月份发案 35 件，尤其在奥运会和国庆 60 周年等重要时期，实现了零发案。

3. 打造“特色项目”，服务百姓需求

街道坚持以项目来引领安全社区创建工作，针对辖区特点和居民诉求策划实施安全促进项目，共从 11 个方面策划实施了 26 个安全促进项目，有效改善了辖区环境，降低了各类伤害。

（1）居家安全系列项目

针对居民存在的不同方面安全知识不足的情况，开展各类安全培训。3 年来，街道和各社区共开展 125 次居家安全和健康培训讲座，为 16 个社区制作安全逃生避难图，制作居家安全提示卡 16 000 张，制作健康膳食图 1 000 张，覆盖人群达到 27 482 人次，内容涵盖居家消防、安全用药、健康饮食、普法等居家安全的各个方面。

（2）老年人、残疾人基础服务项目

为 80 周岁以上空巢、体弱多病的老年人安装“一按灵”，在家中安装扶手、防滑垫、小夜灯、浴凳等。建立“一帮一”的为空巢老人服务的机制，组织为老服务志愿者 595 人到空巢老人家做义工；为 80 岁以上老年人提供老年饭桌服务；成立星级康复站；对 38 个残疾人家庭进行无障碍改造；为残疾人申请辅助器具，对辅助器具的需求均全部满足。

（3）丰富多彩的校园安全项目

支持东北旺中心小学建立安全应急体验教室、应急避难场所；加强学生安全教育，实施“一带四”项目，即由1个学生带动身边的4个亲戚或者朋友，共同提高安全意识；投资35万元支持区内幼儿园进行户外活动场地软化、校园棱角变圆角、外挂楼梯改造；着眼使孩子们免于和减少意外伤害，在辖区16个社区开展了“星光自护小卫士”系列培训活动。这些项目的实施，大大提高了校园安全水平，培养了学生的灾害避险和自我防护能力。

4. 培养“新居民”，壮大社会管理与服务力量

街道在持续开展治安环境综合整治的基础上，转变工作思路，将外来流动人口视同本地“新居民”，有针对性地做好服务，以服务促管理，不仅降低了各类治安案件发案率，还为社区增加了管理服务力量，促进了社区和谐。

（1）帮“新居民”之需

针对新居民的就业、权益保障方面的迫切需求，有针对性地联系企业、用工单位，定期组织招聘活动。2006年以来，已成功安排就业1 020余人次；针对新居民劳动权益保护、工资拖欠等方面的困难，联手律师事务所，每周三为流动人口提供专业法律咨询服务；建立了对新居民的法制宣传—法律服务—法制保障的完整体系，实现了法律服务保障全覆盖。

（2）解“新居民”之困

针对新来京就业人员的低端行业就业人员收入低、短期生活困难的情况，开办了“社区二手店”。联系有关单位及社区居民捐赠旧衣物，经消毒处理后以较低的价格出售给新居民，较好解决了他们的基本生活需求。从二手店收回的资金，除维持新居民服务之家的正常运转外，都用于为新居民开展各项活动和资助新居民困难家庭。到现在为止，二手店收益5 000余元，共资助了35个新居民困难家庭。这些措施达到了新居民与弱势群体的双赢，实现了大家庭爱心的传递。

（3）暖“新居民”之心

针对“新居民”孩子放学后不能回家、在街上玩耍不安全的情况，开办了“课后四点班”项目。联系高校大学生志愿者为小学生提供课后作业辅导、兴趣小组活动服务，总受益者达18 000人次。邀请新居民家长召开家长交流会，通过服务孩子这一举措，建立起了新老居民的交流平台、新居民与社区的感情纽带，在推动他们融入社区、热爱北京、实现价值方面发挥了积极作用。

（4）用“新居民”之力

积极引导、吸收社区居民参加社区管理服务，成立了马连洼地区“来京新居民服务中心”，充分吸纳外来人员参加社区志愿者活动，参与社区管理。这一举措既壮大了社区治安维护力量，又培养了外来人员对居住地的归属感，促进了社区的和谐稳定。在日常工作中，这支始终保持150多人的社区服务志愿者队伍为保障“新居民”正常生活提供了充足的条件。

5. 政府积极主导，建设长效机制

持续地降低和减少事故伤害，是创建安全社区的出发点和目标，持续改进则是安全社区的理念精髓。3年来，为不断改进安全社区创建工作、提升社区管理服务水平，街道积极主导，形成了一批长效工作机制。

（1）形成了健全有力的组织体系

成立了由街道、属地单位、专业职能部门组成的安全社区推进委员会，整合了辖区各类资源，制定了创建规划，明确了在人、财、物方面的投入保障措施，有力保障了安全社区持续健康发展。

（2）完善了伤害监测体系

以青龙桥社区医院为中心，联合公安、交通、消防等专业部门，建立事故伤害检测网络。根据地区实际，采取联系社区医院、发动社区居委会2个途径采集伤害数据，形成了伤害监测点基础资料收集—专业部门分析评估—调整安全措施的伤害预防工作机制。

（3）形成了项目运行保障机制

街道在安全社区创建工作中，形成了发现需求—推出项目—群众参与—解决问题的项目运作机制。今后，街道继续按照“重点项目持续关注、一般项目有序开展”的思路，不断推动“安全设区”创建工作的持续改进。

2007年4月起，马连洼街道启动安全社区创建工作。经过3年多的努力，在社会治安方面，2008年发案265件，2009年发案240件，分别比2007年下降50%和54.7%；在交通方面，2008年发生交通事故8起，2009年发生交通事故6起，分别比2007年下降38.5%和53.8%；在消防方面，火情由2007年的90起下降到2009年的74起，下降了17.8%。各类伤害有了明显的降低，有效改变了地区案件高发、居民安全感不高的状况，初步形成了城乡接合部地区社会管理的“马连洼模式”。

三、 中转型城区的安全社区总结

我国农村城市化的进程主要经历了3个阶段：

第一阶段：农村劳动力进城务工所带来的身份、地位变更的过程。

第二阶段：20世纪90年代，中小城镇的快速发展成为城市化的主流。

第三阶段：近些年政府对土地的征用以及大规模城市郊区的发展，导致农村要素全面向城市要素转变的过程。

下面所探讨的中转型城区的安全社区主要基于第三阶段的城市化背景下进行，通过分析甘井子区和马连洼街建设安全社区的境况和方法，总结出中转型城区建设安全社区的方法。

1. 中转型城区所固有的一系列社会矛盾和问题

进入城市化转型阶段的城区均为涉农城区，大都处于城市的城乡接合部。这类城区普遍存在以下问题：

(1) 基础设施水平低于城市平均水平，历史欠账多，综合配套差，道路、水、电、煤气、采暖、下水管网等基础设施缺乏统一规划、统一建设、统一管理。

(2) 人口结构复杂，人口素质明显低于主城区，低收入人口及外来人口比例较大。

(3) 产业层次低，粗放型、劳动密集型产业占据主要部分，是废品回收等行业的集中区；中小企业数量繁多，缺少规模效益，技术、管理落后，生产安全隐患众多，能耗、污染严重。

(4) 城区环境差，管理薄弱，建筑年久失修，违章搭建情况十分严重，环境卫生条件恶化，社会治安形势严峻。

以上问题的普遍存在，决定了转型城区的城区环境、城区管理、产业结构、精神文明建设等方面与主城区形成了强烈反差。进入城市化进程后，转型城区呈现出大开发、大开放、大发展的全新局面，出现了一系列前所未有的新矛盾、新问题，也使得一些原有的矛盾和问题进一步加剧，主要包括以下几个方面：

(1) 随着城市化进程的不断深入，大量土地投入开发，地产建筑项目大幅增加，道路、桥梁、水电气管网等城市基础设施建设项目大量上马，使得城区内建筑工地迅速增加，交通路网急剧变化，因施工等原因造成的交通拥堵严重，建筑工地的安全生产及其周边的交通安全成为城区安全管理的重要内容。例如，甘井子区2005—2009年建筑工地生产安全事故起数和死亡人数均占全区生产安全事故总量的50%。

(2) 城市化进程推动了产业结构的调整优化，一批污染重、能耗高、安全隐患多的企业逐步被搬迁或限期停转。在搬迁改造过程中，一些处于摇摆动荡和等待期的企业，安全投入不足，安全管理放松，甚至出现不同程度的弃管现象，极易引发事故。一些危险化学品企业在搬迁过程中和搬迁后，还极易因残留设备和物质处置不当、管理失位而酿成大祸。

(3) 在城市化进程初期，转型城区内往往存在大量发展不均衡问题，一些旧的建成区和乡村，由于尚未进入改造程序，各类设施、社区面貌和安全环境并没有随着城市化进程得到改善，反而因放弃投入和管理而呈现进一步恶化的趋势。许多城区出现大量所谓的“弃管小区”“弃管楼”，等待改造的棚户区安全状况每况愈下。部分乡村农民的居住环境和安全环境令人担忧，火灾、触电、燃气泄漏、由自然灾害引发的塌方等事故时有发生，居家安全成为转型城区防范事故伤害的重要课题。

(4) 城市化以及与之相伴的工业化进程和产业结构调整过程创造了大量就业机会，原本从事第一产业的劳动力转向第二、三产业，大量外来务工人员也纷纷涌向建筑业、服务业等新兴行业，这引发了大量社会矛盾，也带来了环境卫生、治安、安全生产、计划生育等诸多社会问题。

(5) 城市化的推进使得土地资源得到重新配置，社会管理城乡二元结构得以逐步打破，农民逐渐转为城市居民。这些新居民在获得新身份、新楼房后，其思想观念、生产生活方式、行为方式如何真正融入城市，以及在村民新区建设水准全面提升的情况下，如何从源头上强化安全理念、建立安全体系，成为亟待解决的重要问题。

2. 干预措施

中转型城区所固有的一系列社会矛盾和问题，以及城市化过程后社会矛盾与问题呈现出的集中爆发、波及面广、危害加剧等趋势，促使人们去探讨如何通过具有针对性的干预措施，建立伤害监测、安全管理的长效机制，不断改善新环境下的一系列社会矛盾和问题。

结合甘井子区和广饶县近年来的工作成效和经验体会，今后在推进中转型城区安全社区建设过程中，还应重点做到以下几个方面：

(1) 及时发现和应对城市化进程中不断出现的各类新问题

城市化进程既为我们带来了一系列社会文明与进步的成果，也同样伴生出各种各样的矛盾冲突及非和谐因素。全面认识城市化所带来的影响，并采取必要的措施加以解决，才能保证将城市化顺利推向深入。

目前，其引发的问题主要集中于城乡二元结构转变、产业结构调整、集中开发建设所带来的表层、显性问题。随着城市化进程的持续深入，失业率增加、淡水和能源供应紧张、交通拥挤、犯罪增加、环境恶化等问题将不断显现。安全社区建设过程中，必须准确研究和把握各类问题的发生发展原因和规律，及时设置和实施干预项目，降低和消除各类新生问题带来的伤害风险。

(2) 加大对旧城区以及历史遗留问题的干预力度

目前，城市化进程中安全社区建设的难点和盲点大都集中在旧城区和大量历史遗留问题上。许多旧城区在拆迁改造之前，常常被认为没有投入的价值和必要，部分区域还不同程度地存在“弃管”现象，因此，大量动迁恶性事件、公共突发事件、治安案件以及燃气泄漏、触电、火灾、摔伤等居家伤害均集中发生在这些区域。这不仅对人民群众的安全健康造成了大量危害，也严重影响了社会稳定，阻碍了城市化进程，同时也违背“人人都享受安全、人人都享受健康”的原则。

(3) 同步建立结构安全、本质安全体系

安全社区建设过程中，在大力组织各类干预项目的同时，应当更为注重从结构入手，着眼本质安全。即在城市化规划过程中，在调整确定城区建设项目布局和产业结构时，充分考虑和吸收安全要素，在结构上消除安全隐患；在各类项目规划设计和建设过程中，加大安全投入，建立科学的、系统的、主动的、超前的、全面的事故预防安全工程体系，实现本质安全。城市化初期是建立结构安全、本质安全体系的重要机遇期，只要各级领导干部和相关决策部门真正提高安全意识，在城市化规划布局和一系列项目建设中，全面引入“三同时”的安全理念和做法，就可以使城区的安全健康环境得到根本性改善。结构安全、本质安全的构建应当成为中转型城区安全社区建设的首要任务。

(4) 持续改进，全面提升，进一步探索完善城市化过程中安全社区建设的机制与方式

城市化与安全社区建设均是动态的不断发展的过程。在城市化进程中，导致不安全的因素将随着社会、经济、环境状况的变化而变化，从而为安全社区建设提出新的课题。在这一背景下推进安全社区建设，认真研究、准确诊断城市化进程所出现的各种问题，对危险加以辨识和控制，从城区实际出发，有的放矢、持续改进，不断完善和促进社区建设的各项目标措施的落实，对于推动城市化进程具有十分重要的意义。

安全社区建设是城市化的必然要求。城市化是一个长期、复杂的过程，安全社区建设工作同样是一项长期性、系统性工程。积极探索完善城市化过程中安全社区建设的体制机制与方式方法，对进一步完善城区安全保障体系及有效推进城市化进程，都具有重要的现实意义。

参考文献

[1] 吴宗之. 职业安全卫生管理体系试行标准应用指南：OHSMS［M］. 气象出版社，2000.

[2] 欧阳梅. 十年风雨路硕果垂满枝——中国安全社区建设历程掠影［J］. 劳动保护，2013（2）：48—48.

[3] 孔晓娟. 浅析我国安全社区建设模式［J］. 中小企业管理与科技（上旬刊），2011.

[4] Park R E，Ernest W Burgess. Introduction to the Science of Sociology，Univ. Of Chicago Press，1921.

[5] Davis，Kingsley. Human Society. Macmilian Press，1949.

[6] 桑德斯著. 徐震译. 社区论［M］. 台湾：黎明文化事业股份有限公司，1982.

[7] Luhmann，N. Social Systems . Trans. by J . Bednarz Jr. & D. Baecker. Stanford，California：Stanford University Press，1995.

[8] 何增科.《社会管理与社会体制》［M］. 北京：中国社会出版社，2008，4.

[9] 杨雪冬. 走向社会权利导向的社会管理体制［J］. 华中师范大学学报（人文社会科学版），2010，49（1）.

[10] 任剑涛. 从冲突理论视角看和谐社会建构［J］. 江苏社会科学，2006，21（1）：139—142.

[11] Gans H J. The urban villagers. New York：Free Press，1962.

[12] 黎熙元，何肇发. 现代社区概论［M］. 广州：中山大学出版社，1998：3.

[13] 安东尼·吉登斯. 现代性的后果［M］. 田禾译. 南京：译林出版社，2000.

[14] K. N. Westgate and P · Keefe. The Human and Social Implications of Earthquake Risk for Developing Countries：Towards an integrated mitigation strategy［J］. Intergovern-mental Conference on Assessment and Mitigation of Earthquake Risk UNESCO，Paris. 1976.

[15] 李治欣，徐静珍. 社区安全影响因素分析［J］. 社会学与社会建设，2014.

[16] 刘娟娟. 印象管理及其相关研究述评［J］. 心理科学进展，2006（2）：309—314.

[17] K Nate. Social Learning Theory. Encyclopedia of Animal Behavior［J］，2010（9）：260—266.

[18] 单菁菁. 城市社区情感研究［D］. 北京：中国社会科学院，2003.

[19] 朱正威，吕书鹏. 城市社区公共安全管理绩效评价研究［J］. 西安交通大学学

报（社会科学版），2011，31（6）：58－62.

［20］赵东霞. 城市社区居民满意度模型与评价指标体系研究［D］. 大连理工大学，2010.

［21］范振涛. 企业机械伤害的原因及其对策［D］. 北京交通大学，2010.

［22］周永红. 安全社区评价指标及方法研究［D］. 北京：首都经济贸易大学，2005.

［23］邹森. 大连长兴岛街道安全社区建设案例的研究［D］. 大连理工大学，2013.

［24］房吉轩. 安全社区：我们的理想家园［J］. 现代物业，2006（7）：5－7.

［25］金磊. 安全社区建设要名副其实［J］. 瞭望，2008（1）：6－7.

［26］李刚. 浅谈企业主导型安全社区建设的途径和作用［A］. 中国职业安全健康协会2011年学术年会论文集［C］. 2011.

［27］林静，宁丙文. 安全社区建设驶上“高速路”［J］. 劳动保护，2009，（9）：22—25.

［28］丁辉. 突发事故应急与本地化防范［M］. 北京：化学工业出版社，2004.

［29］John Lambert. 工作环境［M］. 北京：清华大学出版社，2004.

［30］黄家敏. 安全社区建设理论及应用［D］. 东北大学，2008.

［31］Xing G，Yingnan M，Qiujie Z. The Application of Benchmarking Management on Safe Community［J］. Procedia Engineering，2012，43：113－118.

［32］Gao Xing，2011. Study on Evaluation Tools for Residents' Sense of Security in Safety Community，China Safety Science Journal 21（9），p. 152－158.

［33］王清. 国际安全社区建设效果评估体系研究［D］. 上海：复旦大学，2010－04－27：13.

［34］吴宗之，欧阳梅. 安全社区建设是事故预防的重要基础［A］［J］. 第十四届海峡两岸及香港，澳门地区职业安全健康学术研讨会暨中国职业安全健康协会2006年学术年会论文集，2006.

［35］万鹏飞，王贤乐，王进. 安全社区创建指导手册［M］. 北京：中国社会出版社，2009.

［36］国务院应急管理办公室调研组. 构筑工作网络创建安全社区［J］. 中国行政管理，2006（7）：10－13.

［37］赵洪亮，王学忠. 安全社区建设与HSE管理体系建设的融合［J］. 现代物业（上旬刊），2011，（11）：16－18.

［38］王声涌. 伤害流行病学［M］，北京：人民卫生出版社，2003.

［39］国务院. 特种设备安全监察条例［M］. 北京：中国法制出版社，2009.

［40］丁辉. 基层应急预案框架研究［J］. 安全，2007，6：004.

［41］中国卫生统计年鉴［M］. 北京：中国协和医科大学，2012.

[42] 赵仲堂，Svanstr L. m. 中国安全社区发展需求与展望 [J]. 中国公共卫生，2003 (01).

[43] 王声涌. 伤害流行病学 [M]. 北京：人民卫生出版社，2003.

[44] 黄典剑，吴宗之等. 城市应急避难所的应急适应能力 [J]. 自然灾害学报，2006 (01).

[45] 马英楠. 中国安全社区建设研究 [D]. 北京：首都经济贸易大学，2005.

[46] 董传师. 安全干预提升居民安全意识 [J]. 现代职业安全 2011，(05)：94—97.

[47] 石海波. 与国际接轨创安全社区 [J]. 中国减火. 2006，(3)：31—32.

[48] 李丽萍，彭炜. 试论社区伤害干预研究的必要性 [J]. 中国全科医学，2002，5 (4)：288—289.

[49] 国家统计局社会科技和文化产业统计司. 2011 中国社会统计年鉴 [M]. 北京：中国统计局出版社，2011.

[50] 隋鹏程. 安全原理和事故预测 [M]. 北京：冶金工业出版社，1988.

[51] 陈文涛. 浅议安全社区申请工作的报告编制 [J]. 安全，2014，35 (2)：57—58.

[52] 吴宗之，周永红. 中国安全社区建设的若干对策探讨 [J]. 中国安全科学学报，2005，15 (1)：19—23.

[53] 赵东霞. 我国城市居民对社区满意度评价的调查研究——以大连市社区为个案 [J]. 学理论，2012，34 期，154—156.

[54] 宁丙文. 走进第一个农村"安全社区" [J]. 劳动保护，2009 (7)：30—31.

[55] 孙明金. 试点创建示范带动全面推广——山东菏泽市牡丹区创建"安全社区"工作纪实 [J]. 现代职业安全，2011 (7)：106—109.

[56] 宁丙文. 推进安全社区建设向纵深发展——访中国职业安全健康协会理事长张宝明 [J]. 劳动保护，2013 (02)，12—15.

[57] 柴国辉. 安全社区建设需要注意的几个问题. 北京：全国安全社区建设会议文集，2011.

[58] 王书梅. 关于安全社区建设中伤害监测的一些思考. 重庆：全国安全社区建设会议文集，2010.

[59] 吕保林. 安全社区建设之潞安模式. 重庆：全国安全社区建设会议文集，2010.

[60] 田立侠. 与企业主导型社区管理新模式探索. 西安：全国安全社区建设会议文集，2012.

[61] 大连市甘井子区人民政府. 城市化过程中转型城区的安全社区建设. 重庆：全国安全社区建设会议文集，2010.